बनवासी बैगा : जीवनगाथा

(बैगा जनजाति का आँखों देखा ख़ाका)

बनवासी बैगा : जीवनगाथा
(बैगा जनजाति का आँखों देखा ख़ाका)

प्रो. दिलीप सिंह

वाणी प्रकाशन

वाणी प्रकाशन

4695, 21-ए, दरियागंज, नयी दिल्ली 110 002

फ़ोन : +91 11 23273167 फ़ैक्स : +91 11 23275710

शाखाएँ

अशोक राजपथ, पटना 800 004, बिहार

कॉफ़ी हाउस कैम्पस, महात्मा गांधी मार्ग, इलाहाबाद 211 001, उत्तर प्रदेश

महात्मा गांधी अन्तरराष्ट्रीय हिन्दी विश्वविद्यालय, वर्धा 442 001, महाराष्ट्र

www.vaniprakashan.com
marketing@vaniprakashan.in
sales@vaniprakashan.in

Banwasi Baiga : Jeewangatha
by Prof. Dilip Singh

ISBN : 978-93-5518-385-9
Travelogue/Culture

प्रथम संस्करण : 2022, प्रकाशित प्रतियाँ : 300

मूल्य : ₹ 395

आर. टेक ऑफ़सेट प्रिंटर्स, दिल्ली-110 032 में मुद्रित

वाणी प्रकाशन का लोगो मक़बूल फ़िदा हुसेन की कूची से

बैगाचक के अपने बैगा साथियों को

दो शब्द : अपने मन की

यह किताब बैगा जनजाति के जीवन और जीवन–दर्शन का सरल भाष्य है। मध्य–भारत के इन प्राचीन रहवासियों (आदिवासियों) का पालन–पोषण इस क्षेत्र के जंगल, पहाड़ और नदी–पोखर करते हैं। प्रकृति के साथ बैगा दूध में पानी की तरह घुले–मिले हैं, प्रकृति के साथ एकमेक हो गये हैं; 'प्रकृति–पुरुष' बन गये हैं। अरण्य, ग्रामीण और आदिवासी संस्कृति के समन्वय से निर्मित बैगा–संस्कृति अनूठी और विशिष्ट है। सभ्य समाज इनके बारे में बहुत कम जानता है, या बिल्कुल नहीं जानता, जबकि इनके पास (और भारत की अन्य असंख्य जनजातियों के पास भी) बहुत कुछ जानने, समझने, गुनने और अपनाने के योग्य है।

यह पुस्तक 'बनवासी बैगा : जीवनगाथा' इसी सदिच्छा के साथ लिखी गयी है कि हिन्दी के आम पाठक को भारत के वन–प्रान्तर में बसे ऐसे अरण्यवासी बैगाओं को जानने–समझने का अवसर मिल सके जो परम्परागत ज्ञान, कला–कौशल तथा रीति–रिवाज़–संस्कार से सम्पन्न हैं और भारतीय जीवन मूल्यों तथा आचार–विचार के पोषक भी। अर्थात्, बैगा संस्कृति एक ऐसी संस्कृति है जिसके पास परम्परागत ज्ञान भी है, कला–बोध भी है और विभिन्न प्रकार के कौशलों का समन्वय भी है।

बैगा जनजाति घने जंगलों और बीहड़ पहाड़ियों में निवास करती है। इनके समाज–सांस्कृतिक क्रियाकलाप पर्वत–वन के परिवेश में तथा इन्हीं के सान्निध्य में, इन्हीं के सहयोग से सम्पन्न होते हैं। जन्म से लेकर वैवाहिक सम्बन्धों तक तथा मृत्यु से लेकर मृत्यु के विभिन्न संस्कारों तक वनांचल इनके साथ रहता है।

बैगा उत्सव–प्रेमी हैं, इनके उत्सव–पर्व कृषि पर आधारित हैं, इनके गीत–नृत्य में प्रकृति का आलम्बन है। यह एकताबद्ध समाज है, परस्पर संवाद को यह जीवन–प्रवाह का प्रमुख कारक मानता है। इसका अपनी संस्कृति में अटूट विश्वास है। इनका स्वभाव निर्मल है, ये मेहनतकश हैं, इनका जीवन वनोपजों पर निर्भर है, ये जीवन को सहजता से जीते हैं–ये और इस प्रकार के अनेक गुण या लक्षण बनवासी बैगाओं में दृष्टिगत होते हैं। जिसे हम बैगा संस्कृति कहते हैं, वास्तव में वह उनकी सहज जीवन विधि है।

बैगा–समाज के ये सारे तथ्य इस पुस्तक में समाविष्ट हैं। पर इनका प्रस्तुतीकरण न तो सैद्धान्तिक ढाँचे में बाँधकर किया गया है, न ही आँकड़ों का अम्बार लगा कर और न ही पुस्तकों या लेखों के उद्धरणों की झड़ी लगाकर। इनका साक्ष्य स्वयं बैगा स्त्री–पुरुष हैं।

यह पुस्तक आपको बैगाओं की कहानी उन्हीं की ज़बानी सुनाती है। मेरी भूमिका तो बस इनके श्रोता की है, इनके रसज्ञ की है, इन्हें अपनी अनुभूति में उतारकर शब्द–बद्ध कर देने की है। इसीलिए यह किताब टुकड़ों–टुकड़ों में लिखी गयी है–अनुभूतियों और अवलोकन के सार्थक खंड, जो परस्पर जुड़कर बैगा वनवासियों को आपके सामने जीता–जागता खड़ा कर सकेंगे, यह मेरा विश्वास है।

पुस्तक का आधार मेरी तीन–चार डायरियाँ बनी हैं। हमने अपने विश्वविद्यालय की ओर से 'सामग्री संकलन' (भाषा–सम्बन्धी) के लिए बैगा वनांचलों में चार बार डेरा डाला। पाँच महीनों के भीतर चालीस दिन इनके निकट सम्पर्क में बिताये। मैं अपनी डायरी में सूक्ष्मतम 'नोट्स' लेता रहा। बैगा स्त्री–पुरुषों से तरह–तरह की बातचीत करता रहा और उनकी भी 'टीप' लेता रहा। यह पुस्तक मेरी दूसरी और चौथी 'चाड़ा प्रवास' की डायरियों में कीलित बिखरे–बिखरे बिन्दुओं का संगठन है।

ये सच्चे और यथार्थ शब्द–चित्र हैं। बैगा–जीवन का एक कोलाज है। इस चित्र–वीथिका में मैं भी हूँ, एक अभिभूत द्रष्टा और श्रोता के रूप में। मेरे बैगा साथी हैं, अपने नाम, अपनी पहचान और अपने अतुल्य अवदान के साथ।

इसीलिए, यह किताब अमूर्त विचारों का आडम्बर नहीं, मूर्त–जीवन–स्पन्दनों के यथार्थ से अधिक सम्बद्ध है। यह एक नये ढंग पर लिखी गयी है, महसूस करके, अतः 'बौद्धिकता' का इसमें अभाव है और 'सहृदयता' का साम्राज्य। यही इसकी विशेषता भी मानी जा सकती है।

पुस्तक आपके हाथ में है। एक सर्वथा नयी दुनिया में प्रवेश करके पाठकों को सुखद अनुभूति प्राप्त हो और वे भी मेरी तरह ही अरण्य और इसके वासी बैगाओं के 'सौन्दर्य लोक' में सरलता के साथ डूब सकें, पुस्तक का एकमात्र यही अभीष्ट है।

'बनवासी बैगा : जीवनगाथा' के निर्माण में सहयोगी अपने बैगा भाई–बहनों का मैं हृदय से कृतज्ञ हूँ। 'वाणी प्रकाशन' के प्रबन्धक श्री अरुण माहेश्वरी को भी साधुवाद, कि उन्होंने सुरुचिपूर्ण ढंग से इसे प्रकाशित करने का बीड़ा उठाया।

–दिलीप सिंह

भूमिका

हमारे समय के मूर्धन्य हिन्दी भाषा चिन्तक प्रो. दिलीप सिंह भाषा, साहित्य और संस्कृति के मर्मज्ञ विद्वान हैं। उन्होंने प्रो. रवीन्द्रनाथ श्रीवास्तव और प्रो. विद्यानिवास मिश्र जैसे आचार्यों से सम्प्रेषण और सृजन की दीक्षा प्राप्त की है। यही कारण है कि उनके लेखन में एक ओर गहन शोध दृष्टि दिखाई देती है, तो दूसरी ओर लालित्य का सागर लहराता है। उन्होंने भाषावैज्ञानिक लेखन से इतर अपने सर्जनात्मक लेखन में विधाओं की परम्परागत चौहद्दियों को तोड़ा है। संस्मरण और पाठ–विश्लेषण को एक–दूसरे में लपेटकर समीक्षा की एक नयी शैली विकसित करना प्रो. दिलीप सिंह के ही बूते की बात है। वे सही अर्थ में उत्तर आधुनिक युग के समीक्षक हैं। इस युग में हम विभिन्न वर्गीकरणों की सीमाओं को टूटते और एक–दूसरे में विलीन होते देख रहे हैं। प्रो. दिलीप सिंह ने इसे विधाओं के स्तर पर चरितार्थ करके दिखाया है। प्रस्तुत कृति 'बनवासी बैगा : जीवनगाथा' इसका नव्यतम उदाहरण है। उनकी इस कृति को किसी एक विधा के खाँचे में नहीं समेटा जा सकता। इसमें कथारस है, बतकही है, काव्यरस है, चित्रात्मकता है, स्मृतियों का ख़ज़ाना है, रोज़नामचे की क्रमिकता है, अनुभूतियों की गहराई है, कल्पना का सौन्दर्य है, संवाद की स्वाभाविकता है, स्थितियों की नाटकीयता है, आख्याता की विश्वसनीयता है और लेखक की आत्मीयता है। इसलिए किसी विधाविशेष में वर्गीकृत करने से बचते हुए इस कृति के बारे में यह कहना काफ़ी होगा कि यह निश्छल और प्रांजल गद्य है। ऐसा उत्कृष्ट गद्य जो अन्यत्र प्रायः दुर्लभ है!

प्रो. दिलीप सिंह ने इस कृति को उचित ही बैगा जनजाति के जीवन और जीवनदर्शन का सरल भाष्य कहा है। बैगा समुदाय के बहाने उन्होंने अरण्य, ग्रामीण और आदिवासी संस्कृति के उस आधारभूत मूल

त्रिकोण की सहज साधना की है, जिसके आधार पर सभ्यता के उषाकाल में मानव संस्कृति की आदिम अधिसंरचना खड़ी हुई होगी। मध्य प्रदेश के वनवासी बैगा समुदाय के निकट सान्निध्य में रहकर प्रो. दिलीप सिंह ने यह अनुभव किया कि यह समुदाय पारम्परिक ज्ञान, कौशल और संस्कारों को तो बचाये हुए है ही, व्यापक भारतीय जीवन–मूल्यों और आचार–विचार का पोषक भी है। उनकी यह कृति इस समाज की संवाद संस्कृति को भी भली भाँति बैगाओं की ज़ुबानी हमें सुनाती है। एक समर्थ गद्यकार की रचना के रूप में इस कृति की बड़ी विशेषता इसमें धड़कती हुई लौकिक चेतना है, जो इड़ा की तुलना में श्रद्धा की सृष्टि अधिक प्रतीत होती है। इसमें एक ऐसे संसार की क्रमिक यात्रा है, जहाँ जड़ और चेतन सबके साथ बैगाओं का निजी रिश्ता है। इसलिए ये इतने प्राकृत हैं कि हँसें तो बहार छा जाये। वन इनमें और ये वन में रचे बसे हैं। इतने रचे बसे कि एक–दूसरे के आनन्द और सन्ताप को आसानी से पहचान और परख लेते हैं। लेखक ने स्वयं को इनमें विलीन करके जंगल की माया का वैभव ख़ुद जीकर देखा है और अपनी लेखनी की सरस धार से उसे पाठकों के लिए पुनःसृजित किया है। उन्हें इस बात का मलाल भी है कि इन वनवासियों पर लिखने वालों ने घोटुल प्रथा तो देखी, लेकिन इस क्षेत्र की वनशोभा नहीं निहारी। कहना न होगा कि यह कृति इस अभाव की पूर्ति करने का समर्थ, सार्थक और सफल प्रयास है।

'बनवासी बैगा : जीवनगाथा' अपने ललित प्रवाह में बैगा समुदाय की निजी पहचान को रेखांकित करती है। इस पहचान में शारीरिक बनावट से लेकर सजावट तक सब कुछ शामिल है। पोशाक और खानपान भी। मेले और पर्व भी। मौसम की अतियों को सहने की आदत भी– जैसे पता ही न हो कि अति हो गयी। मौसम की मार इनका कुछ नहीं बिगाड़ पाती। लेखक ने अपने सम्पर्क में आये अनेक स्त्री–पुरुषों के साक्ष्य से यह दर्शाया है कि ये वनवासी प्रकृति के माधुर्य और उसकी हलचलों में इस तरह रमे हुए हैं कि उनके तन मन प्रकृति के साथ एकाकार हो गये हैं। लेखक ने लगभग पाँच वर्ष इस लोक में जीकर सचमुच सारे नगरीय कल्मष से मुक्ति पा ली है। इस अरण्यवास ने उन्हें ऋषितुल्य पारदर्शिता का वरदान दिया है। वही पारदर्शिता इस रचना के हर पृष्ठ से झाँक रही है।

एक ख़ास तरह की निरभिमानता और बाल सुलभ निश्छलता प्रो. दिलीप सिंह के व्यक्तित्व का सदा से हिस्सा रही है। इसी ने उन्हें प्रेरित किया होगा कि वे कभी गोपाल तो कभी बिरसीबाई के समक्ष जिज्ञासु शिष्य की तरह बैठकर लोक ज्ञान के उनके भण्डार को अपनी अंजुली में समेटकर पी जायें। वे बैगाओं के गीतों और लोक कथाओं से लेकर उनके मिथकीय विश्वासों तक पर मुग्ध हैं। उन्हें लगता है कि नर्मदा मैया ने स्वयं उनके जीवन की धारा ही बदल दी है और वे अरण्यगान के सम्मोहन में जंगली होते जा रहे हैं। जंगली यानी प्रकृत। सहज। अकृत्रिम। सत्य। आत्मतत्त्व के दर्शन के लिए इसी साधना की तो ज़रूरत होती है। सारे आवरणों से मुक्त मादल के बोल, टिमकी की तिड़ तिड़ और करमा नृत्य। जैसा जीवन, वैसा ही नृत्य। आदिम भारत की सरल संस्कृति। वनवासियों ने ही भारत की आत्मा को बचाकर रखा हुआ है।

आज कोरोना काल में हम भले ही अलग–अलग पैथियों के नाम पर अतिशय बुद्धिमत्तापूर्ण बयानबाज़ियाँ करते फिरें, लेकिन इस सत्य को नहीं नकार सकते कि जल, जंगल और ज़मीन की आदिम सन्तानें आज भी जड़ी–बूटियों के जिस जगत की जानकारी पीढ़ी–दर–पीढ़ी सँजोये हुए हैं, उसकी काट किसी पैथी वाले के पास नहीं है। प्रो. दिलीप सिंह ने बैगाचक पहुँचकर यह जानकारी अर्जित की कि मानव शरीर की ही नहीं, पशुओं की भी समस्त व्याधियों का उपचार इन वनों में उपलब्ध है। जानकर किसे अचरज न होगा कि वहाँ नवजात शिशु की नाल बाँस के पत्ते से काटी जाती है। एक तरफ़ यह सारा ज्ञान, तो दूसरी तरफ़ वन प्रान्तरों में बहती संगीत की अद्‌भुत धारा। यह कृति चेताती है कि वनवासियों की यह सारी सम्पदा–भाषा–भूषा, गीत–संगीत, नृत्य, कथा–कहानी, उत्सव–त्योहार, हवाओं–दवाओं का ज्ञान, लोकसंस्कृति–खो न जाये, मर न जाये। इससे पहले जागना होगा, अन्यथा अभी जिस तरह एक बैगा गीत में आग लगने पर जंगल चीखता है और आदिवासी विलाप करते हैं, कहीं उसी तरह इस तमाम अरण्य संस्कृति के लुप्त होने पर भारतमाता को न रोना पड़ जाये। इसे क्या कहिएगा कि जंगल में आग लगने पर इन वनवासियों को अपने निराश्रित होने की उतनी चिन्ता नहीं, जितनी पीड़ा यह सोचकर होती है कि जलता हुआ पेड़ कितना तड़पता होगा–सेवा लाख करि हम, पेड़वन कलपत हो!

प्रो. दिलीप सिंह ने यों तो इस पुस्तक में बैगा समुदाय के तमाम संस्कारों की चर्चा की है, लेकिन अन्तिम संस्कार का वर्णन बहुत ही मार्मिक बन पड़ा है। वे बताते हैं, बैगाओं में दोनों प्रथाएँ प्रचलित हैं—मृत शरीर को मिट्टी में गाड़ने की भी और चिताग्नि देने की भी। प्रायः सयानों को आग और युवाओं को मिट्टी दी जाती है। वनवासियों का कोई संस्कार भला संगीत के बिना कैसे हो सकता है! वे मृत्यु पर भी नगाड़ा बजाते हैं। लेकिन मृत्यु—ताल अलग ही होती है। स्थिर और दुखभरी। लेखक ने विस्तार से श्मशान के कर्मकाण्ड का बखान किया है और धीमे से टिप्पणी की है—इन वनवासियों को भी मृत्यु की वेदना हमारे ही जैसी सालती है! एक खास बात का वे और ज़िक्र करते हैं कि मृत्यु संस्कार के रिवाज़ों में समधी और समधिन को बहुत महत्त्व दिया जाता है। अनुमान किया जा सकता है कि इस समधी—समधिन सम्मान से वैवाहिक रिश्तों और बेटी—बहू के सम्मान को कितना बल मिलता होगा। यह विडम्बना ही है कि हमारे सभ्य समाज में समधी—समधिन पारिवारिक संस्कारों से दूर—दूर ही रखे जाते हैं। कन्या पक्ष के माता—पिता तो जीवन भर हीन और बेचारे ही बने रहते हैं। लेखक ने कहा नहीं है, लेकिन इसका अर्थ यही है कि वनवासी समाज तथाकथित सभ्य समाज की तुलना में रिश्ते—नातों को अधिक सच्चा सम्मान देते हैं। इसके अलावा मृत्यु गाथा के बाद रात्रि में राम गाथा सुनते समय लेखक को इस सत्य की अनुभूति होती है कि जीवन मृत्यु से बड़ा है। लिखते समय वे इस प्रवास के साथी और आख्याता चर्रा का भाव—विगलित होकर स्मरण करते हैं—मृत्यु यहीं तो हार जाती है जीवन से। यदि हम मृत्यु को जीवन का ही एक चरण स्वीकार कर लें तो फिर मृत्यु का अवसाद कैसा, वेदना कैसी? आगे वे निष्कर्ष देते हैं कि हमारे बैगा बन्धु बान्धव इस जीवन सत्य को अपनी ज़िन्दगी में उतार कर, घोल—घोल कर पी चुके हैं। कहना ही होगा कि वह मृत्युंजय बोध पोथियाँ पढ़—पढ़ कर नहीं मिल सकता, जिसे प्रकृति की ये आदिम औलादें पल— पल जीती हैं। प्रकृति से उपजा यह जीवन दर्शन ही आत्मा की अमरता के दर्शन वाली भारतीय संस्कृति का मूल है।

लेखक ने बैगाओं के नाच—रंग का बड़ा ही जीवन्त, बिम्बात्मक और सरस वर्णन किया है; लोक के साथ अपनी आत्मा को एकाकार करते हुए। प्रो. दिलीप सिंह खाँटी बनारसी हैं—बैगा नाच उन्हें बनारस

पहुँचा देता है और वे मानो मादल पर थाप देकर अलग–अलग गीतों की ताल निकालने लगते हैं। उन्हें इस लोक संगीत में सन्तों की चार–धाम यात्रा दिखाई देती है। लोक का रहस्य ही समवेत और सम्मिलित जीवन में छिपा है। लोक में मनुष्य अपने–अपने अजनबी द्वीपों की सृष्टि नहीं करते, बल्कि मिल–जुल कर महाद्वीप हो जाते हैं। सुख–दुख, जन्म–मृत्यु, गीत–संगीत, नृत्य–कला सबमें समवेत का यह भाव व्यक्तिवादी अँधेरे में पड़ी दुनिया से इस दुनिया को अलग करता है। यहाँ जैसे व्यक्ति है ही नहीं। लोक का एक अंश भर है वह। अपने में पूरे लोक को समेटे हुए। यह लोक संस्कृति भारत के हर हिस्से में मिल जायेगी–क्योंकि यही मूल है। लेखक ने रेखांकित किया भी है कि मिल बैठ कर गाने की रीत, स्वरों को छोड़ने पकड़ने का कौशल, मानवीय अनुभवों और जीवन मूल्यों की अभिव्यक्ति आपको भारत के सभी प्रान्तों के लोक गीतों में मिल जायेगी।

वनवासियों–आदिवासियों को अशिष्ट और असभ्य कहने वाले तथाकथित सभ्यों को यह जानकर शर्म आनी चाहिए कि बैगा भाषा में गालियाँ नहीं हैं। शहर के बाज़ार से थोड़ी–सी ज़रूर आ गयी हैं! भला ऐसी संस्कृति में माँ और बहन की गालियाँ कैसे होंगी, जहाँ स्त्रियों को पूजा जाता हो। यही वजह है कि समाजभाषाविज्ञानी लेखक बैगा भाषा में अश्लील शब्दों को खोजने में विफल रहे!। यह भी पता चला कि इस समाज में समलैगिंकता बिल्कुल नहीं। इस लोक में शब्द–वर्जनाओं के लिए भी कोई स्थान नहीं है। वे जैसा जीते हैं, वैसा बोलते हैं–कोई आवरण नहीं, कोई दुराव–छिपाव नहीं।

लेखक ने इस लोक में रम कर उसके हर्ष–विषाद का प्रामाणिक लेखा–जोखा अपनी डायरियों के सहारे इस किताब में उतार दिया है। लोक कथाओं का एक पूरा संसार वे पाठकों के सामने खोल कर धर देते हैं। बच्चों के खेलों के वर्णन में वे खुद बालक बन जाते हैं। पर्व–त्योहार की बात आती है, तो लोक प्रथाओं की एक–एक बारीकी से परिचय कराते चलते हैं। कुल मिलाकर, बैगा वनवासियों की समग्र जीवनगाथा को उन्होंने उसमें डूबकर अपने माध्यम से व्यक्त किया है। यहाँ साक्षी भाव नहीं है। भोक्ता भाव भी नहीं। एक उन्मुक्त सहचर हैं दिलीप सिंह यहाँ बैगा लोकजीवन के। किनारे बैठकर तो दुनिया लहरों को गिनती है, लेकिन मोती उन्हें ही मिलते हैं, जो पानियों में गहरे पैठते हैं।

प्रो. दिलीप सिंह ऐसे ही गोताखोर हैं। इतनी गहरी डुबकी लगाते हैं कि लोक बोध के मोतियों से मुट्ठियाँ भर भर लाते हैं। पाठक भी जितनी गहरी डुबकी लगायेंगे, शब्द से लेकर बोध तक की लोक सम्पदा इस अनोखी कृति में पायेंगे। तभी तो वह स्थिति उत्पन्न होगी कि बैगाचक से दूर जाकर भी मन वहीं रमा रहे–ऊधो मोहि ब्रज (बैगाचक) बिसरत नाहीं!

अन्ततः यही कि प्रो. दिलीप सिंह की यह अनूठी कृति लोक अध्ययन के नये क्षितिजों का उद्‌घाटन करने वाली है।

–ऋषभदेव शर्मा

अनुक्रम

बैगा परिवेश का वन-वैभव

(1)

इस वनवासी क्षेत्र में आने, रहने और इसे बूझने के उपरान्त मेरी संवेदनाएँ नितान्त भिन्न ढंग से करवटें लेने लग गयी हैं। न जाने किस जादू से यह अनुभूति प्रखर हो उठी है कि *जंगल एक ऐसी कविता है, जिसका विषय प्रकृति भी है और मनुष्य भी।* दोनों अभिन्न होकर इस कविता की बुनावट में 'बुन' गये हैं। वनवासी जनजातियों के बीच रह–बस कर और इनसे आत्मीय होकर यह भान भी दृढ़ हो गया है कि आदिवासी जीवन का आधार (परम्परागत) ज्ञान और (सह) संवेदना दोनों हैं।

इस क्षेत्र के वनवासी गोंड, अगरिया, सहरीया, भील और विशेष रूप से बैगा, संवेदनात्मक स्तर पर पेड़–पौधों के, फल–फूलों के, जड़ी–बूटियों के तथा वन्य–जीवन के प्रेमी तो हैं ही, ज्ञानात्मक स्तर पर इनके पारखी भी हैं। पर उनकी निरख–परख कैंची और ख़ुर्दबीन वाले वनस्पति–शास्त्री की नहीं, बल्कि उस संवेदनशील मानव की है, जिसके लिए पत्तों और टहनियों में, फूलों और फलों में, पेड़ और पौधों में भी कोई सन्देश होता है। मानव–सन्देश। वनवासी इन सन्देशों को ग्रहण करके अपनी जीवन–चर्या में ढाल लेते हैं। या कहें कि ये संदेश उनके समस्त जीवन–व्यवहार में रच–बस गये हैं। यह 'रचाव' ही वनवासियों को प्राकृतिक उपादानों के निकट किए हुए है, उन्हें इनका आत्मीय बनाये हुए है कि वे बूझ पाते हैं कि इन पेड़–पौधों, वृक्ष–लताओं का अपना कोई व्यक्तित्व भी है, कोई नाम–धाम भी है और अपनी–अपनी पहचान है। वन और वन–सम्पदाओं के लिए वनवासियों का उत्साह संक्रामक है जो अब मुझ तक भी पूरी शिद्दत के साथ पहुँच गया है।

सदा हरी–भरी और बारहों मास बहुरंगी प्रकृति की गोद में एक नन्ही–सी गौरैया की तरह फुदकता यह जीवन 'ग्राम्य' भी है और 'आरण्यक' भी। इस वन्य परिवेश में क्या नहीं है–नग–जड़े से पेड़–पौधे, घने जंगल और पसरे झाड़, खुले शस्य–श्यामल मैदान, नाटे डूँगर और ऊँचे पहाड़, धाराप्रवाह सोते और पहाड़ों की छाती से रिसते झरने, ढेरों नद और बड़ी–छोटी नदियाँ...। अपूरब संसार। जड़ में चेतन के भाव से आप्लावित सघन वनांचल। तभी तो इन आदिवासियों के अन्दर सामान्यतः ऐसी सादगी और ईमानदारी है जो आदिम मानव में ही पायी जाती है। आज के युग में यह अजूबा सम्भव हुआ है इन आदिवासियों के प्रकृति–संसर्ग और परिवेश–सम्पर्क से।

(2)

बैगाओं की बात करूँ तो प्रत्येक बैगा अपने आप में एक चरित्र है। ऐसे चरित्र तो पहले कहीं देखे ही नहीं। विलक्षण। वन के देहातों में, वन के कगारों पर या बीच जंगल में बसने वाले इन भारतवासी नर–नारियों में से प्रत्येक चरित्र एक–एक नये सितारे की वृद्धि करता है, मुझे तो ऐसा ही लगने लगा है। मेरे मित्र चर्रा बैगा को ही देखिए। लम्बी बैगा–चुटिया को मटमैली पगड़ी में छिपाये, उठंगी धोती और गन्दी–सी क़मीज़ पहने चर्रा एक सीधे–सादे बैगा हैं। बड़ा परिवार है, खेती–बाड़ी है, विस्तीर्ण बैगा घर है, घर के आँगन में पशुओं का बाड़ा है–आम, कटहल, जामुन के घने वृक्ष हैं–पर सादे आचरण की मूरत हैं चर्रा। बैगा पूजा–पद्धति, टोना–टोटका, ओझाई–झाड़–फूँक के जानकार। गोपाल बैगा अधेड़ और गठी काया वाले हैं, किसानी करते हैं। बैगा नृत्य में पारंगत हैं। मादल भी चाँपकर बजाते हैं। हँसते हैं तो बहार आ जाती है। सवनी बाई विधवा हैं, सत्तर पार की आयु होगी, पर सजग हैं। बैगा समाज की कमियों पर भी उनकी निगाह रहती है। नशाखोरी के विरुद्ध मोर्चा लगाती हैं। सेवा–भाव उनमें कूट–कूटकर भरा है। बैगा लोकगीतों की गायिका भी हैं और प्रभावशाली वक्ता भी। हँसते समय हाथ से मुँह पर ओट–सा कर लेती हैं। हरी सिंह भी नृत्य में प्रवीण हैं। दुबले–पतले और छरहरे हैं, सो लहराकर नाचते हैं, वैसे उनका पेशा चरवाही का है। बजरू युवा हैं। कन्धे तक फैले बालों को तेल–पानी देकर सजाये रखते हैं। पक्के वनस्पति शास्त्री हैं जो सुन्दर फूलों, लताओं और औषधीय गुण वाले पेड़–पौधों की

रग–रग से वाक़िफ़ हैं। घने वन में निर्भय घुसते जाते हैं। वन की हर पगडण्डी उनकी जानी–बूझी है। बैगाओं का यह समुदाय वन सौन्दर्य को दोबाला कर देता है। इनके अभाव में क्या वन और क्या वन सौन्दर्य। ये सब के सब सच्चाई, प्रांजलता और उछाह की वैसी ही प्रतिकृतियाँ हैं जैसे पेड़–पौधे, फूल–पत्तियाँ, पहाड़–झरने, ऊँची–ऊँची कास घासें, नद–पोखर और नीला आसमान। जिनके साथ ये लोग रहते हैं।

(3)

हम चाड़ा वनक्षेत्र की ओर जा रहे थे। इसे 'बैगाचक' भी कहते हैं– बावन बैगा गाँवों का समूह। घनघोर जंगल में बसी बस्तियाँ। पहाड़ के अलग–अलग तलों पर। आगे बढ़े तो देखा कि चाड़ा पहाड़ की तराई में बसन्त उतर आया है। इधर से उधर तक जहाँ देखो सरसों और रमतिला के पीले फूलों का मेला–सा लग गया है। नीला आसमान पूरी आब के साथ चमक रहा है–सारा दिगन्त तेजोमय प्रकाशमान। थोड़ी ही देर में संझा उतरने लगी थी। दूर तक फैले प्रांतर में घनी छाया हौले–हौले उतर रही थी। दोनों ओर मकई के लहलहाते खेतों की पंक्ति बँध गयी थी–सुदूर वन पंक्ति के माथे पर थोड़ा–थोड़ा कोहरा जमने लगा था। साँझ की सर्द हवा में चहुँओर पसरी हरियाली की भीनी गन्ध फैल रही थी। क्रमशः आकाश लाल होने लगा–सिन्दूरी। फिर धीरे–धीरे सफ़ेद बादल काले पड़ने लगे, हरे वृझ सलेटिया गये। प्रकृति आभास के रूप में भासित होने लगी। वन श्रेणियाँ मानो गाढ़ी नीली हो गयी थीं। रात हो आयी थी। अँधेरा और बस अँधेरा। गेस्ट हाउस के कमरे में जाकर पड़ रहे। साथ लाया भोजन वहीं कर लिया गया। सुबह धूप निकलने लगी तो प्रकृति ने और ही रूप अख़्तियार कर लिया। ज़मीन और आसमान दोनों की शक्ल ही बदल गयी। आसपास कहीं खेत–खलिहान नहीं, गाँव–घर भी न जाने कहाँ हैं। जहाँ तक दृष्टि जाती है बस जंगल, और जंगल, और जंगल। गेस्ट हाउस के वरांडे में बैठकर मैंने महसूस किया कि वन ने मेरे पूरे अस्तित्व को आच्छादित कर लिया था। न आँख भरती थी, न मन। दो गाँव गेस्ट हाउस के पीछे ही थे। वन–प्रांगण में पन्द्रह–बीस बीघों का रक़बा स्वच्छ और चौरस करके ठहरने की यह जगह बनाई गयी थी। इसके पीछे कच्ची पगडण्डी के दोनों ओर बैगा घरों की कॉलोनी बसी थी। जंगल में उपलब्ध बाँस, फूँस, काठ के बने हुए क़तारबद्ध झोपड़े खड़े थे।

लकड़ी के पट्टों की लगी टट्टियाँ जो झोपड़े की चौहद्दी तय करती थीं। कोई आवरण नहीं। घर–आँगन सब बाहर से ही दिखते हुए–साफ़–सुथरे। कोई पर्दा नहीं, कुछ भी छिपा–ढका नहीं। स्वच्छन्द जीवन का प्रतीक झोपड़े–पोतनी मिट्टी से पुती दीवारें और गोबर–माटी से लिपे आँगन। कच्ची मिट्टी की एक मदहोशी गन्ध चारों ओर फैली हुई। ढिमरिन बाई के आँगन में घुसते ही कच्चा बाँस गमक उठा। वह बाँस के टुकड़ों को एक चाकू से फाड़कर मोटी–पतली और रस्सीनुमा खपच्चियाँ बना रही थीं–डोलची और खचिया तैयार करने के लिए। उनके आँगन के पेड़–पौधे भी घर की दीवारों में टटकी सुगन्धी भर रहे थे। उनकी दो किशोरवय बच्चियाँ तुरपाई का काम कर रही थीं। उनकी बहू दुमड़ी से करो–करोकर सफ़ेद कोहड़े का गूदा निकाल रही थी। आसपास के झोपड़ों में भी इसी तरह जीवन बह रहा था।

मैंने अपने जीवन के बरसों बरस बनारस, दिल्ली, हैदराबाद, चेन्नई में बिताये हैं। पढ़े–लिखे और अपने में सिमटे बन्धु–बान्धवों का संग–साथ रहा। पुस्तकालय और सभा–संगोष्ठियों में समय कटता। मॉल, रेस्तराँ, मेट्रो वाली आभिजात्य दुनिया। इन्हीं सब में बहा जा रहा था। एक अजानी–सी बनावटी दुनिया के प्रवाह में जहाँ *हरेक आदमी उड़ता हुआ बगूला था/ तुम्हारे शहर में हम किससे गुफ़्तगू करते*–वाली ज़हनियत हमेशा तारी रहती। कभी सोचा न था कि ऐसी उन्मुक्त, खुली और स्वच्छन्द ज़िन्दगी का सान्निध्य मिलेगा। ग्रन्थों–पुस्तकों में पढ़ा सच में मेरे सामने आ गया है। उससे भी अधिक यथार्थ और आत्मीय बनकर।

(4)

हिन्दी और कन्नड़ साहित्य के समीक्षक और अनुवादक प्रो. टी.वी. कट्टीमणी का इसरार था। चेन्नई का शुष्क वातावरण मुझे भी रास नहीं आ रहा था। बाई–पास–सर्जरी तक की नौबत आ गयी थी। मेरा भी मन था। इन्दिरा गाँधी राष्ट्रीय जनजातीय विश्वविद्यालय, अमरकण्टक में काफ़ी कुछ नया करने का अवसर मिल रहा था और अपने परमप्रिय कट्टीमणी जी के साथ का भी। यहाँ एक बड़ी भाषा परियोजना थी, उसका भी लोभ था ही। लेकिन यह एक ऐसी सूनी और निचाट जगह होगी, इसका अनुमान न था। पर धीरे–धीरे यह सन्नाटा विलुप्त होता गया। विश्वविद्यालय परिसर के चारों तरफ़ विराजमान पहाड़ और जंगलों पर सूरज का प्रकाश फैलते देखा करता।

साँझ ढले पश्चिमी पहाड़ियों के पीछे सिन्दूर पुते सूर्य का डूबना देखता। कैसा उजला प्रभात। कितनी रंगबिरंगी शाम। सुबह–शाम का ऐसा स्थायी अहसास पहले कभी नहीं हुआ था। पर्यटन में मैंने पहाड़ी इलाक़ों में जीवन का काफ़ी समय बिताया है–लेकिन वहाँ ऐसा अरण्य–सुख नहीं था, आभिजात्य की तराश अधिक थी। ऐसा खुरदुरा सौन्दर्य वहाँ कहाँ।

पर कभी चेन्नई, कभी हैदराबाद तो कभी दिल्ली की अठखेलियों की याद करते हुए मन में यह भाव भी उग आता कि इस जनहीन जंगल में आकर कहीं भारी भूल तो नहीं कर बैठा। यह वन–परिवेश शायद अपने लिए नहीं। कितना ही कटु और स्वार्थलिप्त सही, पर हम शहराती जीवन के अभ्यस्त हो चुके थे। जिनसे बातें करके तनिक राहत मिलती थी, वे सब इन बड़े–बड़े नगरों में छूट गये थे।

मगर अब तो हाल यह है कि बड़े–बड़े नगरों की बात तो दूर रही, कभी ग्वालियर, रायपुर या बिलासपुर भी जाता हूँ तो दो–तीन दिन काटना भी मुहाल हो जाता है। खदबद होने लगती है कि कब भाग चलें अपने इस अरण्य क्षेत्र में। एक बार दिल्ली से लौटा था तो कट्टीमणी जी से अपनी यह क़ैफ़ियत व्यक्त की। वे मुस्कुराये और बोले–अभी कुछ रोज़ और यहाँ रह लीजिए, फिर देखिएगा। मैं बोला, इसमें देखना क्या है? कहने लगे–यही कि जंगल की माया आपको दबोच लेगी। आपका स्वास्थ्य सुधर जायेगा। आप संवेदनशील हैं, प्रकृति आपको मोहपाश में लपेट कर ही रहेगी। दो साल बीतते न बीतते ऐसा ही हुआ भी।

(5)

अभी लिखते हुए यूँ ही निगाह खिड़की के बाहर देखने को उठी तो पाया कि आकाश के माथे पर सुनहला पूरा चाँद चमक रहा था। ललछौं सुनहला, जिसके भीतर से प्रकाश लपलपा रहा था। लगा, वह हौले–हौले आकाश सागर में पौड़ (तैर) रहा है। प्रांगण का जितना हिस्सा आँखों की जद में था, वह सब का सब कनक किरणों की आभा से सन गया था। चाड़ा यात्रा में तो ऐसा अपूरब कितना कुछ घटता रहा। हम जितना ही आगे बढ़ते जा रहे थे, दोनों ओर घनी वन–पंक्ति साथ–साथ चलती चली जा रही थीं; बरमसिया फूल की झाड़ियाँ, तुतरी के बैंगनी फूलों से लदी शाखाएँ और हर प्रजाति के पेड़–कहीं सघन, तो कहीं विरल। इन्हीं जंगल–झाड़ों में डूबते सूरज की ललाई लपेटे किरणें भी मिलीं जो

तनिक विराम के बाद ही गाढ़े–चमकते लाल रंग में बदल गयीं। किरण अब किरण नहीं रह गयी, रंग का लेप बनकर वन–काया पर छपा गयी। वनफूलों और तृणगुल्मों की गन्ध न जाने कैसे साँझ पड़ने के साथ ही और तीखी हो गयी। सर्वस्व गीला–गीला, ओदा–ओदा महसूस हो रहा था। हसन कमाल के इस शेर के मायने मय–ब्याज खुल चुके थे कि *सूरज लहूलुहान इस जंगल में गिर पड़ा/दिन का गरूर टूट गया शाम हो गयी।*

गहराती शाम की बयार अब शरीर को छूने लगी थी। वृक्षों के झुण्ड के झुण्ड साये कन्नी खा रहे थे। आकाश मगन था। वृक्ष प्रतीक्षातुर। कितनी चिड़ियाँ बाद में देखीं 'चाड़ा' में–छोटी, बड़ी, चंचल, फुदकने वाली, एक ख़ास गति से दुम को लपकाने वाली; बुलबुलें, टिटहरियाँ, मैनाएँ, पेंडुकियाँ, कोयलें, गौरैयाँ, सुग्गे...। शहरों में रहकर तो इनके नाम भी भूलने लग गया था। और यहाँ, वनभूमि पर मानो इनका मेला लगा हुआ था। या कि पक्षीजगत का एक विस्तीर्ण रंगमंच क्रियाशील था। एक पल को लगा कि जहाँ तक मेरी आँखें देख पा रही हैं–वह सारा कुछ मेरा ही है। मेरे अन्तर्मन का। मेरी आत्मा का। इस रूप में यह सब किसी और का नहीं। प्रकृति का तत्त्व–तत्त्व मस्ती–बिखेरता सा। नज़ारों का ऐसा नशा तो याद नहीं, कभी मुझ पर छाया हो, कि दिल बरबस गा उठे कि–*क्या मस्तियाँ चमन में हैं जोशे बहार से/हर शाख़े गुल है हाथ में सागर लिए हुए।*

(6)

विश्वविद्यालय से कोस भर की दूरी पर वन के घेरे में एक हनुमान मन्दिर है–संकटमोचन। यही पहाड़ी वन मार्ग घूमता–लहराता अमरकण्टक पहुँचा देता है। इसी वन क्षेत्र में नर्मदा, जोहिला और सोन नदी का उद्गम स्थल है। माँ नर्मदा का मन्दिर है, उनका प्रवाह है, घाट है। पूरा मार्ग हरियाली से लदा हुआ। बरसात में पहाड़ियों के अन्तर से झिर–झिर कर पानी झरने लगता है। प्रकृति, हृदय को इतनी शीतलता प्रदान करती है, न जानता था। अब तो इसकी लत लग गयी है।... घर की बालकनी में बैठ कर आसमान और सन्ध्या की आँखमिचौनी देखने से बड़ा आनन्द अन्यत्र कहाँ। बालकनी के बाहर क्यारी में स्वर्णचम्पा के पौधे लगे हैं–हवा में भीनी और मीठी ख़ुशबू लहरा रही है। एक दिन स्वर्णचम्पा के कुछ फूल कार की पिछली सीट पर डाल दिये गये। दो–तीन दिन तक गाड़ी गमकती रही।

सूख जाने के बाद भी फूलों की गमक महसूस की जा सकती थी। एक रात ऐसा ही एक और अनुभव हुआ। हर्राटोला से लालपुर गाँव तक हम रात के भोजन के बाद टहलने निकले। आकाश की ओर निगाह उठी तो अवाक् रह गया। आकाश के वसी आँगन में अनगिनत तारे खेल रहे थे। बाप रे बाप। लक्ष–लक्ष तारा गण। आकाश में पाँव धरने भर की जगह भी ख़ाली नहीं थी। आकाश नहीं, तारों का वितान था। चाँदनी रात थी। सितारे चाँद को अपनी हस्ती जता रहे थे–कैसी तीखी चमक प्रत्येक सितारे की। कुछ तो इतने नन्हे कि बस बिन्दुभर, पर चमकार में किसी से कम नहीं। सुथरे आसमान पर सितारे खिल उठे थे। प्रदूषित आकाश में सितारों का ऐसा जमघट मैंने अब तक न देखा था–*रात जब आसमान खुलता है/एक कपड़े का थान खुलता है।* (गुलज़ार)

घर के भीतर भी वन हमें अपना अहसास कराता रहता है। स्यारों का 'हुक्का–हुआं' स्वर रात के पहर की सूचना देता है–रोज़, समवेत। झींगुरों का दल एक स्वर में झीं–झीं करने अँधियारे के एक ख़ास समय पर आ पहुँचता है। बरसात में इनकी आवाज़ाही और शोर और भी बढ़ जाते हैं। कितने बड़े–बड़े झींगुर–भूरे, काले, मटमैले, कि दीवार से टकराएँ तो 'खट' की आवाज़ हो। मैना और गौरैया तो परम शैतान हैं। भोरहरे खिड़की के शीशे पर अपनी चोंच से 'खुट–खुट' करके हमें जगाने आ धमकती हैं। अब तो हमें उनके खुटखुटाने की प्रतीक्षा भी रहने लगी है।

(7)

दीपावली के बाद से ही बेर डूबने से पहले वन में सर्दी बहुत बढ़ जाती है। बैगा घरों में सन्नाटा छा जाता है। कोई–कोई लकड़ी–चैली बीन कर अलाव भी बार लेता है। झोपड़ों को सब्ज़ी की लतरें घेरा बनाकर छा लेती हैं। लौकी, कद्दू, कोहड़े, नेनुआ, कुन्दरू की लताएँ–खपरैलों पर, टट्टियों पर, बाँस की खपच्चियों से बने मचानों पर। हरा–भरा बैगा घर, कुंज के भीतर बसा हुआ। लकड़ी के पट्टों की कमर तक ऊँची बाड़। झोपड़े में छोटा–सा दरवाज़ा कसा हुआ कि सियार–कुकुर न घुस जायें। वन–वैभव पर बिभूति बाबू का एक उपन्यास है–'आरण्यक' (बिभूतिभूषण बन्दोपाध्याय : 1957, साहित्य अकादेमी : अनुवादक–हंस कुमार तिवारी)। इसका यह काव्यमय कथन अब मेरा भी यथार्थ बन चुका है–*कितनी साँझ तो यहाँ आयी माथे पर अनुपम रक्तमेघ का मुकुट पहने, चिलचिलाती*

दोपहरियों में आयी उन्मादिनी भैरवी के वेश में; कभी गहरी रात में ज्योत्सनावर्णी सुर–सुन्दरी का रूप लिए हिमस्निग्ध वन–फूलों की गन्ध मले–गले में आकाश भरे तारों की माला–अँधेरी रात में कालपुरुष का अग्निखड़्ग हाथ में लिए विराट कालीमूर्ति के रूप में।

(8)

आज कातिक पूनों की रात थी। चाँद रजत–कन्दुक की भाँति आकाश में टँगा था। लग रहा था कि हाथ बढ़ाकर छू लूँगा। छायाविहीन चाँदनी में आसपास का सर्वस्व साफ़–साफ़ चिन्हाई पड़ रहा था। पाक, पारदर्शी और परिपूर्ण चाँदनी रात। एकड़ों ज़मीन पर कास लहरा रहे हैं। चाँदनी ने इनकी धवलता को एक अचीन्हे रहस्य से आच्छादित कर लिया है। कास के सफ़ेद फूलों की लहक सफ़ेद मोरपंखी–सी दीख पड़ रही है। चाँदनी इन फूलों की फुनगी पर आ बैठी है–रजत पुष्प झूम रहे हों मानो। कैसे करूँ सौन्दर्य की इस जुगलबन्दी का बखान। उन क्षणों में मन का पोर–पोर बन्धनहीन हो गया। जनविहीन एकान्त में प्रकृति की यह कैसी क्रीड़ा? प्रकृति सारी–की–सारी उन्मुक्त। ऐसी उन्मुक्ति जहाँ मनुष्य का कोई विधि–विधान नहीं चलता। बड़े–बड़े नगरों में रहकर कभी यह देख–सोच ही न पाया था कि चाँदनी रात इतनी रसभरी भी होती है। चाँदनी में देखिए वन के रजत वृक्षों को, घासों को, फूलों को। इस फूल की तरह ही ये सब आप से कहते सुनाई देंगे कि–*मैं एक फूल हूँ लेकिन खिला हूँ जंगल में/हवा की तरह कोई आये तो मैं दिखाई दूँ।*

मैं अब हवा की तरह ही विचर रहा हूँ इन वन प्रान्तरों में। एक दिन हम कई लोग बिलासपुर गये थे। इस वनक्षेत्र का निकटतम नगर है–लगभग डेढ़ सौ किलोमीटर दूर। वापसी में देर हो गयी थी, धुँधलका हो चला था। मार्ग में घना जंगल और लम्बा घाट पड़ता है। गाड़ी के पीछे की सीट पर सब उनींदे हो रहे थे। मैं आगे की सीट पर बैठा धुँधलाते वन को निहार रहा था कि एक वृक्ष की सबसे ऊपरी शाखों पर अचानक पूरा चाँद उग आया। फिर झट से छिप भी गया। उसी ऊँचाई पर मेरी आँखें उसे ढूँढ़ने लगीं पर वह नदारद था। एक मोड़ पर पेड़ों के बीच के एक छोटे से 'स्पेस' में वह फिर दिप गया। इस बार वह कुछ देर तक मेरे साथ–साथ चला। आँखों के सामने वह टिका रहा। वृक्ष प्रकाश में दिखते और बुझ जाते, बुझते और दिख जाते। वन के तनिक विरल होते

ही वह चाँद वृक्षों से बचता–बचाता, बादलों को धकेलता, बीच आकाश में सरकता भागने लगा और कुछ ही पलों में फिर गुम हो गया। पर उसका हलकाता प्रकाश उसके अस्तित्व का आभास मुझे देर तक देता रहा कि तभी घाटी की तराई आ गयी, कार बायें मुड़ी तो एक चमचमाता प्रांगण सामने खुल गया। प्रकृति का एक–एक अवयव स्पष्ट था। चाँद आकाश के बीच में डटा था, उसकी दूधिया रोशनी ने जंगल में जान फूँक दी थी। यह नज़ारा दो–तीन मिनट तक साथ रहा कि सघन वन ने चाँद को फिर ओट कर दिया। तनिक देर में ही वन उतना सघन नहीं रह गया था। वृक्ष की पातों के बीच फोंफर अधिक थी। चाँद को अब खुलकर ताकने–झाँकने का अवसर मिल गया था। वृक्षों के पीछे वह लगातार भाग रहा था, इतना तेज़ कि उसका छिपना अब पता ही नहीं चल पा रहा था।

पीछे प्रकृति के रंगमंच की इस हलचल से लोग बेख़बर सो रहे थे। मैं जाग रहा था। सब देख रहा था। मेरी आँखें भर आयी थीं, जैसे कोई अच्छी कविता पढ़कर भर आती हैं। न जाने कब मैं मन ही मन ईश्वर का धन्यवाद करने लग गया कि उसने मेरी आँख न झपने दी।

(9)

पूरे लालपुर, हर्राटोला और मेरटोला में कास वन उधिया कर खिल उठे हैं। मैंने अब हर्राटोला में ही स्थायी निवास कर लिया है। बरबखत इनकी अठखेलियाँ देख पाता हूँ। जहाँ कहीं धरती ख़ाली दिखी, वहीं ये सैकड़न की तादाद में उग आते हैं। कपासी सफ़ेदी लिए। इस इलाक़े में एकड़–दो एकड़ छोड़कर थोड़े–से घरों का झुण्ड मिलता है–जंगली झाड़ों से घिरे खेत और लकड़ी की बाड़ों से घिरे झोपड़े। झोपड़ों की खपरैल या फूँस की छाजन पर बिछी लौकी की लतरें–कई आकार–प्रकार की लौकियाँ आराम से लेटी हुईं। कई खपरैलों पर 'रकसुआ कोहड़ा' की लतरें भी, थोड़ी–थोड़ी दूर पर बड़े–बड़े कोहड़े, कि बस अब लुढ़के कि तब लुढ़के। झोपड़ों की दालान में मुर्ग़े–मुर्ग़ी–चूज़ों की लीला। ज़मीन पर फुदर–फुदर चलते, कुछ ढूँढ़ते, कुछ चुगते, कुछ माँ को पिछियाते चूज़े। जितनी देर भी देखिए इनके लीला भाव से मन नहीं भरता। यही हाल बकरियों और मेमनों का है। ये आसपास की झाड़ियों की कोमलतम पत्तियाँ चुन–चुनकर चरते हैं, पगुराते हैं, फिर टूँगते हैं, फिर पगुराते हैं। प्रकृति की हरियाई गोद में इनके पास चुनने के ढेरों विकल्प हैं, कितने रंग के–सफ़ेद, भूरे,

काले, चितकबरे। किसी की आँख कजरारी तो किसी के माथे पर टीका। हरी–भरी वादियों में विचरता एक कोमल संसार।

बैगाओं के बीच रहकर उनपर अंग्रेज़ी में लिखनेवाले **वेरियर एल्विन** इस इलाक़े में बरसों रहे। तीस–चालीस के दशक में। उन्होंने बैगा परम्पराओं और रीति–रिवाज़ों पर लिखा, ख़ासकर 'घोटुल प्रथा' पर। उन्होंने इस क्षेत्र की वन–शोभा नहीं निहारी। यहाँ के सूर्यास्त, सूर्योदय, चाँदनी और चन्द्रोदय, बन्दरों–लंगूरों की दौड़ पर उनकी नज़र नहीं टिकी। इनके अभाव में वन और वनवासियों का 'साँचाचित्र' भला कैसे खिंचेगा। यहाँ से अनूपपुर जाते समय घाटी से बायें कटनेवाले तीखे मोड़ की पहाड़ी पर हनुमान जी का पुराना मन्दिर है। घाटी की दीवार पर या वन के कगार पर यहाँ से वहाँ तक सैकड़ों बन्दर और लंगूर बैठे या कुछ न कुछ करते दिखाई पड़ते रहते हैं–जुएँ निकालते, कुछ खाते या यूँ ही साधनावस्था में बैठे हुए। कई ऐसे शरारती भी हैं जो हमें कार में देखकर दोनों पैरों पर खड़े हो जाते हैं। पता नहीं स्वागत करने के लिए या यह जताने के लिए कि वे भी दो पैरों पर खड़े हो सकते हैं और लगभग आपकी तरह दिख सकते हैं।

(10)

इन वनों–पर्वतों पर बारिश एक अजूबे की तरह घटती है। बादल कई–कई परतों में सारा का सारा आकाश घेर लेते हैं। पहाड़ियों को भी नहीं छोड़ते। उनके स्पर्श से पहाड़ियाँ अदृश्य हो जाती हैं। परिवेश में छिछला–सा अँधेरा छा जाता है कि तभी इस नीम अन्धकार को चीरता पानी झमक के साथ धरती पर पड़पड़ाने लग जाता है। ख़ूब तेज़, धरती पर मानो पकौड़ियाँ तली जा रही हों। बारिश की मदहोशी देखकर हवा भी लहराने लगती है–सूँ, साँ के स्वर में आलाप लेते हुए। दोनों मिलकर बरसाती बूँदों को झड़ी का रूप दे देते हैं। आड़ी, तिरछी, तीखी बौछारें नाचने लगती हैं। बूँदें इतनी वृहदाकार कि शरीर पर पड़ें तो चोट लगे। ऐसे माहौल में चरने गये ढोर–डाँगर अपनी गर्दन रास्ते की ओर झुकाये तेज़ क़दमों से घर की ओर लौट पड़ते हैं कि बौरायी झड़ी उनकी आँखों में न पड़ सके। यह वनवर्षा कई–कई दिनों तक समय बाँधकर आ धमकती है और लगातार पड़ती है, समय की सुध भूलकर–घण्टों। कभी थकती भी नहीं–कभी मूसलाधार तो कभी मद्धम, सुस्ताने का बस यही तरीक़ा इसे मालूम है।

ऐसे में विद्युत धारा भी शान्त कैसे रहे। रह–रहकर ऐसी कड़कड़ाकर चमकती है कि चमकार की धार–सी आकाश को दूर तक चीरती चली जाती है। बादलों की कड़क और धमक ऐसी कि कलेजा हिल जाये। इन पहाड़ी वनों में बदरी, बूँदें और विद्युत परम स्वाधीन हो जाते हैं, बन्धन मुक्त–ये सब अपना उत्कर्ष दर्शाने को आतुर हो उठते हैं। हवा के भी पर लग जाते हैं। वह भी निर्द्वन्द्व बयार बनकर सिसकारी भरने लगती है। सायं–सायं। निर्बन्ध प्रकृति का अबाध नृत्य–छमछम छमछम, तिरकिट तिरकिट, धूम धूम की लयताल पर। अभी नागपंचमी के एक दिन पहले खुले–खुले आसमान पर अचानक छिटपुट बादल मँडराने लग गये–घनघोर नहीं, छितरे–छितरे। टिपटिप पानी भी पड़ने लगा। यह टिपिर–टिपिर न जाने कितनी देर लगी रही–कभी थम जाये, फिर झिरझिरा पड़े। आकाश से धरती तक झींसी का परदा तन गया था। पेड़ों–पहाड़ों को इस झीने आवरण के पीछे से देखना पड़ रहा था। उजास थी, पर अलसाई सी। वृक्षों पर पड़कर फुहारें बूँद बनीं टपक रही थीं, मानो जल की चिनगारियाँ। दुछत्ती की छाजन पर पानी का मद्धम संगीत रह–रहक़र बज रहा था–टपटप, टिपटिप, झिरझिर–टिपटुप। बादल चुप थे, न नगाड़े बजा रहे थे, न दमामे। बस पौधे जल–फुहार की चोट से झुके–लपे जा रहे थे, सम्हल ही नहीं पा रहे थे। पक्के मकाँ वाले मज़बूत वृक्ष इस झड़ी से बेख़बर थे पर कच्चे रहवास वाले कोमल पौधे इनका मिज़ाज झेल रहे थे–*हमसे पूछो मिज़ाज बारिश का/हम जो कच्चे मकान वाले हैं।*

(11)

पहाड़ों के ऊपर बादलों का गहरा–हल्का स्थायी डेरा इस वनक्षेत्र में बारहों महीने बना रहता है। आकाश को खुला ये कभी–कभी ही छोड़ते हैं। कितने–कितने रूप धरते हैं ये बादल–नम्बरी बहुरूपिये हैं। कभी हल्के हो जाते हैं तो कभी गाढ़े। कभी काँपते–हिलते–से लगते हैं, कभी एकदम स्थिर। कभी लगता है कि तेज़–तेज़ भागे जा रहे हैं तो कभी मन्थर गति से टहलते हैं। कभी बताशे जैसे श्वेत, कभी राख–से सलेटी तो कभी घनश्याम–काले–कजरारे। शरारती बच्चों की तरह कड़क–करारी धूप में भी घूमने आ जाते हैं। जाड़ों की ओस टपकाने को भी हाज़िर रहते हैं। वनों–पर्वतों में ओस का भी अपना ही खेल है।

अभी दशहरा भी नहीं आया है, और ये तृण–पुष्पों को भिगोने लगी हैं। ठण्ड की प्रात वेला में ये सर्वत्र अपनी छाप छोड़ती हैं। सुकुमार पौधों को पाला मार जाता है। कड़ाके की शीत में ये घासों पर जमकर सफ़ेद चादर बिछा देती हैं। पत्ते–पत्तियों को ये धो–पोंछ डालती हैं। इनकी ही वजह से गुलाबी ठण्ड का अहसास अभी से होने लगा है।

(12)

कपिलधारा के रास्ते के दोनों तरफ़ घने वन का विस्तार है। कहिए, जंगल के बीच से ही पगडण्डी है। दोनों ओर के पेड़, पौधे, घास, वनस्पतियाँ, ताल–पोखर निकट आ–आकर आपके साथ–साथ चलते रहते हैं। ऐसा ही होता होगा बैकुण्ठ का मार्ग। इससे अधिक सुहावना भला क्या होता होगा। मनभावन दृश्यों की अटूट हरित श्रृंखला। भरपूर हरीतिमा। मीलों तक मखमली हरी धरती बिछी हुई। भाँत–भाँत का हरियर रंग। हरियाली के इतने–इतने विकल्पन होते हैं? घोर अचरज। मैं इनमें डूबा तो ये सब अपने हो गये। पता नहीं कहाँ से आकर एक पंक्ति हल्के से कौंध गयी–*यह घासवाला रेशमी कालीन मेरा है।* नवम्बर की हल्काई धूप हमारे साथ भाग रही थी। आकाश भरपूर नीला था–सागर की तरह। रह–रहकर बंदर पगडण्डी पार कर जायें। कभी गिलहरी रास्ता काट जाये। कुछ चुगने में खोयी चिड़िया, जो घबराकर उड़ती भी नहीं। आप ही अपनी चाल धीमी कीजिए। मन मतवाला हो चला था। इस मतवालेपन ने मुझे गुम कर दिया था।

अ्चानक ध्यान आ गया। कहीं पढ़ा था कि प्रकृति बहुत ईर्ष्यालु होती है। आप उसे चाहते हैं, तो बस उसी को चाहिए। आप प्रकृति में डूबे रहिए तो वह भी आप पर मुग्ध होती रहेगी और आप को भी अपनी मोहिनी से मुग्ध करती रहेगी। अब देखिए, मई की दग्ध कर देनेवाली गर्मी है, पारे की त्यौरियाँ चढ़ी हुई हैं, पर प्रकृति में पलाश की बहार है। सड़क के दोनों ओर लाल–सुर्ख़ छाजन छायी हुई है। सोने के वृत्त–सा चाँद हो, सिन्दूरी सूरज हो, बारिश हो या दहकती गर्मी। हाड़ कँपा देनेवाली शीत हो या बसन्ती बयारें...। वन प्रान्तर का रूप इनकी सोहबत में विलक्षण हो जाता है। अरण्य के परिन्दे–चरिन्दे भी ऋतु के अनुसार अपनी कला दिखाते हैं। अभी जेठ के महीने में कोयल गाने लगी है। नीरव, शान्त वातावरण में उसकी कूक के पंचम स्वर की अनुगूँज हवा के साथ दूर–दूर तक बह रही है। नीरवता का राग छेड़ रखा है प्रकृति ने।

सभी कुछ तो अलहदा है अरण्य का–अनूठा। आसमान का कोई टुकड़ा हो या बादलों की कोई टोली। डाल पर लचकता फूलों का कोई गुच्छा हो या झाड़ियों का झुरमुट। पक्षियों की फुदकन हो या लहरों की किलकारी...। इन सबके बीच साँस लेते हुए न जाने कहाँ से एक दार्शनिक मेरे भीतर कहीं आ खड़ा होता है–*फ़लक पे चाँद–सितारे, ज़मीं पे गुंचा–ओ–गुल/ वो किन अदाओं से आये हैं बात समझाने।*

(13)

वेदकाल से लेकर अब तक भारतीय वन्य परम्परा का क्रम कभी टूटा नहीं है। ऋग्वेद के दसवें मण्डल में रचित 146वाँ सूक्त वनों की आत्मा अरण्यानी की विरुदावली के रूप में निवेदित किया गया है। अन्य ऋचाओं में भी चिड़ियों की चहकारों, पेड़ों की छाहों, पेड़ों पर पड़ती कुल्हाड़ियों की ठकाठक चोटों तथा वनदेश की रहस्यमयता और रोमांस आदि की गूँज व्याप्त है। वेद के ऋषि ने अपना सूक्त इस प्रार्थना के साथ समाप्त किया है :

अंजनगन्धि सुरभिम् बह्वन्नाम् अकृषीवलाम्।
प्र अहम् मृगाणाम् अरण्यानीं अशंसिषम।।

अर्थात्, अंजन–सी गन्ध वाली, सौरभ से भरी, बिना जोते–बोये ही प्रचुर अन्न देनेवाली और वन्य जन्तुओं की माता अरण्यानी की मैं प्रशंसा करता हूँ। कहना यह है कि भारतीय मानव ने अपने को जिस परिवेश में पाया, उस आदिकालीन भारतीय वनों के परिवेश–प्रतिवेश से उसे प्यार हो गया। वेदों में इस प्रेम की प्रचुर चर्चा है। 'अथर्ववेद' का पृथ्वीसूक्त वनभूमि और कृषिभूमि की अपनी पैदावारों के द्वारा सभी का भरण करने वाली विश्वम्भरा पृथ्वी के प्रति प्रेम की व्यंजनाओं से ओत–प्रोत है। 'महाभारत' के बहुलांश की पृष्ठभूमि वनप्रदेश ही हैं। इसका 'वनपर्व' तो वनजीवन का समग्र चित्र ही है। 'रामायण' का भी यही हाल है। बाणभट्ट के 'हर्षचरित' के सातवें अध्याय के अन्त में केन्द्रीय भारत के विन्ध्याचल पहाड़ों की जंगली बस्ती का परम–प्रोज्ज्वल वर्णन उपस्थित किया गया है। कालिदास के काव्य और नाटकों में प्रकृति ही प्रकृति है। इसमें क्या सन्देह कि भारत में धरती माता का सान्निध्य ही सदा से मानव का प्राकृतिक परिवेश रहा है।

वन के बनवासी बैगा

(1)

मैकल पहाड़ियों से घिरे इस वन क्षेत्र में वनवासियों की आबादी इन्हीं अरण्यों में बसी हुई है। ये वृक्षों, झरनों, नहरों और नर्मदा की महीन–कलकलाती धाराओं के बीच में रहते हैं जहाँ झड़े–गिरे जम्बू फल और महुए की गन्ध से इस नर्मदा क्षेत्र की वायु भाराक्रान्त हो उठती है। विश्वास नहीं होता कि मैं इसी लोक की बात कर रहा हूँ। नर्मदा नदी के आर से पार ऐसे घने वनों का कोई अभाव नहीं है। पर इनमें बसनेवाले वनवासी अभाव में जीते हैं। यहाँ आकर ही जाना कि काँसे की थाली बहुत बड़ी चीज़ है। ऐसी चीज़ जिसके सपने देखे जाते हैं। लोग देखा करते हैं। अपने जीवन में ऐसा अभावग्रस्त परिवेश मैंने पहली बार इतने नज़दीक से देखा, सुना और समझा। अपने खेत के चावल का भात, अरहर की दाल और छाजन–छप्पर पर उगी सब्ज़ियाँ जिनका 'पूर्ण आहार' हैं। पर अभाव का मन की तरंग से क्या सम्बन्ध–मन चंगा तो कठौती में गंगा। यह गंगा वनवासियों के हृदयांगन में निवास करती है–सन्तोष की गंगा, सन्तोष जैसा परम सुख और कोई इस संसार में है कहाँ। यह भाव, काश हम इन वनवासियों से सीख सकें।

बड़े परिश्रमी हैं ये लोग। आत्मनिर्भर भी हैं और आत्मविश्वासी भी। बहुत भोले भी हैं–निष्कलुष। निरीह नहीं, निर्मल। मुझे ये सीधे–सादे वनबन्धु बड़े भले लगने लगे हैं। मैं इनसे बहुत कुछ सीख रहा हूँ। जीवन जीना सीख रहा हूँ। एक रोचक घटना याद आ गयी है, सुना देता हूँ। हुआ यों कि मैंने बैगा लोक गायकों (दो पुरुष, तीन स्त्रियाँ) को हाल ही में यूनिवर्सिटी बुलाया था। ये बजाग और धुरकुटा गाँवों से आये थे। सभी अपनी साधारण पोशाक में थे। अतिथि–गृह में उन्हें ठहराया गया।

जिस दिन ये सब वापस जानेवाले थे, उस दिन शाम को मैं इन्हें कुलपति से मिलाने ले गया। सभी ने दफ़्तर के बाहर अपने-अपने जूता-चप्पल उतार दिये। तब मैंने देखा कि सभी के जूते-चप्पल प्लास्टिक के थे। चाय-बिस्किट आये। सभी ने एक-एक 'बिस्कुट' उठा लिए-प्लेट में दो बिस्किट बचे थे। अचानक उनमें से एक ने अपनी जगह से उठकर बचे हुए दोनों बिस्किट उठा लिए, सहजता से; अपनी जगह पर जाकर बैठ गये और खाने लगे। हम इन्तज़ार करते हैं कि मेज़बान हमसे कहे कि और लीजिए-फिर हम ना-नुकुर करेंगे और पुनः-पुनः इसरार करने पर लेंगे। इनका मन बड़ा ही सादा और सरल है-कि जो चीज़ हमारे सामने आयी है, वह हमारे उपयोग के लिए है, सो इसके लिए इसरार, इनकार या मनौव्वल की ज़रूरत भला क्यों होनी चाहिए। औपचारिकता के ये चोंचले तो हम तथाकथित सभ्य लोगों ने ईजाद किये हैं।

(2)

बैगा पुरुषों में काली बंडी या काला कोट पहनने का रिवाज़ है, ये इनका 'आइडेंटिटी मार्कर' हैं। बाहर किसी काम से (खेती के अलावा) निकलते समय यह बंडी या कोट अनिवार्यतः धारण कर लिया जाता है। और पगड़ी भी-सफ़ेद-मटमैली-सी, पूरे सिर पर लपेटी हुई। अधिकतर बैगा पुरुष अभी भी लम्बी और मोटी चुटिया रखते हैं-इसीलिए जब कोई बैगा पुरुष अपनी पगड़ी उतारता है तो उसकी शक्ल एकदम बदली हुई-सी दिखाई पड़ने लगती है। कभी-कभी ये गमछा जैसा दुपट्टा भी कन्धे पर रख लेते हैं। ये सब उटंगी धोती पहनते हैं। धोती-बनियान पुरुषों का सामान्य पहनावा है।

पिछली 'संकरात' (संक्रान्ति) पर गोंड बन्धुओं के आग्रह पर अमरकण्टक में लगनेवाले 'गोंड मेला' में गया था। हम देर शाम पहुँचे थे। बड़े-से मैदान के किनारे-किनारे दुकानें लगी थीं-खाने-पीने की चीज़ों की, गहना-गुरिया की, लोहे के औज़ारों की, बर्तन-भाड़े की...। बीच का विस्तृत मैदान वनवासी जनसमूह से लबालब था। ढेरोंढेर लोग खुले मैदान में बैठे हुए-स्त्री, पुरुष, बच्चे। कई दिन चलता है यह मेला। कड़ाके की ठण्ड थी, ख़ून जमा देनेवाली। अलग-अलग गुटों के आगे आग जल रही थी। चहुँओर धुआँ-धुआँ बिखरा था। कोई-कोई कथरी-गुदड़ी लपेटे था। किसी से पूछा तो उन्होंने बताया कि बनवासियों को मौसम की अतियाँ

सहने की आदत हो जाती है। रात में जब ओस गिरने लगेगी तो ये आग के और निकट सरक आयेंगे। ये जो चादरें सिर से पाँव तक कसे हुए हैं, वही इनका कवच है।

(3)

जाने कब से ये सब लोग मुझे भले–भले, अपने–अपने से लगने लगे हैं। इनकी सादगी, भोलापन, जीवन के कठोर संग्राम से जूझने की इनकी कूवत, इनकी अकूत सहनशक्ति...। और भी कितना कुछ जो मुझे इनकी ओर खींचता ही चला गया है। खरहरी वनभूमि पर बर्फ़ बरसाते आसमान तले रात गुजारते ये कैसे लोग हैं, कहाँ से आये हैं। हम इन्हें इस हाल में देखकर ही परेशान हैं। ये देखिए, इनमें से स्त्री–पुरुषों का एक बड़ा समूह एकत्र होकर नाचने–गाने लगा। निर्विकार और निसंग भाव का नृत्य जो आनन्द भाव से ओत–प्रोत है। ये सही मायने में वन सन्तानें हैं। मौसम की मार इनका कुछ नहीं बिगाड़ सकती। पिछले पाँच वर्षों से वन की यह माया मुझे लगातार जकड़े जा रही है। न जाने कौन–सा जादू है।

(4)

यह जादू इन वनवासियों ने जगाया है। कैसे–कैसे लोग, जिनसे न मिलता तो इनकी माया भी समझ में न आती। गोपाल किसान हैं। गोंड हैं। सँकरा–सा कपाल। मोटी नाक। दबे हुए कठोर जबड़े। खूँटी दाढ़ी, छोटे–छोटे खिचड़ी बाल। उम्र यही कोई पचपन–साठ साल। गठा हुआ फुर्तीला शरीर। नाचते चकरघिन्नी की तरह हैं। मादल बजाते समय लहरा–लहरा जाते हैं। नाचते–बजाते समय उनका अंग–अंग फड़कता है। चर्रा, दुबले–पतले हैं। छरहरे। बैगा हैं। पगड़ी धारे रहते हैं, भीतर बैगा चोटी। मिर्जई, काली बंडी और धोती में रहते हैं। पतली–सी मूँछ भी रखते हैं। उनकी आवाज़ महीन पर तेज़ है। वैद्यकी भी जानते हैं। जादू–टोना भी और बैगा पूजा–पाठ विधि भी। इनका भरापूरा परिवार है। हमें अपने घर भी ले गये थे...।

किसी भी बैगा घर की रसोई में झाँकिए, अल्युमिनियम के बर्तन और दो–चार पीतल के भी चमचमाते दीख पड़ जाते हैं। पास की नहरों–पोखरों में स्त्रियाँ इन्हें माँज–माँजकर चमकाती हमें अक्सर दिख जाती हैं। बैगा रसोई वनोपजों और खेती से उत्पन्न अन्न के भरोसे ही चलती है।

मक्का बारहों महीने का आहार है। मक्के का 'पेज' (दलियानुमा नमकीन सूप) इनका प्रातः का जलपान है। चावल, कोदो, कुटकी और अरहर की दाल मुख्य भोजन है। लाल भाजी, चेंच भाजी और कुन्दरू जैसी सब्ज़ियाँ इन्हें परिवेश से मिल जाती हैं। आम, अमड़ा, इमली, मिर्ची आदि चटनी बनाने के काम आते हैं। इनका भोजन पूर्णतः प्रकृति पोषित और प्रकृति सम्मत है।

अजूबा ही है कि इनमें से अधिकतर वनवासी जबलपुर, रायपुर या बिलासपुर भी नहीं गये हैं। भोपाल की तो बात ही छोड़िए। कितनों ने तो भोपाल का नाम भी नहीं सुना है। आज के विद्युत उपकरणों यथा फ्रिज, मिक्सी, हीटर, कूलर के बारे में ये कुछ नहीं जानते। हाँ, कुछ घरों में प्रेशर कुकर आ गया है। कहीं–कहीं गैस का चूल्हा भी।

ये वनवासी प्रकृति के माधुर्य और उसकी हलचलों में रमे हुए हैं। इनका पूरा व्यक्तित्व वन परिवेश और वनोपजों से बँधा हुआ है। इनकी बातों में, कथाओं में और जीवनानुभवों में पेड़–पौधे, जीव–जन्तु, कीड़े–मकोड़े, नदी–ताल, पर्वत–खेत... अभिव्यक्ति का एक बड़ा हिस्सा घेरे हुए हैं। फिर इन्हें अन्य चीज़ों की क्या फ़िक्र।

कल्पनाशक्ति इनकी प्रखर है। वन सन्दर्भों से बद्ध होकर वह और भी प्रखर हो गयी है। वनानुभवों ने इनकी अनुभूतियों को अलग ही रंग से रंग डाला है। इनकी कल्पना का स्रोत सत्य की कोख से अँखुआता है–जीवन–सत्य के क्रोड़ से। तभी तो इनकी अभिव्यक्ति दो–टूक है। निर्बन्ध। ये गढ़ना नहीं जानते। 'कहन' पर मुलम्मा चढ़ाना तो इन्हें आता ही नहीं। इसीलिए इनकी भाषा भी निर्विकार है और इनके गीत भी। अलंकरण, बिम्ब और वक्रोक्ति का नामोनिशान नहीं, सादा–सादा, सुघर–सुघर।

(5)

हम चर्रा की खोज में थे। वे हमें अपने घर आने को न्यौत चुके थे। ख़ुद लेने नहीं आ सके। भोबलाल ने बताया कि आजकल खेतों का बहुत काम है। भोबलाल पचास के ऊपर हैं। बहुत ही दुबले–पतले, मझोले क़द के। खोपड़ी खलवाट हो गयी है पर कान और गर्दन के ऊपर के पास के बाल सलामत हैं। किसी भी बात पर कस–कस के मुस्काते हैं। उनकी हँसी में भी आवाज़ नहीं होती।

साँझ होने लगी थी। हम जंगल–जंगल चल पड़े। एक जगह खुला विस्तार आ गया। एक ओर खेत और दूसरी ओर बस्ती। खेत नीचे उतरकर थे

जिनके बीच से लम्बी–पतली पगडण्डी यहाँ से वहाँ तक दिखाई दे रही थी। खेतों के आखीर में कई छोटे–बड़े कच्चे–पक्के झोंपड़े दूर से हमें कोई चित्र लग रहे थे। भोबलाल इस ऊँचाई से जल्दी–जल्दी ढलान उतरने लगे। फिर वे छिटके–से वन की कृषिभूमि में धँस पड़े और पगडण्डी पार कर गये। हम ऊँचाई पर खड़े ही रह गये कि वे तेज़ चाल से आते दिखे। ढाल चढ़ना–उतरना, जंगल में ढुक जाना और पहाड़ी–तराई में तीव्र गति से चलना–जैसे कि वे कोई खरगोश हों। पास आये तो एकदम ताज़ादम थे। कोई थकान नहीं, हंफरी नहीं। तुरन्त ही वे हमारे आगे–आगे चलने लगे और चर्रा के घर की ओर हमें ले चले। अब उनकी गति उतनी तीव्र नहीं थी क्योंकि हमारा जत्था उनके साथ था।

खेत ही खेत पहुँचना था। पगडण्डी के दोनों ओर इस समय मक्का लगा हुआ है। सोचा, आज तो चर्रा के घर मक्के की रोटी और लाल भाजी ज़रूर खाने को मिलेगी। मिली भी। फिर इस सोच ने जड़ पकड़ ली कि यह मैं हूँ कहाँ और किनके बीच। कभी स्वप्न में भी न जाना था कि ऐसी जगह भी रहूँगा, और सालों रहूँगा। नगरों में जहाँ तिल धरने की जगह नहीं, आपाधापी मची हुई है, वहाँ बैठकर क्या इन वनों और वनवासियों को समझा जा सकता है? सच तो यही होगा कि जीवन को जीने का सबक यहीं आकर पढ़ा है, उन शहरों में तो–*घरों पे नाम थे, नामों के साथ ओहदे थे/बहुत तलाश किया, कोई आदमी न मिला* (बशीर बद्र)। यहाँ तो 'आदमियों' और 'आदमियत' का कोई अभाव ही नहीं। मानुस भाव से मन–आत्मा तक भरे हुए नर–नारी।

चर्रा और उनका बड़ा परिवार ऐसा ही है। कोई कुर्सी–चौकी तो थी नहीं। हम दालान की सीढ़ियों पर बैठ गये और उनका परिवार दालान में। सामने की खुली जगह में कटहल के दो घने वृक्ष थे, कटहलों से लदे हुए। एक नीबू का पेड़ था, गदराया हुआ। चर्रा के बड़े भाई अस्सी पार कर चुके थे, पर बिल्कुल 'टौंटेक' थे। उसी जगह दालान से लगी गोशाला थी जिसमें कई गायें और बछड़े खूँटे से बँधे हुए थे। वे सब भी हमें देखकर मगन थे। बड़े भाई हर्रा ने बताया कि वे तीन भाई हैं। सब मिलकर खेती करते हैं। उनकी तीनों बहुएँ भी आ जुटी थीं। बच्चे भी। भरापूरा आनन्दी परिवार है। न कोई बन्धन, न कोई तनाव। सघन पारिवारिकता। सब एक साथ रहते हैं, एक ही घर में। सास–बहू या देवरानी–जेठानी का कोई चोंचला नहीं। हर्रा ने मेरे इसरार पर अपनी शादी का पूरा क़िस्सा सुनाया,

उनकी पत्नी लजाती रहीं और रह–रहकर अपना पक्ष भी रखती रहीं। शादी का यह क़िस्सा सुनकर सब खिलखिला रहे थे, क़हक़हे लगा रहे थे। आनन्द की बरखा हो रही थी जिसमें हम भी भीगे जा रहे थे। चर्रा ने बताया कि दूसरे दिन उनके एक परिचित परिवार में 'दसगात्र' (मृत्यु के दसवें दिन किया जानेवाला संस्कार) है, हम चाहें तो चल सकते हैं।

(6)

दूसरे दिन हम 'दसवाँ' में गये। झींसी पड़ रही थी। यह संस्कार पानी के बहाव में सम्पन्न किया जाता है। लम्बा संस्कार था जिसमें परिवारी जनों के साथ ही आसपास के गाँवों के परिचित स्वतः आ जुटते हैं। जलधारा के पास नगाड़ा बजता रहता है। नीरव वातावरण में जीवन की नश्वरता का शान्त उद्घोष। वापसी में हम मृतक के घर भी गये। मेरे साथ के बैगा भाइयों ने जूते–चप्पल बाहर ही उतार दिये। मैंने भी जूते उतार दिये। नंगे पैर ज़मीन का अन्दाज़ा लगता है। उसके ओदी, गीली, सख्त या मुलायम होने का पता मिलता है। उस समय धरती झींसी की बौछारों से ओदी थी, ठण्डी–ठण्डी। मृत्यु की तरह ठण्डी। घर शान्त था। सारे लोग दसगात्र संस्कार से वापस आ चुके थे। सभी चुप थे। मृत्युबोध सबको एक–सा होता है। चाहे बड़ा हो या छोटा, महानगरों में रहता हो या वनों में। मृत्यु अवश्यम्भावी है तो जीवन ही ऐसा है जो उसे चुनौती देता है। बहुत अवसाद के क्षण थे। मुझे विश्वास था कि इस अवसाद को जीवन अवश्य हरा देगा, मिटा देगा और बैगा जीवन का आनन्द भाव फिर से जल्दी ही अँगड़ाइयाँ लेने लगेगा।

(7)

वापसी में भोबलाल हमें एक पहाड़ी पर ले गये। एक–दूसरे से सटी दो–तीन पर्वत–मालाएँ खड़ी थीं जैसे नन्ही बच्चियाँ एक–दूसरे का हाथ पकड़े खड़ी हों कि अभी 'छुकछुक रेल' का खेल शुरू कर देंगी। भोबलाल ने बताया कि ये पहाड़ियाँ हमारा लालन–पालन करती हैं। हमें फल–फूल और ढेरों वनौषधियाँ देती हैं। ये हमारी माताएँ हैं। हम भाग्यवान हैं कि हमारे घर के पास ही हमारी ये तीन ममतालु माताएँ खड़ी हैं। मैंने देखा कि ये कहते–कहते उनकी आँखें डबडबा आयी थीं।

(8)

अब तो मैं इस वन में ही बस गया हूँ। वनवासियों के बीच में घर बना लिया है। सबको पहचानने लगा हूँ और सब मुझे परस्पर 'जयरम्मी' (जय राम जी की) करने लगे हैं। रोज़ सुबह–शाम विश्वविद्यालय और घर के लिए आता–जाता हूँ तो दस–बारह झोपड़ों के खेलते बच्चे–बच्चियाँ 'नमस्ते–नमस्ते' पुकारते हैं। महिलाएँ अपने सहन में उगी साग–सब्ज़ी घर पर दे जाती हैं। दोनों फ़सलें, गेहूँ और चावल गाँव से ही मिल जाती हैं। अरहर और चना भी। अब और क्या चाहिए, 'पापी पेट' की ज़रूरत तो पूरी हो गयी। गोबर की खाद में उगे अन्न का स्वाद ही अलग होता है। अब क्या कहूँ, वन परिवेश से मैं दीवानावार प्यार कर बैठा हूँ। इस अरण्यानी की ममतामयी गोद सुखद लगती है। इस खान–पान, रहन–सहन, अनोखी चाँदनी का स्निग्ध प्रकाश, तमतमाये सूरज की चमकीली प्रखरता, खचाखच तारों भरे निदाग–निशीत दिगन्तव्यापी गहरे–छिछले मेघ और ये वनवासी, इन सब की अब मुझे लत पड़ गयी है। इनके अभाव में अब कुछ नहीं भाता। कुछ भी नहीं।

सभ्य दुनिया के सामान जिनके साथ बरसों रहा हूँ, अब बिसरे जा रहे हैं। ऐशोआराम की कई आदतें छूट गयी हैं। वन–वैभव ने इनसे मेरा पीछा छुड़ा दिया है। अभी देखिए, लगभग सभी खेतों में सूरजमुखी का मेला लगा हुआ है। इनकी पीताभ पंक्तियाँ सजी हैं। सारे फूल सूरज की ओर मुँह उठाये ताक रहे हैं। 'बरमसिया' के जंगली झाड़ भी खिल उठे हैं, एकदम नन्हा–सा फूल होता है यह–इसकी पंखुड़ियाँ दो रंगी होती हैं, नीचे की ओर चटक लाल और ऊपर गहरी पीली। इसके परागण काले होते हैं, मानो छोटा–सा काला टीका लगा हो। वनांचल के छोटे–से जंगली फूल में इतना सौन्दर्य! झाड़ों पर ये फूल आजकल लदे बैठे हैं। इनकी पत्तियाँ फूलों के पीछे छिपी दुबक गयी हैं। फूलों का अम्बार लगा है, यहाँ से वहाँ तक।

(9)

चर्रा के घर पर मकई को उबाल लिया गया था। बस नमक पड़ा था। लाल भाजी तैयार थी जिसमें नमक और हरी मिर्ची के अलावा और कुछ नहीं डाला गया था। कोदो का चावल धोया जा रहा था। इसे कई पानी

धोना पड़ता है। बिना 'पॉलिश' की गयी अरहर की मटमैली दाल चूल्हे पर चुर (पक) रही थी। देसी रहर। इसका स्वाद ही अलग होता है– बैकुण्ठी। महुए का पत्ता जोड़कर पत्तल बना ली गयी थी। भाप निकलते 'व्यंजन' परोस दिये गये। नव्य खाद्य अनुभव हम प्राप्त कर रहे थे। सादे वनवासियों का सरल भोजन। लकड़ी की आँच पर मिट्टी की हाँडियों में तैयार किया हुआ।

(10)

वन के वृक्ष काटना इस क्षेत्र में ग़ैर–क़ानूनी है। वैसे भी हमारे वनवासी भाई वृक्ष काटने को घोर पाप मानते हैं। 'साल' वृक्ष इनका पूज्य वृक्ष है। जामुन, महुआ, हर्र, आँवला और आम के वृक्ष इन्हें जीवन देते हैं। इन सारे वृक्षों को बैगा दुलारते हैं। इन्हें पीड़ा पहुँचाने का ये भला सोच भी कैसे सकते हैं? बैगा वन रक्षक हैं, वन भक्षक नहीं। कन्धे पर टँगारी या कुल्हाड़ी रखे आते–जाते बैगा बन्धु अक्सर दिख जाते हैं। ये सूखी झाड़ियों की शाखें काटकर चूल्हे के लिए 'जलावन' जुटाने निकलते हैं। गायों–बकरियों का झुण्ड हँकाते हुए ये सुबह और फिर शाम को दिखाई देते हैं। भोरहरी में ही कन्धे पर हल धरे बैगा खेतों की ओर निकल पड़ते हैं। गर्मी और बारिश के दिनों में कई बैगा एक अनूठी टोपी पहनते हैं जिसे 'खुमड़ी' कहा जाता है।

इस पूरे वन क्षेत्र से सटा–सटा एक नाला बहता है। आप पैदल चलें तो आप के साथ–साथ चलता है–चौड़ा नाला स्वच्छ जल से भरपूर। हर्राटोला और लालपुर गाँव को यह नाला घेरे हुए है। नाले के ऊपर पूरे रास्ते एक के बाद एक सात पुलियाँ आती हैं। किसी पुलिया के नीचे छोटा पोखर–सा बन गया है जिसमें बच्चे जलक्रीड़ा करते हैं और स्त्री–पुरुष स्नान कर लेते हैं। चौड़े–पक्के नाले (नहर) की पाट पर बैठकर भी कई वनवासी आराम से नहा लेते हैं। कड़ाके की ठण्ड में खुले बदन इस खुले वन में यह स्नान दृश्य देखकर मेरी तो आत्मा सिहर जाती है। मेरे आनेजाने का यह रोज़ का रास्ता है। नाले–पोखर का प्रवाहित जल चमकीला रहता है। सूरज की किरणें इसपर सोने का पानी चढ़ा देती हैं। मेरे घर के पीछे से भी होकर इस नाले का एक छोटा–सा हिस्सा बहता है। बरसात में यह लबालब भर जाता है। निःस्तब्धता में इसके पानी की कल–कल ध्वनि हम घर बैठे सुन पाते हैं।

इस पानी में चिड़ियाँ ख़ूब केलि करती हैं। कितनी तरह की चिड़ियाँ। कोई–कोई तो गौरैया से भी छोटी–परम चंचल और चिलबिल्ली, एक पल को भी थिर नहीं होतीं।

(11)

विश्वविद्यालय के बाहर प्रत्येक बुधवार को हाट लगती है। अलग–अलग दिनों पर ये हाटें अलग–अलग वन क्षेत्रों में सजाई जाती हैं। लम्बाई में दुकानें लग जाती हैं। दो–तीन बजे दिन से व्यापार शुरू होता है। सभी कुछ मिल जाता है इस हाट में। पर्वत की तलहटी में हाट एक चहक़ता 'मेला' है। आसपास के गाँवों के वनवासी निकल आते हैं–सामान ख़रीदने भी और बेचने भी। औरतों और कन्याओं के लिए हाट में ढेरों आकर्षण जुटे रहते हैं–चूड़ियाँ, टीका, बिन्दी, देसी आभूषण, चोटी, रिबन, और भी कितने अटर–पटर सामान। लड़कियों और महिलाओं के इकट्ठा हो जाने से हाट में चहल–पहल मच जाती है। एक दिन मुझे वह बैगा लड़की भी मिली जो यूनिवर्सिटी में बी.ए. कर रही है। वह अपने गाँव की 'फर्स्ट जेनरेशन ग्रेजुएट' बनेगी।

कई तरुणियों ने अपने बालों में जंगली फूल खोंस रखे हैं। कुछ ने रंग–बिरंगे फुँदनों से भी बालों को सजाया है। सभी लड़कियों ने तेल चुपड़ कर अपने बाल कस के बाँधे हैं। धूप पड़ने पर बाल चमक–चमक जाते हैं। तेल की चिकनाई ने उनके ललाट को भी आभा प्रदान कर दी है, गोदना गुदे ललाट को। सभी लड़कियों–महिलाओं ने ऊँची धोतियाँ बाँध रखी हैं, घुटनों तक। उम्रदार महिलाओं के पूरे पैर पर गुदने की छाप है। कई युवतियों के माथे पर भी गुदना गुदा दिखाई दिया।

इस वन हाट पर भी 'बाज़ार' चढ़ा आ रहा है–सस्ते साबुन, रिबन, पाउडर जैसी चीज़ें पहुँच चुकी हैं। मैं सोचने लगा कि क्या ये लड़कियाँ इस तरह के कृत्रिम सौन्दर्य प्रसाधन ख़रीदेंगी? इनके निष्कलुष सौन्दर्य को ऐसे घटिया प्रसाधनों की तो ज़रूरत ही नहीं है। मुझे यह देख कर अपार सन्तोष हुआ कि इन 'नक़ली माल' की दुकानों पर इक्का–दुक्का स्त्रियाँ ही दिखाई दे रही हैं। हाँ, चूड़ियों की दुकानों पर ज़रूर धक्का–मुक्की चल रही थी।

बैगा वनवासियों के लिए हाट हँसी–ख़ुशी का केन्द्र है। ग्रामीणजन को आपस में मिलने–बतियाने का मौक़ा मिलता है। आप हाट में जाइए

तो आप को सभी बैगा भाई–बहन प्रसन्न और सन्तुष्ट दिखेंगे। दुख इनके जीवन में भी कम नही हैं, हमसे अधिक ही होंगे। पर मिलते हैं तो सस्मित विनम्र होकर 'जोहार' करते हैं। आप से मिलते समय बैगा स्त्री–पुरुष आपके घुटनों तक झुककर आपकी दोनों हथेलियाँ अपनी दोनों हथेलियों के बीच लेकर खड़े हो जाते हैं और फिर धीरे–धीरे सरकाते हुए आपकी हथेलियों को मुक्त करते हैं। इस प्रक्रिया के आखीर में अपने दोनों हाथों को माथे से लगाते हुए 'जोहार' बोलते हैं। जोहार का भावार्थ है–'सबका कल्याण करनेवाली प्रकृति की जय हो'। अरण्यवासी बैगाओं का यह अभिवादन प्रकृति के साथ उनके अटूट और अभिन्न सम्बन्ध को प्रकट करनेवाला है। मैं कभी हाट जाता हूँ तो ढेरों 'जोहार' लेने–देने का आनन्द बटोरकर घर ले आता हूँ। पहली बार लगा था कि ये लोग मेरा पैर खोज रहे हैं छूने के लिए, मैंने इन्हें रोक दिया। इनके चेहरों पर अचरज का भाव देखकर जब मैंने सुखलाल जी से इसका कारण पूछा तब उन्होंने इस विशेष **अभिवादन** का मर्म मुझे समझाया।

(12)

उस दिन सुखलाल मुझसे कह रहे थे कि जल्दी चलना होगा, नहीं तो 'चक्का' डूब जायेगा। चक्का अर्थात् सूर्य। अँधेरा वन जीवन की सरसराहट पर विराम लगा देता है। गोधूलि के बाद से ही लोग घरों में जा सिमटते हैं। भोजन–भाजन भी जल्दी ही कर लिया जाता है और फिर वन का वन निःस्तब्ध हो जाता है। अँधेरा पड़ते ही जीव–जन्तुओं का जीवन जाग उठता है–सियार, हुड़ार अपना–अपना समवेत स्वर साधने लगते हैं। कुत्ते भी सजग हो जाते हैं। नीरव शान्ति में ये आवाज़ें रात में भी वनों को जगाये रखती हैं। अन्यथा तो वनान्धकार ऐसा दुर्दमनीय कि कुछ भी नहीं सूझता। चाँदनी रात में ज़रूर जंगल का छना हुआ सौन्दर्य चाँदनी के झीने घूँघट की ओट से अपना आभास सरसाता रहता है। इस चाँदनी भीने वन सौन्दर्य की अनन्त छवियाँ हैं। न जाने कितनी छवियाँ हैं। एक दिन चाड़ा से हम घोड़ा पहाड़ गये थे। वापसी में सन्ध्या उतरने लगी थी। इसी धुँधलके में अकस्मात एक मनोहारी चित्र खिंच गया–पश्चिमी क्षितिज से सूर्य का रक्तिम गोला पहाड़ी के पीछे डूब गया–गुड्डप से। बिना कुछ कहे। बे–आवाज़।

(13)

जब हम वापस लौटने को हुए, तब तक चाँदनी निखर चुकी थी। दाहिनी तरफ पहाड़ियों की क़तार थी। पहाड़ियाँ शान्त थीं, अपने में खोयी हुई; पर चाँदनी उन्हें वाचाल होने के लिए बाध्य कर रही थी। अरण्य और चाँद का ये खेल रास्ते भर चलता रहा। यह खेल अन्धकार और प्रकाश के बीच भी खेला जा रहा था। कभी कहीं एक वाक्य पढ़ा था कि–'चाँदनी लावा जैसी फूटने लगी थी'–अपने सामने चाँदनी का लावा पटपटाते देखकर यह वाक्य लिखनेवाले की क़लम चूम लेने का मन होने लगा। आधे रास्ते पहुँचे होंगे कि चाँदनी ने पूरे जंगल पर क़ब्ज़ा कर लिया था। जंगल की सड़कों पर चाँदी फैल गयी थी। चारों ओर नज़र दौड़ाई, तो लगा, कि यह तो वह धरती ही नहीं जिसे आज तक मैं जानता रहा हूँ। यह तो सपनों का संसार है... सपनों का बयान इससे अधिक किया भी नहीं जा सकता। मनुष्य को यह ताक़त ईश्वर ने नहीं बख़्शी है। वर्णनातीत, जिसका निहितार्थ समझाया नहीं जा सकता–*'समुझि मनहिं मन रहिए'*।

(14)

चाड़ा की ही बात है। दो–तीन दिन से हम दिन–दिनभर बैगानी भाषा की शब्दावली और व्याकरणिक वाक्यों का संग्रह कर रहे थे। बैगा भाई–बहन मानसिक रूप से थक–से गये थे। सम्भवतः उन्होंने अर्जुन धुर्वे जी से कुछ कहा भी हो। अर्जुन जी इस इलाक़े के लोगों के बीच अति लोकप्रिय हैं। धीरे–धीरे मेरे साथ बहुत खुल भी गये हैं। मुझे अतिशय आदर देते हैं। तो एक शाम अपनी सहज मुस्कान के साथ मुझसे बोले कि–कल कुछ नाच–गाना भी रिकार्ड कीजिए। मैंने पूछा–क्या इतनी जल्दी सब प्रबन्ध हो जायेगा? उन्होंने आश्वासन दे दिया।

दूसरे दिन सुबह–सवेरे उनके साथ एक टोली पहुँच गयी–छियासी साल के बुधराम, अस्सी के पतिराम, पचहत्तर के रमेश बैगा और सत्तर के अर्जुन। और भी कई औरत–मर्द। गोपाल ने मादल सँभाल लिया और बजरू ने टिमकी। भागमती बाई, बिरसी बाई और अर्जुन जी गाने लगे। गीत कढ़ने लगा। धीरे–धीरे सभी ने इनकी आवाज़ में आवाज़ मिला दी। मेरे लिए ये एकदम नयी तर्ज़ के गीत थे। गीतों का समाँ बँध गया। वाद्यों के अजीब–अजीब ताल धमकने लगे। भागमती बहुत सुरीला गाती हैं।

इनका कंठ भारी है तो बैगा गीत और भी सज जाते है। बैगा–नृत्य में भी पारंगत हैं। आठवीं तक पढी हैं। इनका बैगा गीतों का एक संग्रह भी प्रकाशित है। मेरा हृदय से आदर करती हैं। मेरे पैर छूती हैं।

गीतों की झड़ी अभी लगी ही थी कि कुछ युवक–युवतियाँ एक–दूसरे का हाथ पकड़कर नाचने लगे। गोपाल और बजरू ने वाद्यों की लय अब द्रुत कर दी थी। मुक्त प्रकृति के इस विशाल विस्तार में, सभ्य जगत से दूर, बहुत दूर घनघोर जंगल में, अजूबे संगीत की वह एक अनूठी सन्ध्या थी। यह रचा हुआ नहीं, आत्मा से निकला हुआ संगीत था।

गीतों की भाषा कुछ तो समझ में आ रही थी, कुछ–कुछ नहीं आ रही थी। ये गीत शायद मुझे इसीलिए अनोखे भी लगे। एक समय ऐसा भी आया जब मैंने शब्दों पर ध्यान देना ही छोड़ दिया। ऐसा करते ही मैं लय और ताल के बैगाओं द्वारा सृजित लोक में पहुँच गया। वैसे भी संगीत की कोई भाषा नहीं होती। संगीत सुनते समय हम लय और भाव के आरोह–अवरोह से बँधते हैं, यही हमें बाँधते भी हैं। इसीलिए पहाड़ों, वनों और नदियों के सुर में सधे तथा मानवीय संवेदना, प्रकृति प्रेम और आंतरिक आनन्द के ताल में निबद्ध इन गीतों की व्याख्या करने की न तो कोई दरकार है और न ही ज़रूरत। ये तो हृदय का 'सुच्चा सौदा' हैं, सो सीधा दिल से दिल में उतर जाते हैं।

गानेवाले अपने में मगन और नाचनेवाले अपने में। सब अपनी–अपनी तरह नाच रहे थे। सबकी अपनी नृत्यशैली थी–प्रकृति प्रदत्त। फिर भी ग़ज़ब का तालमेल। संगीत कचहरी की तरह अनेकता में एकता का सामने घटता हुआ सुर–तालिया चमत्कार। कोई नृत्य निर्देश नहीं, किसी प्रकार का बँधाव नहीं, कैसा भी बनावटी भाव–सिंगार नहीं–बस गति। बस बहाव। बस मन की धुन। बस अन्तर की उमंग का प्रस्फुटन।

एकरूप बनावट का नामोनिशान नहीं। एकरूपता की ज़िद हमें 'ओरिजिनैलिटी' से कोसों दूर कर देती है–सब एक जैसा आभासने लगता है, जैसे सबने एक ही 'यूनिफॉर्म' पहन रखा हो। भाषा हो या साहित्य, संस्कृति हो या जीवन, संगीत हो या कला; 'एकरूपता' इनकी स्वाभाविक लय को खण्डित कर देती है। वैविध्य और सहजता ही इन सबका प्राकृतिक गुण है। बैगा गीत–संगीत में यह नैसर्गिकता टप–टप टपकती है। एकदम इसी प्रकार का निसर्ग इनके आचरण में भी है।

(15)

हम एक बैगा विवाह में गये थे। भोबलाल ले गये थे। औरतों–बच्चों का जमावड़ा था। कोई विशेष परिधान कोई–कोई ही पहने था। भोबलाल भी अपनी उसी उटंगी धोती और क़मीज़ में थे। रस्में चल रही थीं। हल्दी की रस्म। मैंने यूँही पूछ लिया कि आज भोजन क्या होगा। भोबलाल बोले–वैसे तो दाल–भात के साथ कदुआ, बथुआ या नेनुआ की सब्ज़ी बनेगी। लड्डू भी मिल सकता है। मेरे मुँह से निकल गया–बस? उनकी पत्नी तनिक झेंप–सी गयीं–कहा, कहीं, कभी पूड़ी भी बनती है। औरतें मगन–मस्त थीं। सबके होंठों से अमिट हँसी लगी हुई थी। विवाह के आनन्द में सराबोर। बजरू अपने सात–आठ साल के बेटे को साथ लाये थे। मैंने उसे दुलारते हुए पूछा कि हमारे साथ चलोगे? बजरू हँस–हँसकर बोले–यह वहाँ रह नहीं पायेगा। मैंने मुखमुद्रा से ही पूछा, क्यों? बोले–गाँव में रहक़र यहीं वन में भटक लेता है। संगी–साथी हैं इसके। चिड़िया–चुनमुन, बकरी–चूज़ों से खेल लेता है। मुझे चाड़ा के आश्रम (आदिवासी बच्चों के हॉस्टल) की याद आ गई, हम वहीं टिके थे। गर्मी की छुट्टियाँ थीं। आश्रम–स्कूल ख़ाली था। मैं वहाँ के निदेशक से रोज़ ही बतियाता रहता था। एक दिन जिज्ञासावश उनसे पूछ बैठा कि क्या ये आदिवासी बच्चे इस हॉस्टल में रह लेते हैं? बोले, अरे कहाँ! इन बन्द दीवारों में सब बौरा जाते हैं। यह 'टॉयलेट' तो उन्हें तनिक भी नहीं भाता, कई तो रोने–गाने लगते हैं। कुछ तो भाग भी जाते हैं। और उनके माँ–बाप? वे बोले–वो भी बच्चे का ही साथ देते हैं। इस क्षेत्र में सामाजिक कार्य करनेवाले नरेश बिस्वास भी एक दिन बता रहे थे कि एक वनवासी बन्धु का बेटा स्कूल से भाग आया था। ये वहीं बैठे थे–पूछा, क्यों भाग आया रे, पढ़ेगा नहीं तो क्या घास छीलेगा? बच्चा उनकी ओर टुकुर–टुकुर ताकता रहा, जवाब उसके बाप धुरिया ने दिया कि–छोड़िए साहब, वहाँ मन नहीं लगा होगा, और क्या। मन उठेगा तो फिर चला जायेगा। अरे जंगल में घूमेगा तो कुछ जाने–सीखेगा, स्कूल इसे यह सब कहाँ पढ़ाते हैं।

(16)

कैसा आकर्षण है वन जीवन का, वनाचरण का, वन सौन्दर्य का। सर्वांगीण–अलहदा। अपनी आँखों से न देखता तो पतियाना कठिन था।

अँधेरा होने लगा था कि बिजली चली गयी। हम आश्रम के बाहरी चबूतरे पर आकर बैठ गये कि उमस से थोड़ी राहत मिले। कोई एक लालटेन लाकर वहाँ धर गया। उसकी धुँधलायी रोशनी अपने इर्द–गिर्द एक वृत्त बनाते हुए फैल गयी थी। शीशे की चिमनी के भीतर बत्ती की लौ झूम रही थी। लालटेन का प्रकाश बहुत सुखद लग रहा था–'सूदिंग'। सामने जंगल अँधेरे में सन्न खड़ा था। जहाँ तक नज़र जाती थी, वन में, जुगनुओं ने अपना खेल शुरू कर दिया था। निबिड़ अन्धकार में उनकी दौड़, उनका आड़े–तिरछे उड़ना–दिशाओं का बोध करा रहा था। जुगनू ही जुगनू, मुझे फ़िल्म 'पाकीज़ा' के गीत की एक पंक्ति का स्मरण हो आया–*जुगनू हैं या ज़मीं पर बिखरे हुए हैं तारे।* आकाश चुप था। अँधेरे में डूबा हुआ, कुछ सोचता सा। वन, आकाश और जुगनुओं की नयनाभिराम जुगलबन्दी, वह भी निपट अन्धकार में। ऐसा तो यहाँ रोज़ ही होता होगा, मैंने आज देखा है, देख पाया हूँ। ऐसे कितने लोग होंगे इस धरती पर जो प्रकृति की इस भाँत–भाँत की रम्यलीला को देख और महसूस कर पाये हैं।

लालटेन मुझसे चार हाथ की दूरी पर ज़मीन पर ही रखी थी। मिट्टी के तेल की भीनी गन्ध नथुनों में धँस रही थी। क़िस्म–क़िस्म के कीट–पतिंगे लालटेन की चिमनी पर अपना सिर पटक रहे थे। नाच रहे थे, टकरा रहे थे, जर–बुत रहे थे। एक अन्य फ़िल्मी गीत का मक्ता याद आ गया, फ़िल्म थी–'आशिक'। इस मकते में एक सूफ़ियाना फ़लसफ़ा भी है–*ऐ शमा मुझे फूँक दे, मैं न मैं रहूँ, तू न तू रहे, यही इश्क़ का है दस्तूर...।* चबूतरे पर लगी कुर्सी पर बैठे–बैठे बार–बार इस पंक्ति को गुनगुनाता रहा–लालटेन जलती रही, परवाने उसकी चिमनी से टकराते रहे और अपना उत्सर्ग करते रहे।

(17)

उस दिन हम गेस्ट हाउस से लगे सघन वन में टहलने निकल गये थे। शाम होनेवाली थी–धूप बस खिसक रही थी। आँकी–बाँकी, ऊँची–नीची पगडण्डियों पर हम चले। हरियाली की मादक–मादक गन्ध महसूस होने लगी थी, पवित्र गन्ध। पेड़ों के हरे छत्र तने हुए थे–पाँच–दस, सौ–पचास नहीं, हज़ारों–एक–दूसरे से सटे हुए, सघन वन सौन्दर्य। इस सघनता को चीरती हुई और वृक्षों के छत्रों को कम्पित करती हुई

हल्की–हल्की हवा भी बहने लगी थी। इस समीरण से वृक्ष पहले थरथराते, फिर झूमने लगते–कई टहनियाँ तो एक लय में लचक रही थीं जैसे कथक का कोई नर्तक सीने के पास हाथ रखे दाहिने हाथ को दाहिनी तरफ और बायें हाथ को बायीं तरफ़ फैलाता है–एक ख़ास लरज और लय के साथ, बार–बार।

वनवासियों को वृक्षों के ये दल के दल अपने साये में लिए रहते हैं–माँ की तरह, मौसी की तरह। वनलीलाओं के बीच वे बसे हैं इसलिए इस नृत्य के वे सहभागी हैं। कितने भाग्यवान हैं ये वनवासी जिन्हें अरण्यानी की आशीष निशदिन, आठों पहर मिलती रहती है।

वनांचलों की पर्वत–शृंखलाएँ भी अपने लीलाभाव में किसी से कमतर नहीं हैं। कौन–सी शृंखला थोड़ी ही दूर के फ़ासले पर कैसा नज़ारा पेश करने लगेगी, कोई ठिकाना नहीं। पहाड़ी वन–सम्पदा बाहर से कुछ और, भीतर झाँकिए तो कुछ और ही। अभी जिसे ठीक उत्तर की ओर देखा, घाटी के दो–चार चक्कर के बाद ही वह न जाने कैसे थोड़ी दूर खिसककर पश्चिम की ओर से अपनी छवि दिखाने लग जाती है। ऐसे में फिर जलधाराएँ ही भला क्यों पीछे रह जायें। इस वनांचल में जगह–जगह पहाड़ियों के बीच से नर्मदा की पतली–झीनी, चौड़ी–फैली जलधाराएँ बहती हैं। हमारे इलाक़े से होकर भी ये प्रवाहित रहती हैं। वन की पतली सड़क के साथ–साथ चलें तो धाराओं की कलकल–कलकल ध्वनि सुनाई पड़ती रहती है। उनके निकट जायें तो छिछले पानी की धारा पार करके दूसरी ओर के वन में पहुँच जायें।

कपिलधारा के मार्ग में इस जल–लीला के सभी स्वरूप दिख जाते हैं। कपिलधारा की ओर बढ़िये तो साथ चलती पहाड़ी के पार्श्व से जल स्वर ध्वनित होता चलता है। कपिलधारा से एक किलोमीटर पहले जलधारा दृश्य होती, लुप्त होती, फिर दृश्य होती बहती है। आगे जाकर दाहिनी ओर यह लगातार साथ चलने लगती है, क्षीण से बहाव के साथ। और निकट पहुँचने पर अदृश्य कपिलधारा का हरहराता–झरझराता स्वर भी सुनाई पड़ने लगता है। हमारे साथ चलती क्षीण–सी शान्त धारा अब वेग के साथ पन्द्रह सौ फ़ीट नीचे गिरती है, चौतरफ़ा घने जंगल के बीच की तलहटी में पसरी काली–पथरीली ज़मीन पर। छुलछुल, कलकल, हरहर की ज़ल ध्वनियाँ वैसी ही मादक होती हैं, जैसी कि वनस्पतियों की गन्ध।

(18)

चाड़ा के बस–स्टॉप पर एक बूढ़ी औरत मुझे रोज़ ही दिखती थीं–बिरसी बाई। सड़क के एक हिस्से की मरम्मत हो रही थी, वहीं मज़दूरी कर रही थीं। लोक ज्ञान का भण्डार था उनके पास। बाद में तरह–तरह की परम्परागत जानकारियाँ देने में उन्होंने हमारी बहुत मदद की। लगा, वे वन्य सभ्यता की प्रतीक हैं जिनके पुरखे हज़ारों साल से इस इलाक़े में बसते आ रहे हैं।

जिस रोज़ गौतम बुद्ध को ज्ञान मिला, उस रोज़ भी ये लोग इसी तरह मक्के का 'पेज' पी रहे थे। अतीत के घने कोहरे में हज़ारों साल की अवधि गुम हो गयी है, मगर ये आज भी बाँसों–लोहों के औज़ारों से उसी तरह चिड़ियों का शिकार कर रहे हैं। ईश्वर या संसार के बारे में इनकी धारणाएँ जहाँ–की–तहाँ हैं–मिथकीय। अपनी आस्था या रीति–रिवाज़ों पर ये बस इतना कह पाते हैं कि–ऐसा होता आया है, इसलिए हम भी ऐसा करते हैं। कैसा अनूठा–अटूट विश्वास है यह। तभी तो इनकी परम्पराएँ चरमराई तो हैं, पर बिखर नहीं सकी हैं।

एक बड़ा भारी प्रश्न अपने उपन्यास 'आरण्यक' में बिभूति भूषण बंदोपाध्याय ने उठाया है–'मेरी समझ में नहीं आता कि किसी–किसी जाति में सभ्यता का ऐसा कौन–सा भेद छिपा रहता है कि जैसे–जैसे दिन बीतते जाते हैं, उन्नति की राह से वह आगे निकलती जाती है। फिर दूसरी जाति हज़ारों साल के अरसे में भी जड़ की तरह जहाँ–की–तहाँ क्यों रह जाती है? चार–पाँच हज़ार वर्षों की अवधि में आर्य जाति ने वेद, उपनिषद, पुराण, काव्य, ज्योतिष, ज्यामिती, चरक–सुश्रुत की चर्चा की। देशों को जीता, साम्राज्यों की नींव डाली। दरबारी काँगड़ा और फिफ्थ सिंफनी की सृष्टि की–हवाई जहाज़, रेल, बेतार, बिजली का आविष्कार किया–लेकिन ऑस्ट्रेलिया के आदिम आदिवासी पापुआ, न्यू गिनी या हमारे यहाँ के मुंडा, गोंड, बैगा, अगरिया, कोल–भील लोग इन पाँच हज़ार वर्षों में वहीं के वहीं क्यों रह गये हैं।' मेरी समझ में इसलिए कि आदिम सभ्यता के अवशेष हमारे बीच बचे रह सकें। परम्पराओं के भीतर निहित मानवता साँस लेती रहे। मानव मूल्यों की थाती इस वसुधा के छोटे ही सही, हिस्से में दीपती रह सके।

यहाँ मुझे पं. विद्यानिवास मिश्र के एक निबन्ध में प्रसंगात आ गयी एक छोटी–सी कहानी न जाने कैसे याद आ गयी है। कहानी का सार

यह है कि उत्तर प्रदेश के पूर्वांचल का एक गाँव है। गाँव की एक बिटिया ब्याह कर परदेस चली गयी है। समय थपेड़े खा रहा है। माई–बाबू गुज़र गये। रो–पीट कर बिटिया अपनी गृहस्थी में रम गयी। एक समय गाँव जाकर अपने भाई–भौजाई से मिलने की हूक उठी। अपने दो बच्चों को लेकर वह गाँव पहुँची।

दो दिन तो हँसी–ख़ुशी का माहौल रहा, फिर सम्बन्धों के सीझते जाने के यथार्थ में भाई–भौजाई का असली रूप सामने आया। उसकी उपेक्षा होने लगी। बच्चे बिना दूध के तरसने लगे। वह माई–बाबू को याद कर–करके कलपती रही।

उसने वापसी का मन बना लिया, न किसी ने रोका, न मनुहार की। मामा ने चलते समय एक–एक रुपये भांजे–भांजी के हाथ पर रख दिये। भौजी तो सामने भी नहीं आयी।

वह रोती और अँचरा से आँसू पोंछती गाँव के मुहाने पर पहुँची तो उसने अपनी माँ की वृद्धा सहेली काली मौसी को अपनी झोपड़ी के दरवाज़े पर खड़ा देखा। मौसी तेज़ी से उसके पास आयीं और उसे अंकवार में भर लिया। मौसी ने उसे दालान में बैठाकर रस–पानी कराया। बच्चों को पंरई में भुजवा–गुड़ खाने के लिए दिया। बिटिया की माई बसतिया को याद कर–करके लोर बहाती रही। बिटिया का जी धीरे–धीरे जुड़ाने लगा। चलने की बेरा आयी तो मौसी ने एक बैलगाड़ी मँगा दी–और सूप में चावल–गुड़–रुपया लेकर आयीं और दालान में बिटिया को पुरुब–मुख खड़ी करके 'खोंइछा' डाला। बिटिया के लिलार पर धारोधार अश्रु बहने लगे–उसे अपार सुख मिला कि उसके अपने गाँव में उसका 'मायका' अभी भी ज़िन्दा है।

यह कहानी परम्परा और सम्बन्धों के सीझन और इनके संरक्षण दोनों का प्रतिनिधित्व करनेवाली है। हमारा वनवासी समाज बिना किसी विकार के परम्पराओं को बचाये हुए है और पारिवारिक तथा सामाजिक सम्बन्धों को आत्मीय और मधुर बनाकर उनका पोषण कर रहा है।

(19)

भोर के समय चाँद डूबे अँधियारे में जंगल ख़ास–ख़ास दिखने लगता है। हम सुबह–सवेरे टहलने निकले थे–पूरब तरफ़ आकाश में लाली उभर आयी थी।

प्रभाती हवा का अपना ही स्वाद होता है। चिड़ियों का कलरव शुरू हो गया था कि सामने पहाड़ के पीछे से सिन्दूरी–गोले–सा सूरज झाँकने लगा। अभी कुछ ही पल पहले तक तरबूज की फाँक जैसा सफ़ेद चाँद हमारे साथ चल रहा था, अब न जाने कहाँ चला गया हमारा साथ छोड़कर।

आज़ार दुनिया छोड़कर वन की दुनियादारी में घुसिए तो कितना कुछ बदल जाता है। दिल्ली में मेरा भांजा 16वीं मंज़िल पर रहता है। 'फ़्लैट' चौतरफा बन्द। बाल्कनी से झाँके तो कुछ दूर तक कृत्रिम जंगल–सा माहौल विकसित किया गया है–नीचे नीले रंग के बनावटी पानी से भरा तरणताल है। सूरज पोरसों चढ़ने के बाद बाल्कनी पर अपनी तीखी किरणें फेंकने आ पाता है। चाँद–तारे तो प्रदूषित आकाश के पीछे गुम ही रहते हैं।

विश्वविद्यालय से बाहर निकलकर पोंडकी (ग्रामीण बाज़ार) से बायें घूमकर आगे बढ़ें तो वनों के बीच जो हनुमान मन्दिर है उसके आगे एक बड़ा–सा जलाशय है, चौड़े पाट वाला। इस वृहत् जलकुण्ड के साथ–साथ वन सम्पदा घहराई हुई है। लताएँ भी हैं। घने जंगल से गुज़रते हुए जल का यह सुन्दर प्रवाह वहाँ तनिक देर ठहर जाने को उकसाता है। न जाने कितनी बार इस कुण्ड के तट पर बैठा हूँ–कभी किसी घने वृक्ष के नीचे, कभी किसी पेड़ की जड़ पर तो कभी यूँही नर्म–हरी घास पर।

(20)

पानी बरस रहा है। पितृपक्ष के आख़िरी दिन हैं। नवरात्र एक तारीख़ से शुरू हो जायेगा। बादल भरे हुए हैं। आकाश में ठँसे हुए एक–दूसरे को धकियाते हुए। काले–काले। अँधेरा कर दिया है इन्होंने, जबकि अभी काफ़ी दिन बाक़ी है। झड़ी लगी हुई है। झिर–झिर की आवाज़ सुनाई पड़ रही है। सामने की पहाड़ियाँ दिख नहीं रही हैं। घटाओं ने उनका घेराव कर लिया है। हरे–भरे पहाड़ बादलों से लिपटकर श्यामल–श्यामल हो गये हैं।

गौरैया, मैना, पेंडुकी, सुबह ही सामने की खुली जगह में उतर आती हैं। मैं अपनी पहली मंज़िल के पोर्च में आकर बैठता हूँ, सामने की पहाड़ी के पीछे से उगते सूरज को देखने के लिए। शुरू–शुरू में तो ये मुझसे चौकन्नी रहती थीं। पोर्च में ही मैंने इनके लिए दाना–पानी रखवा दिया है।

मुझे बैठा देख सामूहिक़ चीं–चूँ करतीं, थोड़ी ऊँचाई तक उड़ जातीं, फिर आश्वस्त होकर उतर आतीं, दुम हिला–हिलाकर दाना–दुनका चुगतीं।

बाद में वे क्रमशः लापरवाह होने लगीं। उनकी यह लापरवाही मुझे बहुत अच्छी लगती है। अब तो मैं कभी खड़ा भी हो जाता हूँ, कभी उनकी ओर एकाध क़दम बढ़ाता भी हूँ, कभी उनकी ओर दाना छींट देता हूँ–तब भी वे बेख़ौफ़ विचरण करती रहती हैं। कभी तनिक खिसक गयीं तो खिसक गयीं, उड़ती नहीं। एकाध बार तो यह भी होता है कि वे गाती–फुदकती मेरे एकदम क़रीब आ जाती हैं।

(21)

बनारस जाने को मन हुमकता रहता है। जो आजीवन एक जगह रह जाते हैं, मातृभूमि की छाया जिन्हें अपने से दूर नहीं करती, वे भाग्यशाली हैं–लेकिन ऐसे लोग मेरी इस 'हुमक' को नहीं समझ सकते। जो किसी दूर देश में, अपने आत्मीयों से अलग बरसों–बरस रह चुके हैं, वे शायद यह समझ सकें कि अपनी जन्मभूमि की याद हृदय में कैसे–कैसे हाहाकार उठाती है।

हैदराबाद, चेन्नई, धारवाड़ प्रवास में मेरे भीतर यह हाहाकार गरजता रहता था...। कसम लेकर कहता हूँ कि इस वन प्रान्तर में कई साल बिताने के बाद यह 'हाहाकार' बहुत हलका गया है।

यह सच है कि जाने कितने साल हो गये बनारस के दशाश्वमेध घाट पर 'काली धसान' देखे, चौकाघाट का 'रावण दहन' देखे, नाटी इमली का 'भरत मिलाप' देखे या 'गंगा आरती' के समय घण्टा घड़ियाल के 'रिद्मिक' स्वर को सुने हुए। किसी घाट पर खड़े होकर गंगा के वक्र प्रवाह को निहारे। काशी की सँकरी गलियों के मन्दिरों से उठनेवाली धूप, फूल, दीप गन्ध को महसूसे हुए। फिर भी...। माँ नर्मदा ने अभाव के ये समस्त स्वेद अपने आँचल से इस प्रकार सुखा दिये हैं कि मन का हाहाकार, एक प्रकार की नीरव शान्ति में परिवर्तित होता आभासित होने लग गया है।

नर्मदा मैया ने मेरे जीवन की धारा ही बदल दी है–नर्मदे हर। नीरव चाँदनी रात में अब झींगुरों की जुगलबन्दी का स्वर पहचानने लग गया हूँ। उन झींगुरों को भी, जो रात में झरी–झरोखों से घर में भी घुस आते हैं, सुबह हर कहीं नज़र आते हैं, ख़ासकर गुसलख़ाने के ठण्डे कोनों में–छोटे–बड़े; कोई एकदम मच्छर के आकार के, कोई चींटे जितने, तो कोई टिड्डे के बराबर।

किसी की त्वचा कड़ी तो किसी की मुलायम, कोई गोरा, कोई काला। सबकी आवाज़ें भी अलग–अलग तरह की, ये मिलकर सन्नाटे को स्वर देते हुए 'अरण्य गान' करते हैं।

(22)

कभी–कभी लगता है कि मैं 'जंगली' होता जा रहा हूँ। सच पूछिए तो प्रकृतितः हम सभी आदिवासी हैं। तभी तो प्रकृति हम सब को अपनी ओर खींचती है। मुझे याद है अपने बचपन की–गर्मियों में हम झँझर–सुराही का पानी पीते थे, मिट्टी की 'कहथरी' में दही जमाई जाती थी। सतुआ का, बेल का शर्बत पीते थे। खुली छत पर सोते थे। जामुन, फालसा, खिन्नी, शहतूत खाते थे–लीची और 'चुसुआ', कटुआ आम भी। कटहल का अचार पड़ता।

जाड़ों में बोरसी या सिगड़ी तापते थे। तब गन्ने का रस और नया गुड़ आहार का ज़रूरी हिस्सा बन जाता था। पालक–सरसों, मेथी–बथुआ के सागों की बहार आ जाती थी। अजवाइन की फंकी लगती, बेर, अमरूद, मकोय और होरहा भी आ जाते। आँवला भी खाने की थाली में पहुँच जाता था।

लाल मिर्चे का अचार बनता, बड़ियाँ भी पड़तीं–उड़द की कोहड़ौरी, मूँग की मुंगौड़ी और तिल की तिलौड़ी। मकर संक्रान्ति के दिन भूजे के दिन होते–लइया, पट्टी, ढुंढा, तिलवा तैयार किये जाते। लखटा और गट्टा बाज़ार में आ जाते। दीवाली पर सूरन ज़रूर खाया जाता और गणेश चौथ पर मीठा कन्दा। दशहरे पर रेवड़ी–चूड़ा तो रामनवमी और कृष्ण जन्माष्टमी और शिवरात्रि पर सिंघाड़े और कुट्टू के आटे के फलाहारी व्यंजन–पूड़ी, हलवा, पंजीरी। सिंघाड़े के आटे के घोल में लपेटकर आलू की पकौड़ियाँ बनतीं और तिन्नी के चावल की मखाना डालकर खीर...।

हम भी आदिवासियों की तरह ही मौसम के हिसाब से खाते–पीते थे। अब तो सब गड्डमड्ड हो गया है। बचपन के इस आहार–व्यवहार ने भी मुझे इस वनांचल में रमने में बड़ी मदद की है, खो गयी दौलत मुझे वापस मिल गयी है, पुनर्जीवन मिल गया है। इसीलिए बिना किसी प्रयत्न के मेरे व्यक्तित्व में भी बदलाव आ गया है–मैं अधिक विनम्र हो गया हूँ, सरलता मुझे लुभाने लगी है, मेरी ज़रूरतें घटने लगी हैं, एकदम सादा भोजन रुचने लगा है, कटु बोलने से अपने को बरजने लगा हूँ और परदुख कातरता कई गुना बढ़ गयी है।

उम्र के इस पड़ाव पर आकर नर्मदा मैया ने मुझे अपना यह अमोल वरदान दिया है। अक्सर अमरकण्टक जाता हूँ। माता के दर्शन करता हूँ और विनत भाव से उनका आभार मानता हूँ।

(23)

कुछ दिन पहले ही कहीं जा रहा था। दोनों ओर खेत में सरसों बोयी हुई थी। पीला गलीचा बिछा था। बहुत जाड़ा था। शाम ढलते–न–ढलते खेतों के किनारे दूर की झोपड़ियों से जल रहे अलाव की रोशनी छनकर आ रही थी। आगे बढ़े तो हलकी बारिश आ गयी। हम कार में बन्द थे। बारिश थमी तो सोचा, इस ठिठुरती वनरात्रि को तनिक नज़दीक से अवलोका जाये। उतरे तो कँपकँपा गये–बर्फ़ीली बयार बह रही थी, वह भी गीली–गीली।

सोचा, हमारे आदिवासी भाई–बहन कैसे काटते होंगे ऐसी ठिठुरती रातें। दूसरे दिन दयाराम राठुड़िया से पूछा तो पता चला कि भूसा, पुआल, बोरे, कथरी आदि इनके ओढ़ना–बिछौना हैं। आग भी सहारा देती है। रसोई में ही सो रहते हैं क्योंकि चूल्हे की गर्मी से रसोईघर दमदाया रहता है। फिर भी प्रसन्न और आनन्दित। कोई क्लेश नहीं। हँसते हैं तो खुलकर, रूसें तो तुरत और तुरत ही मन भी जायं। बतियाते समय नैन मटकावें, एक–दूसरे को धकियाएँ, थपोड़ी पीटें, कपार खजुवाँवें–सबके सामने निःसंकोच। ये आदिवासी 'गरबीली ग़रीबी' की साक्षात् मूरतें हैं।

कोई दिखावा नहीं, कोई आवरण नहीं, कोई बनावट नहीं। यह निरावरण आचरण इन्हें कितना अमीर बना देता है। अभाव से निर्विकार रहक़र सुखानुभव करनेवाली है यह बैगा जनजाति।

हम बैगाचक में थे। मोबाइल से कुछ ज़रूरी बातें करनी थीं। नेटवर्क कहीं नहीं था। बताया गया कि 'कनकसन' कहाँ मिलेगा–अट्ठारह किलोमीटर पर। हम चले। घना जंगल था। अँधेरा हो रहा था। हमारे साथ गये बैगा साथी भोबलाल ने गाड़ी रुकवा दी और जंगल की ओर उँगली दिखाकर बोले कि उस पेड़ के नीचे या न मिले तो उस पत्थर के पास, नहीं तो पहाड़ी के उस किनारे पर मोबाइल लगेगा। हम इस असुविधा से विचलित थे पर भोबलाल एकदम सहज। हमने कैसे–कैसे बन्धनों में अपने को ख़ुद ही बाँध लिया है। हम इन्हें ढीला भी नहीं करना चाहते। जहाँ कहीं ढीला पड़े, हम बेचैन हो जाते हैं।

(24)

एक दिन दिल्ली से आये कुछ लोगों को लेकर लालपुर गाँव के भीतर–भीतर दूर तक घुस गया। तनिक आगे जाने पर छिछली–सी पहाड़ी धारा पार करनी थी। छोटे–बड़े पत्थर के टुकड़ों पर पैर जमाते–फाँदते चलना था। लालपुर के बैगा मित्र तो दनादन उस पार पहुँच गये और सन्तुलन के हमारे करतब का आनन्द लेते रहे।

रात में पानी बरसा था तो वनमिट्टी की गन्ध ख़ूब तेज़ थी। वृक्षों–लताओं की पत्तियाँ भी गीली होकर तेज़ गन्ध बिखेर रही थीं। ढेरों–ढेर गन्ध।

ऐसी गन्ध का अनुभव और वैविध्य मुझे बनारस के एक मोहल्ले लक्सा में मिला करता था। इस गली में मिट्टी के खिलौने बनानेवालों की बस्ती है। 'नदिया' (नदी की) मिट्टी और कच्चे रंगों की गन्ध इस गली में हमारे साथ चलती थी। वैसी ही तीखी गन्ध इस समय वनस्पतियों की सुंघाई दे रही थी।

एक गन्ध और याद आ गई। बनारस की हमारी गलियों में यादव बन्धु रहते हैं–पशुपालक। सुबह वे गाय–भैंस का दूध दुहते थे। बड़ी–बड़ी नाद में 'सानी' घोरी जाती–अर्थात् नाद में कोहनी भर–भर भूसे को पानी के साथ भीतर तक हाथ डालकर घोरा और मथा जाता। भूसा, चुन्नी, खरी, कराई और गुड़, ये सब जब पानी में सनाते तो मुलायम होने की प्रकिया में उनसे बड़ी मीठी–मीठी सुगन्ध उठती थी। गाय–भैंसें अपना थूथन उसमें डुबो–डुबोकर चारा चाभतीं–जब वे थूथन बाहर निकालतीं तो पूरी थूथन चारे से लभड़ाई रहती।

इस वनांचल में रोज़ हम चारा–लीला देखते हैं। हर बैगा झोपड़ी के बाहर की पशुशाला में पशुओं का यह आहार–व्यवहार चलता है। यह वनक्षेत्र गन्धों की भरी–पूरी मंजूषा है।

(25)

हम चाड़ा में थे। पहुँचे तो चार बज चुका था। रात का खाना बनाना था। सुखलाल, दयाराम और भरत जाकर लकड़ी के कुन्दे ख़रीद लाये–पतले–मोटे, लम्बे–छोटे। टँगारी से काटकर चैले–चैलियों को एक किनारे सहिया दिया गया। मिट्टी का तीन मुँह वाला चूल्हा गेस्ट हाउस

की रसोई में बना था। चूल्हा फूँकनेवाले की आँखें लाल होकर फूल जाती थीं। कहते, जलन भी होती है। लकड़ी पर पके खाने का स्वाद ही अलग होता है। मुझे अपना बचपन याद आ गया; चूल्हे, पोतनी मिट्टी, लकड़ी और कोयले की भट्ठी वाला बचपन।

दूसरे दिन हमें बाज़ार जाना था। हमें कई दिन चाड़ा में रहना था इसलिए 'गृहस्थी' बसानी थी। बजाग के बाज़ार में हमें बुधराम मिल गये। बैगा ओझा हैं, छियासी वर्ष के। कमर झुक गयी है–कहाँ रहते हैं पूछने पर बताया कि सामने दिखनेवाली पहाड़ी के ऊपर। मैंने उधर देखा। मेरे हिसाब से पहाड़ी दूर थी, चढ़ाई भी थी ही–पर बुधराम आराम से आते–जाते थे।

इधर सभी पहाड़ियाँ घने–घनेरे जंगलों से भरी हैं। बाज़ार के बीच खड़े हम इनकी ओर टकटकी लगाये देख रहे थे। पहाड़ से हरे रंग की कई छवियाँ नीचे की ओर दौड़ी चली आ रही थीं–काही, तोतिया, धानी, गाढ़ी–हल्की हरित छवियाँ।

हमारा विश्वविद्यालय भी हर तरफ़ से पहाड़ियों से घिरा हुआ है। मालूम होता है एक कटोरा हो। हम रोज़ लालपुर गाँव वाली भीतरी ग्रामीण सड़क से आते–जाते हैं। एक जगह मोड़ पर दोनों ओर दो वटवृक्ष खड़े हैं–जटाधारी, युगों की स्मृतियाँ अपनी जटाओं में लपेटे। इनके तने अत्यन्त पुष्ट हैं। इनके पास ही घनी 'बंसवारी' भी है।

कुछ साल मैं धारवाड़ में रहा। यह भी प्रकृति नगरी है। यहाँ भी ऐसे कई बरगद के पेड़ थे। कर्नाटक कॉलेज के पीछे तो सैकड़ों जटाओं वाला एक बरगद था जिसे जाली से घेर दिया गया था और उस पर लगी पट्टी पर लिखा था कि वह पेड़ दो सौ साल पुराना है। पुणे विद्यापीठ के प्रांगण में तो और भी विशाल, और भी प्राचीन, और भी जटाजूट वाले कई वटवृक्ष हैं। इतने विशाल कि इनकी गुफ़ानुमा कोटरों में विद्यार्थी बैठकर पढ़ते–लिखते हैं।

ऐसा ही एक प्राचीन वटवृक्ष बनारस में कचहरी से पहले सर्किट हाउस वाली चौंमुहानी के बीचोबीच खड़ा है। इसकी मोटी–मोटी जटाएँ धरती के भीतर धँस गयी हैं–तने के इर्द–गिर्द मानो छोटी–छोटी कोठरियाँ हों। बनारस के कई घाटों पर भी बरगद के पुरातन वृक्ष हैं। पीपल के तो हैं ही। इस वनक्षेत्र में भी पीपल बहुतायत से हैं। लालपुर के ये दोनों वटवृक्ष मेरी स्मृतियों को सघन कर देते हैं।

(26)

आज ही अपने बालमित्र से बनारस बात हो रही थी। गर्मी से त्रस्त थे। बताया कि साल–दर–साल शहर का पारा चढ़ता ही जा रहा है (माथा गरम हो जाता है)। मैंने कारण पूछा तो बोले कि आसपास के सब पेड़ मर–बिला गये। फिर वे तफ़सील में गये कि पहले शमला भैया वाला पीपल कट गया, उन्हें घर बनवाना था। काली जी वाला पीपल जर्जर होकर ठूँठ भर रह गया है। डी.ए.वी. वाला तो बहुत पहले से गलने लग गया था। 'प्रार्थना वाला' बरगद समझिए बस खड़ा है (इसी के नीचे सुबह स्कूल की प्रार्थना सभा हुआ करती थी)। आपके घर वाला नीम भी तो कमरा बनवाने के लोभ में कटवा दिया गया। झण्डा तले वाला पीपल बस स्वस्थ हाल में बचा है–कहाँ से लू हलकाये, चाम ज़रा दैत हौ (चमड़ा जला दे रही है), जो किया है हमने उसी का फल भोग रहे हैं। अज्जू भैया का दुखड़ा सुनकर मुझे अपने आसपास खड़े इन पेड़ों पर अतिशय प्यार आने लगा है। ये पेड़ मई के दिनों में भी हवा को गरम या दुखदायी नहीं होने देते। शाम को तो ये उसमें थोड़ी ठण्डक भी भर देते हैं।

(27)

बैगा गाँवों के घर–घर में सिल–लोढ़ा, खरल–मूसल, ओखली–ढेंकी, चक्की–जाँता देखकर मुझे आत्मिक सुख मिलता है। कभी हमारे घरों में भी इनकी रसाई थी। दक्षिण भारत में आज भी पत्थर के ओखली–मूसल प्रचलित हैं। इनके बिना काम नहीं चलता। दोसा–वड़ा–इडली के लिए दाल–चावल पीसने, तरह–तरह की चटनियाँ पीसने के लिए इनकी रोज़ ज़रूरत पड़ती है। खुरदुरे पत्थर की बड़ी ओखली में पत्थर के मोटे लोढ़े (मूसल) को घुमा–घुमाकर पिसाई की जाती है। ये छोटे–बड़े कई आकारों में मिलते हैं। अब तो बिजली से चलनेवाले भी आने लगे हैं–ओखली स्टील की जिसके तले में पत्थर लगा रहता है और मूसल पत्थर का होता है, एक ज़ंजीर से बँधा हुआ। स्विच दबाते ही लोढ़ा हर तरफ़ घूम–घूमकर पिसाई शुरू कर देता है। कई तो इतने बड़े कि दस–बीस किलो दाल पीस ली जाये।

(28)

सियार का तो मैंने नाम भर ही सुना था—'रंगा सियार' मुहावरे से भी परिचित था और इससे जुड़ी कथा से भी। यहाँ तो बराबर दिख जाते हैं—कुत्ते से आकार में थोड़े बड़े। इनकी पूँछ झबरीली होती है। रात के सन्नाटे में इनका समूह गान शुरू हो जाता है—आठ—नौ बजे पहली महफ़िल जमती है, और फिर शान्ति। पुनः दो—तीन बजे दूर—नज़दीक से इनके स्वर सधते हैं।

(29)

ये पूरा इलाक़ा इन्हीं का तो था। निर्द्वन्द्व घूमते रहे होंगे। अब चार—साढ़े चार सौ एकड़ में विश्वविद्यालय बन गया तो ये बेचारे कहाँ जायें, क्या करें—जिस ज़मीन पर अभी भवन नहीं बने हैं, झाड़—झंखाड़, खरपतवार उगी है, उसी के बीच अपनी माँद बनाकर दुबके रहते हैं। अँधेरा होने पर निकलते हैं।

यही हाल साँपों का है। ज़मीनें खुदीं तो भरभराकर निकल पड़े—बेचैन। कभी किसी के घर में घुस आते हैं, कभी बरामदे में डटे मिलते हैं, कभी क्यारियों में सरसराते दिख जाते हैं। साँपों का मिलना और दिखना कैंपस में चर्चा का विषय बना रहता है।

मैंने घर बनाया तो सामने की ज़मीन पर फूल—पौधे लगाने के लिए ख़ुदाई करवाई, रोज़ साँप निकलते। इस क्षेत्र में नाग देवता अक्सर हमें अपना दर्शन देते रहते हैं। बैगा लोगों के ये परम मित्र हैं।

उनके खेतों की ये रक्षा करते हैं—चूहों और कीड़ों—मकोड़ों से फ़सल को बचाते हैं। बैगा इनकी सभी जाति—प्रजातियों को पहचानते हैं। बैगा झोपड़ों की सहन में ये निश्चिन्त भाव से घूमते हैं। घर के भीतर भी जाने से इन्हें कोई नहीं रोकता। भीत के कोनों या रसोई में आराम फरमाते दिख जाते हैं।

मुर्गे भी ख़ूब हैं इस वनक्षेत्र में । इन्हें घर—घर में पाला जाता है। ये देसी पालतू मुर्ग़े—मुर्ग़ियाँ कई रंगों के होते हैं—काले, लाल, रंगीले, चमकीले। बैगा पूजा—पाठ और मृत्यु—संस्कार में इनकी ख़ास भूमिका होती है। इस इलाक़े में थोड़ा बड़े आकार का धुर काला मुर्ग़ा बहुत प्रसिद्ध है जिसका नाम है—कड़कनाथ। इसकी कलगी, आँख और पंजे भी काले होते हैं। यह औषधीय गुणों से परिपूर्ण मुर्ग़ा है। बड़ा महँगा बिकता है।

(30)

बैगाओं की भाषा 'बैगानी' बड़ी तेज़ चाल भाषा है। क्रियापदों तक आते–आते आरोही हो जाती है। बैगा स्त्री–पुरुष बातचीत करते समय अंग संचालन और मुखमुद्रा का अत्यन्त सम्प्रेषणीय ढंग से संयोजन करते हैं।

एक दिन हर्राटोला की लाली बैगा मुझसे मिलने मेरे ऑफ़िस आयी। मेरे लिए कुम्हड़ा, कद्दू और खीरा ले आयी थी। उसके बग़ीचे में उगे थे। बोली, एक बेर घर आइए तो आपको 'थेपकर' मक्के की रोटी खिलाऊँगी। लाली ख़ूब बतियाती है–अविराम। अपने गाँव की 'नेतिन' है। ऊँच–नीच समझती है। ख़ुशदिल है। बात–व्यवहार जानती है। उसकी बच्ची आठ–दस साल की है। युवा बैगा महिला का आदर्श रूप है, लाली।

उस दिन लाली ख़ूब सजधज कर आयी थी। मैंने कारण पूछा तो हँसने लगी। बोली, यूनिवर्सिटी आ रहे थे तो सबसे अच्छी धोती और गहने पहन लिए। वैसे भी लाली टिपटॉप रहती है। उसके साथ आयी दोनों महिलाएँ भी शृंगार किये हुए थीं।

बैगा स्त्रियाँ वस्त्राभूषण की शौक़ीन होती हैं। आभूषण अधिकतर चाँदी या गिलट के होते हैं। सिर से लेकर पैर तक के अलग–अलग आभूषण बनाये जाते हैं। अनेक रंगाकार की गुरियों की माला भी बैगा स्त्रियाँ पहनती हैं। उस दिन लाली ने भी पहन रखी थी।

तीनों स्त्रियाँ क्रमशः कासनी, वासन्ती और धानी रंग की धोतियों से आवेष्ठित थीं। उन्होंने कलाई, बाजू, कान और नाक में आकर्षक और कलात्मक आभूषण पहने हुए थे। सजे हुए केश भी आभूषणों से कसे गये थे।

लाली सच्ची और सीधी बात करती है। ख़ूब हँसती है और प्रभावशाली ढंग से बोलती है। लाली का यह अपनत्व और बन्धुत्व भाव मुझे हमेशा अच्छा लगता है। अपने बड़े की तरह मुझे आदर देती है, खिलखिलाकर हँसते हुए मेरा पैर भी छूती है। जब वह आँखों में आँखें डालकर बतियाती है तो उसकी सच्चाई सम्पूर्ण काया से प्रकाशित होने लगती है। जंगल और पहाड़ों ने बैगाओं के अन्तर को मुक्त कर दिया है। इसीलिए इनका हृदय विशाल है और फलतः इनका प्रेम और लगाव भी प्रांजल और पारदर्शी बन गया है।

(31)

उस दिन अर्जुन जी अपनी नृत्य मण्डली लेकर आये थे। कई बैगा युवक–युवतियाँ थे। गोपाल बैगा मादल पर थे तथा चर्रा और हरी सिंह टिमकी पर। मादल के बोल, टिमकी की तिड़–तिड़, सधे ताल की गूँज। और इसके साथ सँझाता दिन, वर्षा से नमित पेड़–पौधे, धरती, नर्तक–नर्तकियों की सजी–धजी टोली। लग रहा था बड़े–से कैनवास पर आंका गया एक लुभावना चित्र हो।

नृत्य प्रारम्भ हुआ–करमा गीत पर आधारित करमा नृत्य। जैसा जीवन, वैसा ही नृत्य गान। सरल। आदिम भारत की संस्कृति मूर्तिमती हो उठी थी।

ऐसे कितने–कितने नृत्य पर्वतों की इन उपत्यकायों में नाचे गये होंगे। कितने 'करमा' कितने कण्ठों से फूटे होंगे। कितने मादल इनमें ठनके होंगे। कितने चरण इस धरती पर थिरके होंगे। कितनी कायाएँ इन वृक्षों के तले झूमी होंगी। कितनी तरुणियाँ वृक्ष के इन तनों के निकट लचकी होंगी। कितने युवक–युवतियाँ इस घटाछन्न आकाश के नीचे हँसे–हँसाये होंगे...।

सब गा–बजा–नाच कर चले गये। नीरवता छा गयी। उमंग और उछाह के दृश्य अचानक लुप्त हो गये। बैगा गीत और मादल टिमकी के धुन–ताल रात–भर मेरे कानों में गूँजते रहे।

अभी जो संगीत लहरी बहाकर बैगा आदिवासी गये हैं, ये 'किसानी' करते हैं। 'मनरेगा' में मजूरी करते हैं। इन्होंने भूख देखी है, अभाव में पले–बढ़े हैं। फिर भी इतने रससिक्त। प्राचीन युग के प्राणी लगते हैं। आदिम गुण या मूल्य इनमें आज भी मौजूद हैं–सरलता, विनम्रता, सन्तोष और करुणा...। शहरों में पला–पुसा आभिजात्य बिना इनके बीच रमे इनके मानवीय आचरणों पर पतिया ही नहीं सकता कि आज के दुष्काल में इस धरती पर ऐसे लोगों का अस्तित्व भी है। वन ने इन ग़रीबों को बहुत कुछ दिया है–कन्द–मूल, साग–भाजी, अन्न–जल और औषधियाँ...।

हे विज्ञ, रहस्यमय अरण्य, इन आश्रितों पर सचमुच ही तुम्हारी बड़ी कृपा है। तुम्हीं ने इन्हें 'मनुष्य' बनाये रखा है, इनमें 'मानुस भाव' भरा है।

जंगल के भीतर मीलों पैदल प्रवेश कराके बजरू ने कई क़िस्म के लता–वृक्षों से हमारा परिचय कराया। यह वन–सम्पदा ही तो बैगाओं का ख़ज़ाना है जिसके एक–एक माणिक–मोती की पहचान बजरू को थी। हर आदिवासी को होती है। कोई लता चट्टान के नीचे से झाँकती हुई,

कोई धरती पर हरी चादर फैलाये पसरी हुई, तो कोई किसी वृक्ष के तने से 'घुमरिया कर' लिपटी हुई। कुछ वृक्ष ख़ूब ऊँचे तो कुछ बेतरह घने। किसी पर मधुमक्खी के छत्ते तो किसी पर तरह–तरह के घोंसले।

(32)

आख़िर मनुष्य क्या चाहता है, उन्नति या आनन्द? उन्नति करके होगा क्या? यदि जीवन से आनन्द भाव ही तिरोहित हो जाय। बैगाओं के 'सन्तोष' में आनन्द का चिरनिवास है। प्रकृति की असीम देन उन्हें आनन्द विभोर किये रहती है। तभी तो इनके नृत्य–गीतों में आनन्द की अविरल सुरसरि प्रवाहित है... चहुँदिश आनन्द ही आनन्द।

आज दबडू और सभी बैगा भाई–बहन हमारे साथ ही भोजन करेंगे। भद्दू भाग कर गया और कहीं से पत्तलें ले आया। बस सज गयी पाँत। दाल–भात और कद्दू की सब्ज़ी बनी थी। बैगाजन अपनी–अपनी पत्तल लेकर धरती पर ही बैठ गये। सबने जल छिड़क–छिड़क कर अपनी–अपनी पत्तलें धो डालीं। मैं एक चादर 'चपथ' कर उनके साथ बैठ गया। मैंने इंगित किया कि गेस्ट हाउस का 'केयरटेकर' न जाने क्या बड़बड़ा रहा है। खाने के बाद मैंने उसे अपने कमरे में बुलाकर समझाया कि अब अंग्रेज़ों का ज़माना नहीं है कि आदिवासियों का गेस्ट हाउस में प्रवेश वर्जित हो। मैंने उसे अर्जुन धुर्वे का आत्मकथ्य भी सुनाया कि बचपन में वे कौतूहलवश गेस्ट हाउस के प्रांगण में चले गये तो उन्हें गालियाँ देकर खदेड़ दिया गया। अपमान का वह एक–एक क्षण अर्जुन जी की आत्मा पर टँक गया है। केयरटेकर मुझे आँखें फाड़े देखता रहा, पर दूसरे दिन से फिर उसने ऐसी हरकत नहीं की।

(33)

जब बजरू हमारे साथ जंगल के भीतर घुसे थे तब हू–हू करती हुई हवा बह रही थी। वह जंगल में ऐसे सरपट भागे जा रहे थे मानो अरण्य उनका आँगन हो। मुफ़सली की लतर, हर्र–बहर्र के ऊँचे–ऊँचे पेड़, सागवान, चिरौंजी, बबूल, खमार, महुआ... के वृक्ष देखकर हमारी आँखें जुड़ा गयी थीं। बजरू एक–एक की जानकारी दे रहे थे। इनके लाभ बता रहे थे और औषधि के रूप में इनके पत्तों–छालों का कैसे उपयोग किया जाता है, इसका विवरण दे रहे थे।

जब हम वापस लौटने को हुए तो धुँधलका छाने लगा था। बजरू ने कहा कि तेज़ डग भरने होंगे नहीं तो अँधेरे में बाहर निकल पाना दुष्कर हो जायेगा। मच्छरों ने वन पर धावा बोल दिया था, ख़ूब काट रहे थे। पेड़ों ने अपने रंग बदल लिए थे। ऊपर देखा तो बड़े–बड़े पत्तों और पेड़ों की शाखों की ओट से तारे झाँक रहे थे। टॉर्चें जला ली गयी थीं। उसी की रोशनी में सब आगे बढ़ रहे थे। घासों की महक देर तक हमारा पीछा करती रही।

वन का ऐसा सघन अनुभव, इसके पहले तो मेरी कल्पना में भी नहीं था। यह वन हरियाली का लहराता समुद्र लगा। वन ही वन। एक वन के बाद दूसरा वन। अनन्त वन मार्ग। अलग आकाश, अनूठा घनापन और अनोखी गन्ध। चींटियों की अनन्त बांबियाँ। हम पूरे रास्ते देखते गये थे। वापसी में यह ध्यान रखना था कि कहीं उनपर हमारा पैर न पड़ जाये। कैसे तैयार करती होंगी ये चींटियाँ इतनी कलात्मक बांबियाँ।

(34)

बैगा घर की रसोइयों में बहुत ही मामूली बर्तन होते हैं। भोजन भी वन पर निर्भर है और सारा क्रियाकलाप भी। घड़ों में पानी ढोकर ले जाते स्त्री–पुरुष, लकड़ी का गट्ठर सिर पर लादे स्त्रियाँ। पेड़ से झड़े महुआ और जामुन के फल बीनते बच्चे... जीवन से जूझने के अनेकानेक दृश्य नित्य इस वन में दिखाई पड़ते हैं। बातचीत में भागमती बाई ने मुझसे कहा था कि दूध दुहना, चक्की पीसना, महुआ बीनना, भुट्टा तोड़कर दाना बिदोरना, कन्द–मूल सुखाना, हम बैगा औरतों के लिए एकदम कठिन नहीं।

मैंने पाया कि इन बैगा औरतों में मेहनत करने की अकूत शक्ति है। मैंने यह भी देखा कि बैगा महिलाएँ और युवतियाँ बाँस की खपच्चियों से घर के उपयोग की कई चीज़ें बना लेती हैं–डोलची, डलिया, खंचिया, परई, टोकरियाँ... और मछली पकड़ने की 'गंडरी'।

इस प्राकृतिक परिवेश में जल, जंगल, ज़मीन की अस्मिता को पोसनेवाली बैगा जनजाति को पिसते देखकर मुझे अक्सर यह बात परेशान करने लगती है कि वन्य जातियों का कहीं कोई इतिहास नहीं है। यह इतिहास इन्हीं अरण्यों के अन्धकार में और वृक्षों की पाँतों में लिखा हुआ है जिसे कोई पढ़नेवाला नहीं। इन अक्षरों को पढ़ने की हमें कभी कोई

चिन्ता नहीं हुई (आज भी कहाँ है)। जूझते हुए आदिम लोग आज भी उपेक्षित और अवमानित हैं।

सभ्यता के गर्व में चूर हम अभिजन ने इनकी ओर कभी उलटकर नहीं ताका और इनकी सभ्यता को गहराई से समझने की कभी कोशिश भी नहीं की।

ये विचार मुझे अपराध–बोध से ग्रसित किये रहते हैं कि मैं, मेरे मित्र मिश्रा जी और वीरेन्द्र सिंह उसी संवेदनहीन वर्ग के और बूढ़े बुधराम, युवा बजरू, अधेड़ जगोतिनी बाई, और ढिमरिन बाई जैसे असंख्य बैगा विजित और पददलित वर्ग के प्रतिनिधि हैं।

इन्हें देखकर मुझे अपने पूर्वजों के कृत्यों पर शर्म आने लगी है। अपने आप पर भी। मेरी गर्दन झुक गयी है। मैं यहाँ न आता, इनके बीच न रहता तो मैं भी तो अब तक अपनी तथाकथित 'सभ्यता' के अरण्य में ही भटक रहा था–संवेदना विहीन एक ठूँठे वृक्ष की तरह, जो किसी थके–हारे को न छाया दे सकता है और न फल।

इस बार पितृ–पक्ष में जब मैं अपने पूर्वजों का पिंडदान करूँगा तो उनसे यह भी निहोरा करूँगा कि वे सब मिलकर हमारे इन आदिवासी बन्धु–बान्धवों की दमन गाथा पर विराम लगाने की सिफ़ारिश अपने ईश्वरों से अवश्य करें।

बैगाचक की यात्रा

(1)

हमें 'चाड़ा' जाना था। ऊँचाई पर स्थित इस वनक्षेत्र में बावन बैगा गाँव हैं इसलिए इसे 'बैगाचक' भी कहा जाता है। हम तीसरी बार जा रहे थे, बारह दिनों के लिए। पहली बार तीन दिन के लिए गये थे और दूसरी बार दस दिन के लिए। पहली बार बनवासी बैगाओं से मेल–जोल बढ़ाने के लिए हमने 'मड़ई' कार्यक्रम भी किया था जिसमें बैगा स्त्री–पुरुषों ने ग्रामीण हिन्दी में अपने दिल की बातें हमसे की थीं। कुछ बैगाओं ने तो मंच से भी 'कोड परिवर्तन' करते हुए हिन्दी और बैगानी में भाषण भी दिया था। गीत भी सुनाये गये और सामूहिक नृत्य भी किया गया। दूसरी बार हम कई बैगा परिवारों के बीच गये, उनके घर पर रहे, उनका रहन–सहन देखा और उनसे ढेरों बातें कीं। हम उनसे कह आये थे कि जल्दी ही हम उनके साथ आकर कई दिन रहेंगे।

कार्यक्रम दो बजे दिन में निकलने का था, पर निकलते–निकलते तीन बज गये। हम रुकते–रुकाते चले। यूनिवर्सिटी कैम्पस वाली प्रशान्त की दुकान से थोड़ा अनाज–तेल, नमक–मसाला लेकर लाद लिया गया। सौ किलोमीटर की यात्रा करनी थी। यूनिवर्सिटी गेट पर हमारी गाड़ियाँ फिर रोक दी गयीं। बुधवार का दिन था। बुधवार को गेट से तनिक हटकर खुले मैदान में लगी हाट से हमने थोड़ी सब्ज़ियाँ भी ले लीं। पहुँचते ही इन सबकी ज़रूरत पड़ेगी।

हमें माँ नर्मदा के उद्‌गम तीर्थ अमरकण्टक से होकर जाना था जहाँ बोतलबन्द 'अमरकण्टक' पानी की फैक्ट्री है। दो क्रेट पानी की बोतलें भी ख़रीदी गयीं जिन्हें मेरी कार की 'डिकी' में भर दिया गया। यह सब सरंजाम करते हुए कोई बैगा हमें देखे तो दीवाना समझे कि

ये लोग इतने परेशान क्यों हैं। सामान जुटाने में लगे हैं। अरे, चाड़ा में मोटा–झोटा अनाज तो मिल ही जाता है। तरकारी–साग की वहाँ क्या कमी है। कटहल–पपीता–केला तो आसानी से मिल जायेगा। पानी के सोते हैं, नाले हैं, कूप हैं...। लेकिन हम 'सभ्य' हो चुके लोगों की यही तो मूल समस्या है, 'हाही' मची रहती है। अपनी सुविधाओं के लिए हम बेकल रहते हैं। सन्तोष और सहजता हमसे कोसों दूर भाग चुके हैं। हम इस पंक्ति का प्रतिरूप हो गये हैं–*सामान सौ बरस का, कल की ख़बर नहीं।*

आराइश के सारे सामान जुटाकर हम आगे बढ़े। बारिश ने जंगल को धो–पोंछ कर चमका दिया था। पत्तों पर आब थी। आँखों में ठण्डक पड़ गयी। हरी–हरी शीतलता का साम्राज्य था। स्विट्जरलैंड के सौन्दर्य का जो बखान करते हैं, उन्होंने देखी न होगी यह धरती, ये बन, यह ऋतु। नीरवता का सौन्दर्य मुखर था और मीलों तक मुखर ही बना रहा। एक फ़िल्मी गीत भीतर कहीं कौंध गया। मेरा प्रिय गीत है। मुकेश ने वी. शान्ताराम की फ़िल्म 'बूँद जो बन गयी मोती' के लिए गाया था–*हरी भरी वसुन्धरा पे नीला–नीला ये गगन, के जिसपे बादलों की पालकी उड़ा रहा पवन/घटाएँ देखो रंगभरी, चमक रहीं उमंग भरी/ये किस कवि की कल्पना का चमत्कार है/ये कौन चित्रकार है, ये कौन चित्रकार।*

गाड़ा सरई गाँव से चलने के बाद से ही राख जैसा अँधेरा फैलने लगा था जिसे 'साहिर' ने 'सुरमई अँधेरा' कहा था–*परबतों के पेड़ों पर शाम का बसेरा है/मखमली उजाला है, सुरमई अँधेरा है।* इस वेला में पहाड़, पेड़, वनस्पतियाँ, खेत–खलिहान सब जादुई रंग में रंगे जा रहे थे–जबकि चारों तरफ़ घिर अँधेरा रहा था। फिर टप से सब कुछ मेट गया। अँधेरे ने अपना आँचल ओढ़ा दिया था...। फिर प्रवेश हो गया चाड़ा की घाटी में। घने–घनघोर जंगल के बीच में ऊँचाई पर गेस्ट हाउस था।

(2)

गेस्ट हाउस के बाहर ही प्रकाश मिले। गोंड युवा हैं। हमारे विश्वविद्यालय में पढ़ते हैं। चाड़ा के पहले की ग्रामीण बस्ती 'बजाग' में उनका घर है। बजाग छोटा–सा बाज़ार भी है। ज़रूरत की सब चीज़ें यहाँ मिल जाती हैं। गेस्ट हाउस के पीछे ही आश्रम–स्कूल और हॉस्टल है जिसमें हम पिछली बार ठहरे थे। हम रसद, सब्ज़ी, घी–तेल, बोतल का पानी सब लेकर चले पर गैस–चूल्हा और सिलिंडर लाने का ध्यान न रहा।

पिछली बार 'आश्रम' में भी लकड़ी के चूल्हे पर ही खाना पका था। अब लगता है गेस्ट हाउस में भी यही करना पड़ेगा। रसोई गेस्ट हाउस के पीछे के मैदान में कोने पर थी। अँधेरी–सी एक कोठरी। बरसात की वजह से लकड़ियाँ ओदी–ओदी हो गयी थीं या सीली–सीली। इन्हें दहका पाना भी कबाहत थी। बस दाल–चावल–सब्ज़ी बनाने में ही चार घण्टे लग गये। हद तो यह हुई कि हम प्रेशर कुकर भी न लाये थे, यह सोचकर कि गेस्ट हाउस में तो मिल ही जायेगा। पर न मिला। जीवन में ऐसे रोमांचों का अपना मज़ा होता है। सब कुछ बना–बनाया मिल जाने में भला क्या आनन्द है। सादा और गरम भोजन स्वाद से भरपूर था। भूख भी लग आयी थी। दाल–भात–तरकारी अमृत तुल्य प्रतीत हो रहे थे। एक बजे रात में हम सोने जा सके।

सुबह पक्षियों के कलरव से नींद खुल गयी। वरांडे में आकर बैठ गया। कई पुस्तकों के साथ 'हंस' का 'आत्मकथा अंक' (जनवरी–फ़रवरी : 1932/प्रथम आवृत्ति : 2008, विश्वविद्यालय प्रकाशन, वाराणसी) साथ ले आया था। इसे कितनी बार तो पढ़ चुका हूँ। चार–छह महीने बाद फिर पढ़ रहा था। बरामदे में बैठे–बैठे इसके दो लेख पढ़े–बाबू शिवपूजन सहाय का 'मतवाला कैसे निकला' और प्रकाशक पुरुषोत्तम दास मोदी की इस 'प्रथम आवृत्ति' की भूमिका। पढ़कर विचारमग्न बैठा था कि गेस्ट हाउस के सामने की खुली जगह की ओर निगाह उठी तो देखा कि बग़ीचे की बायीं ओर एक बोर्ड लगा है–पीले बैकग्राउंड और नीले बॉर्डर वाला। वरांडे से उतरकर उसके पास चला गया। देखा कि बोर्ड पर लाल रंग से चाड़ा से विभिन्न स्थानों के नाम और काले रंग से इन स्थानों की दूरी लिखी हुई है–

क्र.सं.	स्थान	किलोमीटर
01.	बजाग	18
02.	गाड़ा सरई	36
03.	चौरा दादर	42
04.	डिंडौरी	67
05.	मोती	70
06.	भवई	36
07.	अमरकण्टक	76
08.	मंडला भवई	134
09.	शहडोल	172
10.	जनकपुर	210

दाहिनी ओर थोड़ी–थोड़ी दूर पर वृक्ष के निचले तने का आभास देनेवाले पत्थर के दो शिलालेख लगे थे–हरे रंगे के बैकग्राउंड और नीले रंग के बॉर्डर वाले। इन पर लाल रंग के अक्षर अंकित थे। एक पर लिखा था–

गंगा नर्मदा ब्रह्मपुत्र को
नहीं बाढ़ की आदत थी।
तट पर हरे–भरे वन विकसित
कृषि भी प्रचुर समुन्नत थी।
मानव ने तट के वन काटे
कृषि का क्षेत्र बढ़ाने को।
पावस में जलधार बढ़ी तब
तट के गाँव बहाने को।

और दूसरे पर दर्ज था–

मैं ही द्वार कुटी का तेरे
और कृषक का चिर साथी।
शैशव में पलना हूँ तेरा
साँसों का अन्तिम साथी।
मैं उदार भूखों का भोजन
सुषमा का साकार सुमन।
मानव एक निवेदन तुमसे
नष्ट न करना मम् जीवन।

पर्यावरण संरक्षण पर इतने मार्मिक छन्द रचनेवाले अनाम कवि को मैंने मन–ही–मन प्रणाम किया। सुबह सार्थक हो गयी। वापिस लौटकर पुनः प्लास्टिक की कुर्सी पर बैठ गया। मेज़ अपने सामने खींचकर पैर पसार लिए। छन्द रस में लीन हूँ। प्रकाश भी अभी जगा नहीं है। हवा में ठण्डक है, कभी–कभी तो शरीर सिहर भी जा रहा है। ये बता दूँ कि तारीख़ उन्नीस जून की है। पतिराम बैगा ने ठीक ही कहा था कि 'चाड़ा में पंखा की दरकारै नहीं है, प्रसासन झुटहीं कमरन में पंखा लगवाय दिहिस है' (चाड़ा में पंखे की ज़रूरत नहीं है, प्रशासन ने बेकार ही कमरों में पंखा लगवा दिया है)।

(3)

यह गेस्ट हाउस ऊँचाई पर बना है। वरांडे से नीचे का वनाँचल; दायें–बायें और सामने का, दूर–दूर तक दृष्टिगत हो रहा है। बायीं ओर नज़दीक ही बस स्टैंड है जिसे हरी पहाड़ियों ने घेर रखा है। जैसा कि अमूमन होता है, बस स्टैंड पर एक चाय की गुमटी भी है–खपरैल से छायी हुई और लकड़ी के चार खम्भों पर टिकी हुई। गुमटी के साथ बनी एक ऊँची चबूतरानुमा जगह है जिसके एक किनारे पर भट्ठी जल रही है। 'चबूतरी' पर चाय का सारा सरंजाम धरा रखा है। जहाँ बस खड़ी होती है उसी के पास चायवाले ने पटरों से बनी दो बेंचें डाल रखी हैं। दूर–दूर तक यहाँ–वहाँ छोटी–बड़ी बैगा झोपड़ियाँ दिखाई पड़ रही हैं। बैगा झोपड़ियाँ अपनी संरचना में विशेष होती हैं। नीचे खेतों की क़तार है, वनों से घिरे खेत। मुझे भी ऊँचे–घने हरे वृक्षों ने घेर रखा है। गेस्ट हाउस दस मीटर की ऊँचाई पर होगा। ये वृक्ष नीचे की धरती से पनपकर मेरी ओर झाँक रहे हैं। पहाड़ियाँ इन पेड़ों के पीछे हैं–किसी ग्राफ़ की तरह, ऊँची–नीची, नीची–ऊँची। मेरी बायीं ओर और पीछे नियोजित बैगा गाँव हैं। बहुत–से पक्षी आ गये हैं। अपने–अपने गीत गा रहे हैं। लग ही नहीं रहा है कि निपट अकेला बैठा हूँ।

(4)

गेस्ट हाउस के बाहरी भाग में लकड़ी के चार खम्भों पर टिके फ्रेम पर कई धरनों से छवाया हुआ बहुत बड़ा बरामदा है। बरामदे के दोनों कोनों पर खड़े कंक्रीट के ख़ूब मोटे और चौड़े खम्भे इसे थामे हुए हैं। बरामदे के पार बीचोबीच दो बड़े पल्लोंवाला प्रवेशद्वार है जिसकी ऊपरी ड्योढ़ी के ऊपर एक टिन का बोर्ड चस्पाँ है–समुद्र सतह से ऊँचाई 2975 फ़ीट (892.5 मीटर)। प्रवेशद्वार से घुसते ही हॉल है जिसके दायें कोने पर लकड़ी का सोफा और एक टेबल लगी है। हॉल के दायें–बायें दो कमरे हैं जिनका दरवाज़ा हॉल में ही खुलता है। हॉल पार करके भोजन कक्ष है जिसमें छह कुर्सियों वाली डाइनिंग टेबल लगी है, दाहिने कोने में वॉशबेसिन है और दीवार में क्रॉकरी से सजी शीशे की अलमारी है। कमरों के भीतर ही बाथरूम हैं। अतिथि गृह के तीन ओर खुली–खुली जगह है, चौथी ओर ढलुआ सड़क बस्ती और खेतों की ओर चली गयी है।

भृत्यों के कमरे और रसोईघर पिछवाड़े में हैं। एक 'विकेट विंडो' पीछे की ओर भी है, इसी से होकर हम बैगा गाँवों की ओर गये थे।

बरामदे से देख रहा हूँ कि एक बस आ गयी है। कुछ औरत–मर्द देर से बेंच के पास ज़मीन पर ही बैठे हुए थे। कोई उकड़ूँ तो कोई घस्सा मारे बस की प्रतीक्षा कर रहा था। बनवासियों को बेंच–कुर्सी पर बैठने में शायद अनकुस लगता है। धरती से स्पर्श के ये अभ्यस्त हैं। वन के प्रशान्त परिवेश में इनके कण्ठ स्वर मैं साफ़–साफ़ सुन पा रहा हूँ। अब लोग धीरे–धीरे बस में बैठने लगे हैं। अपनी शान दिखाने के लिए बस रह–रहक़र ज़ोर–ज़ोर से हॉर्न बजा रही है। हॉर्न की आवाज़ कानों में चुभ रही है। ड्राइवर भी कभी–कभी इंजन स्टार्ट करके शान्ति भंग कर रहा है। मेरे प्रशान्त मन और इस वातावरण को यह मशीनी शोर व्याघात पहुँचा रहा है।

ख़ामोशी यकायक अब पूरी तरह टूट गयी है। बैठे लोगों में हलचल मच चुकी है। गठरी–मोठरी लिए लोग बस में चढ़ने को आतुर हैं–चाँव–चाँव मच गयी है। हॉर्न, इंजन और लोगों के मिले–जुले स्वर ने हड़कम्प मचा दिया है...। बस चली गयी। फिर से सब कुछ शान्त कि कोई चले भी तो पदचाप सुनाई दे। चाय की दुकान पर बैठे दो–चार लोगों की बिखरी–बिखरी स्फुट–सी आवाज़ भर अब मुझ तक आ रही है।

ख़ामोशी की अपनी एक आवाज़ होती है–यह जब टूटती है तो थोड़ी देर तक अजीब तरह की बेचैनी जहन पर तारी हो जाती है। पर हमेशा ख़ामोश या ख़ामोशी में रहा भी तो नहीं जा सकता। हम शहरी लोग तो यही मानते हैं कि हलचलों के बिना कैसा जीवन। पता नहीं यह मान्यता कल्पना है या यथार्थ।

मैं बरामदे से उतरकर ढलुआँ रास्ते से चाय की दुकान पर चला गया। वहाँ बैठे लोग थोड़े असहज भी हुए। मैंने चायवाले से बिना चीनी की चाय बनाने के लिए कहा। बैठे लोगों में से ही एक ने बेंच खींच कर मेरे निकट रख दी। चायवाले अधेड़ दुकानदार का नाम मंगल बैगा था। पहाड़ी के ऊपर की ओर उनका घर है। मेरी बातचीत ने सबको सहज कर दिया था। मैंने दो चाय पी और उनसे ख़ूब–ख़ूब बतियाया। अब जाके सुबह के आठ बजे थे।

बैगाचक में बैगाओं के बीच

(1)

चाय की गुमटी से लौटकर स्नान किया। 'पोहे' का जलपान हुआ। बाहर निकला तो एक–एक करके बनवासी बैगा आने लगे। सबसे पहले अर्जुन जी (अर्जुन सिंह धुर्वे, ग्राम : धुरकुटा) आये, अपनी लाल–लाल मोटरसाइकिल पर। अर्जुन जी इस वनांचल में बैगा समाज के चहेते हैं। भारी शरीर, रंग काला और काले–काले बाल। हमेशा सफ़ेद क़मीज़ और पायजामा पहनते हैं। हँसमुख हैं। ठहाका लगाकर हँसते हैं और हँसते–हँसते ही बोलते हैं।

अर्जुन जी ने इस क्षेत्र के युवक–युवतियों को जुटाकर एक 'नृत्य–गान मंच' गठित किया है। वे एक सिद्धहस्त लोक गायक और लोक नर्तक हैं। इन युवाओं को वे नृत्य गीत का प्रशिक्षण देते हैं। पढ़े–लिखे हैं। प्राइमरी स्कूल में टीचर रह चुके हैं। सोचिए, पचास–साठ साल पहले उच्च शिक्षा प्राप्त करनेवाले चाड़ा क्षेत्र के प्रथम बैगा पुरुष। शिक्षा प्राप्त करने के लिए उनका कितना दृढ़ निश्चय रहा होगा।

अर्जुन जी मुझसे बहुत स्नेह करते हैं। फिर सुखलाल आये। चर्रा और भोबलाल एक साथ आये। फिर पारीपारा, पतिराम, बजरू और गोपाल आये। ढिमरिन बाई और बिरसी बाई भी अलग–अलग आयीं। सवनी बाई अपने पति हरी सिंह बैगा के साथ आयीं। ढिमरिन बाई, बिरसी बाई और सवनी बाई ने 'गोदना' गुदवा रखा था–माथे से लेकर पैर तक। बनवासी बैगाओं में हर अंग के लिए गोदना की भिन्न आकृतियाँ प्रचलित हैं। एक ही अंग के लिए भी अलग–अलग डिजाइनें चुनी जा सकती हैं। 'गोदना' को लेकर बैगा समाज में ढेरों धारणाएँ और किंवदन्तियाँ प्रचलित हैं।

अर्जुन सिंह धुर्वे को इस वर्ष पद्म सम्मान 'पद्मश्री' से विभूषित किया गया है।

इन पर आगे बात करेंगे। सभी महिलाएँ गिलट और चाँदी के थोड़े–बहुत आभूषण पहने हुई थीं। हमारे अनुरोध पर वे छोटी–छोटी गठरियों में भी ज़ेवर ले आयी थीं।

वैद्य गंगाधर जड़ी–बूटियों के जानकार हैं। हम उनके घर गये तो एक कोठरी में जड़ी–बूटियों के बोरे–बोरियाँ भरे रखे थे। बैगाचक के वे ही वैद्य हैं। लोगों को औषधियाँ देते हैं। बदले में बैगा किसान उन्हें अनाज, शहद या कोई वनोपज उपहार स्वरूप दे देते हैं। इसी से उनके परिवार का भरण–पोषण होता है। बजरू को पेड़–पौधों और फल–फूलों का अद्‌भुत ज्ञान है। हम इनके साथ घने वन में भी पिछली बार गये थे। दोनों ने मिलकर वनौषधियों का पूरा संसार हमारे समक्ष खोलकर रख दिया। एक–एक वनस्पति के, जड़ों के, छालों के, पत्तियों के औषधीय गुणों का विवेचन होता रहा।

पता चला कि मानव शरीर की समस्त व्याधियों का उपचार इन वनों में उपलब्ध है, बिखरा पड़ा है। मनुष्य ही नहीं, पशुओं की बीमारियों का उपचार भी गंगाधर जी उतनी ही कुशलता से करते हैं। इस क्षेत्र में वे ईश्वर की भाँति पूजनीय हैं। यह जानकर मुझे अचम्भा हुआ कि नवजात शिशु की 'नाल' बाँस के पत्ते से काटी जाती है। ऐसी कितनी ही अनूठी जानकारियाँ हमें गंगाधर जी और बजरू ने दीं।

(2)

अब सारे लोग चार–चार पाँच–पाँच के उप–समूहों में बाँट दिये गये। अलग–अलग समूहों ने अपनी गायन कला का कमाल दिखाया। बैगा–करमा गीतों को अट्ठारह भिन्न–भिन्न तालों में इन समूहों ने प्रस्तुत किया। करमा गीत की भिन्न शैलियाँ या छन्द होते हैं–अलग–अलग अवसर के लिए अलग–अलग 'करमा'। करमा नृत्य–शैली भी अति कलात्मक और बैगा समाज में लोकप्रिय है। करमा लोकगीत और नृत्य के महत्त्व का बखान करने वाले अनगिनत लोकगीत बैगा समाज में गाये जाते हैं।

गीतों का क्रम तीन–चार घण्टे तक अनवरत चलता रहा। कितने सुर, कितने ताल, कितनी तानें। कभी सोचा भी नहीं था कि वन प्रान्तरों में संगीत की ऐसी धारा बहती होगी। बैगा स्त्री–पुरुषों की धीमी और तेज़ आवाज़ों का सन्तुलित प्रवाह। कब–कौन–किस स्वर को कहाँ चढ़ायेगा

और कब–कौन उसे कहाँ से उठायेगा, अद्भुत। 'अन्तरा' में कहाँ पर किसका स्वर मद्धम हो जायेगा और किसका तीव्र। कब सभी उप–समूह एक साथ मिलकर गायेंगे, कब कोई एक समूह गायेगा और कब किसी समूह का एक व्यक्ति अकेले तान छेड़ेगा–लोक संगीत की कहिए, शास्त्रीय पद्धति, जिसका बोध बैगा समाज के इन सभी नागरिकों को है। बनवासी बैगा, संगीत के सुर–ताल, लय–तान से भिज्ञ समुदाय के सदस्य हैं। संगीत की यह धरोहर इन्हें परम्परा से मिली है जिसे ये पीढ़ी–दर–पीढ़ी सँजोते चले आ रहे हैं।

करमा गीतों में आदिवासी जीवन का सर्वांग समाहित है–पेड़–पौधे, फल–फूल, अन्न–शाक, पशु–पक्षी, वन–पर्वत, नदी–पोखर, गाय–बकरी, सुआ–कोयल, मिट्टी–हवा, घाम–बरसात और अनगिनत संस्कार, रीति–रिवाज़ और उत्सव। पूरी प्रकृति इन गीतों में साथ–साथ चलती है। प्रकृति ही यहाँ 'आलम्बन' भी है और वही 'उद्दीपन' भी। संक्षेप में कहा जाये तो ये करमा गीत बन और बनवासी जीवन की सुगढ़ गाथाएँ हैं। इनमें एक गीत तो अत्यन्त मार्मिक था जिसमें पेड़ कटने पर पेड़ के दर्द का बखान किया गया था। इसी तरह एक गीत में जंगल में आग लगने से जब जंगल चीख़ता है और आदिवासी विलाप करते हैं, इस भाव की अभिव्यक्ति की गयी थी। इसकी एक पंक्ति है *सेवा लाख करि हम पेड़वन कलपत हो,* कि हमने पेड़ों की इतनी सेवा की और अब ये पेड़ कलप रहे हैं।

(3)

आज फिर आ जुटा है छोटा–सा बैगा समूह। कल वाले युवक–युवतियाँ नहीं आये हैं। अब हमें जन्म से लेकर मृत्यु तक के बैगा संस्कारों का परिचय लेना है। उनके बीच रहक़र उन्हें निकट से जानना है। बातचीत शुरू हुई तो मुझे यह लगने लगा कि बैगा संस्कारों में भी जीवन की सहजता है। सभी बैगा भाई–बहन पहले **विवाह संस्कार** की बात करने को उत्सुक थे। हम भी राज़ी हो गये।

ढिमरिन बाई विवाह के नाम से ही चहकने लगीं। कई बैगा विवाह देख–करा चुकी हैं। मैंने उनका उत्साह देखकर कहा कि बैगा 'बियाह' के बारे में आप ही बात शुरू कीजिए। भूमिका बाँधिए। जो याद आता गया वह बोलती गयीं।

उनके अनुसार बैगा समाज में ममेरे भाई–बहन यानी भाई–बहन के बच्चों की आपस में शादी हो सकती है। बैगा विवाह में बहुत मामूली लेनदेन होता है–पाँच–सात धोतियाँ, चाँदी के कुछ आभूषण, सबके लिए दारू और भोजन। इन सबका ख़र्चा लड़केवाले करते हैं। कन्या पक्ष पर कोई बोझ नहीं डाला जाता। सावनी बाई बीच में ही बोल पड़ीं कि हमारी शादी में तो सास–ससुर ने कुछ दिया ही नहीं। उनके पति हरी सिंह यह सुनकर मुस्कुरा रहे थे।

फिर बात आगे बढ़ी कि बारात की 'अगवानी' की जाती है। 'सरबत–पानी' दिया जाता है। बारात द्वार पर आने पर 'दमाद और पूरा बराती के' पैर धोये जाते हैं (गोड़ धोआत हैं) और सबका चरण स्पर्श किया जाता है (पैर पड़ोत हैं)।

मैंने पूछा कि जलपान में भी कुछ देते हैं? तो उत्तर मिला कि–क्यों नहीं देते, 'फुला चना बघार के पत्ता मा डार के देते हैं।' अर्थात् चने की घुघरी का नाश्ता। फिर 'नाश्ता हुई के' (होने का बाद) कलश लई के आत हैं, जनवास जात हैं, उहाँ खाना खवात है (कलश लेकर आते हैं, जनवासे जाते हैं और वहाँ पर खाना खिलाया जाता है)। मुझसे रहा नहीं गया, पूछ बैठा–खाने में क्या–क्या रहता है? ढिमरिन बाई ने बताया कि उरदू (उड़द) की दाल, कोदो का भात और तरकारी। खाते समय गीत गाये जाते हैं। हरी सिंह भी पत्नी की रसभरी बातें सुनकर अब मुखर हो उठे थे, बोले–हम बैगन का जात हैं, लाई नाईं फोड़ते (हम बैगा हैं, हम लावा नहीं परछते), मण्डप के नीचे जब दूल्हा–दुल्हन आगे चलते हैं तो थोड़ा–थोड़ा 'मोढ़ी का चावल' उनके पैर के पास छींटते हैं।

विवाह के बाद मण्डप में ही माँ–बाप से भीख माँगकर दूल्हा–दुल्हन बाहर निकलते हैं। अर्जुन जी ने कहा कि–जै माला हम नहीं करते, वह नकली है। फिर नाच प्रारम्भ होता है। अर्जुन जी 'नृत्य विशेषज्ञ' हैं। बोले–आदमी–औरत सब हाथ–गोड़ (पैर) हिला–हिला के नाचते हैं। और अपने मुँह से ही उन्होंने नाच के बोल (ताल) निकाल कर सुना दिये–तकड़धुम, छायं, छायं–छायं–छायं, हुकुड़–हुकुड़–हुकुड़–हुकुड़। सारे स्त्री–पुरुष उनके ये अनोखे बोल सुनकर ख़ूब हँसे–खिलखिलाये।

बिरसी बाई ने बताया कि दूल्हा–दुल्हन की मूसल से आरती की जाती है। उन्हें मूसल से मारते भी हैं। एक तमाशा–सा होता है। विवाह के बाद की उन्मुक्तता। कुरेदने पर उन्होंने बताया कि पहले ख़ूब खेल–कूद

भी होता था, शादी के बाद–जादू, साइकिल रेस, लोहा घुमाना (लोहे की छड़ को टेढ़ा करना), डण्डे की लड़ाई...। मस्ती ही मस्ती। ये सब अब कम हो गया है, नहीं होता।

पता चला कि बैगा स्त्री–पुरुष 'दारू' के शौक़ीन होते हैं। उनके प्रत्येक पर्व–त्योहार, संस्कार, पूजा–पाठ, सबमें दारू की अहम भूमिका होती है। महुए की दारू ये लोग बड़ी कुशलता के साथ और 'तेज़तर्रार' बनाते हैं। पर विवाह के मण्डप के नीचे दारू नहीं पी जाती, मण्डप को बहुत पवित्र माना जाता है। मैंने एक विवाह मण्डप में दारू की बोतल टँगी देखी थी; पूछा तो पता चला कि इसे देवताओं को प्रसन्न करने के लिए टाँगा गया है।

(4)

तभी सवनी बाई ने रस–परिवर्तन करते हुए कहा कि बियाह में हम बैगा ढेर ख़र्चा भी तो नहीं कर सकते, कितनी ग़रीबी है। उनकी आँखें अतीत में कुछ टटोलने लगी थीं, बोलीं–दू रुपया क खादी धोती मिले–हम ओढ़ लें। आधा सरीर उघारे (नंगा)। फिर आँखें मिचमिचाकर हँसते हुए कहने लगीं–'तभी तो हमें नागा बैगा कहैं'। अभाव की यह हँसी कैसी दारुण प्रतीत हुई मुझे, लिख नहीं सकता।

छियासी वर्षीय बुधराम सबको सुनते–मुस्कुराते बैठे थे। मैंने उनसे पूछा कि अभाव का जीवन आपने भी देखा है, इस विपन्नता की वजह क्या है? मेरे इस 'तात्विक प्रश्न' को सुनकर वे कुछ क्षणों तक मेरा चेहरा पढ़ते रहे। लगा उनके भीतर कोई आलोड़न, कोई कसक चुभ रही है। बोले–हम किसान हैं, किसानी करते हैं। हमें पानी चाहिए। पानी तो बरखा से ही मिलता है, बरखा न हो तो जानिए हमारी मौत है। मैंने सिंचाई के आधुनिक साधनों की पहुँच की बात उठाई तो रमेश बैगा उदास हो गये, बस इतना ही बोले कि 'नहीं है'। कुरेदने पर कहा–पोखरा–नाला अगर हैं भी तो खेतों से दूर हैं। पीने का पानी भर इनसे मिल जाय, वही बहुत है। गर्मियों में ये अधिया जाते हैं। पीने का पानी ढो–ढोकर मील आध मील ले जाना पड़ता है। नलकूप, हैंडपम्प लगवाने की हमारी हैसियत नहीं है। बरखा हो तभी हमारी जान बचे। सच, बनवासी संघर्ष जल, जंगल और ज़मीन का संघर्ष है। पहले नम्बर पर–जल।

जल के अभाव, जल संरक्षण, कूप–तालाबों की दशा–दुर्दशा पर हम बतिया ही रहे थे कि पतिराम ने जलाभाव से जुड़ी एक बैगा परम्परा का परिचय देते हुए बताया कि–जब कई–कई दिनों तक बरखा न हो, अकाल पड़ जाये तो एक 'टटका' (हांडी) में मेंढक डाल के कुँवारी–कुँवारा जात हैं। मुखिया (भुमिया) नद्दी में जाके पूजा करावै। ओकी बात बन गयी, बादल उमड़े तो भुमिया पक्का, ओकी इज्जत बढ़ जाय।

बैगा लोक गायक भद्दू सिंह उफड़िया ने बताया कि इस परम्परा से सम्बन्धित एक गीत भी है जिसे बैगा 'भूमिया गीत' कहते हैं और इस गीत की धुन को 'भूमिया धुन' कहा जाता है। गीत इन शब्दों के साथ शुरू होता है–*रामा पानी दे, धान दाना कोदो दे–हम्मे प्रान दे...।*

मुझे फ़िल्म 'गाइड' का एक गीत तत्क्षण याद हो आया–*रामा मेघ दे, पानी दे, छाया दे दे तू...* जिसे संगीतकार एस.डी. बर्मन ने स्वयं गाया था, शैलेन्द्र ने लिखा था। मेरी आँखें नम हो गयी थीं। सम्भवतः यह समस्त भारतीय कृषक जीवन का 'अभाव गीत' है, जिसे भिन्न भाषाओं के भिन्न शब्दों में 'कृषक भारत' अभिव्यंजित करता रहता है।

अर्जुन जी ने कहा कि ऐसे अकाल ग्रस्त समय में, तरह–तरह के कन्द, मशरूम (कुकुरमुत्ता) और 'मूल' तथा अनेक वनोपज हमारा आहार बनते हैं। ये हमारी जीवन रक्षा करते हैं। ओखर वेला (कठिन समय) में यही हमें जीवित रखते हैं। सूखे समय में मड़िया की रोटी, कोदो की खिचड़ी, रहर की दाल बचा–बचा कर खायी जाती है। कन्दों का आटा भी इस वेला में बहुत काम आता है।

ऐसे कठिन जीवन में आनन्द की बयार कैसे बहती है, सन्तोष धन कहाँ से आता है, प्रेम, सहानुभूति, सत्य और ईमानदारी के मूल्य कैसे पनपते हैं, मैं सोच–सोचकर परेशान हूँ।

सुखलाल ने भी अब चुप्पी तोड़ी। क्षुधा की पीड़ा के तो ये सभी बैगा सहभागी हैं। बोले–इस वन में हमारे घर पहले दूर–दूर थे। जंगल ही जंगल भरा हुआ था। 'झज्जर' (नाला) से दुई मटकी पानी भरके लावत रहै। अकाल काल में कोदो भी मिल जाय बच्चों को तो बहुत था। कोदो में मट्टी लगी रहे–धो के, उबल (उबाल) के खायें। बिन बरखा के दिनों में हमने आधा किलो अनाज पर 'दिकुओं' (बाहर से बजाग में आ बसे व्यापारी) के यहाँ मजूरी की है। अकथ दुख झेला है। सूखा पड़ जाय तो

आज भी मजूरी करे के पड़त है। अब भी अँगूठा लगवाकर कुछ दिन का पैसा मिलता है, कुछ दिन का नहीं।

अर्जुन बीच में ही बोले—यह अँगूठा राज है। उनकी यह टिप्पणी सुनकर सभी सहमति वाली मुस्कान मुस्कुराये। सुखलाल ने अपनी बात जारी रखते हुए बैगा चरित्र की व्याख्या ही कर डाली, बोले—साहब, हमें बेईमानी पसन्द नहीं आती, हम झूठ नहीं बोल सकते। पर हमें बेईमान और झूठे लोगों के बीच जीना पड़ रहा है। फिर वे किसी भी शोषित और लाचार की भाँति दार्शनिक स्वर में बोल उठे—परलोक है न, भगवान देख रहा है।

हमारे ग्रामीण क्षेत्र में भी जब शोषित और वंचित जन शोषण की चक्की में पिस—पिसकर हताश हो जाते हैं तो उनके भी कण्ठ से ऐसे ही शब्द फूटते हैं—*निर्बल के बलराम* या यह भजन भी गाते हैं—*तेरा राम जी करेंगे बेड़ा पार, उदासी मन काहे को करे।*

सुखलाल ने 'हारे को हरिनाम' के गूढ़ार्थ का यथार्थ हमारे सामने खोलकर रख दिया था। अब अवसाद और भी गहरा गया था, इतना कि साँस भी लीजिए तो उसाँस लगे। अभी—अभी भाव—विह्वल कर देने वाली एक घटना सामने आ खड़ी हुई है। हम, मैं और मेरी पत्नी रोज़ लालपुर गाँव के भीतर से गुज़रकर विश्वविद्यालय जाते हैं, फिर इसी रास्ते से वापस भी आते हैं। आते—जाते गाँव के झोपड़ों के आगे खेलते बैगा बच्चे हमारी कार देखते ही हाथ हिला—हिलाकर आवाज़ लगाते हैं—दादी जी नमस्ते, दादा जी नमस्ते। हम भी खिड़की से हाथ निकालकर हिला देते हैं।

चार—पाँच वर्ष से लेकर डेढ़—दो साल तक के बच्चे—बच्चियाँ। मुझे ये गँदले—गँदले से देवदूत लगते हैं। उनके किलकारी भरे इस अभिवादन से फूल खिल जाते हैं, लताएँ बल खाने लगती हैं। हमारा पूरा दिन प्रफुल्ल बना रहता है।

एक दिन हमने छोटे—छोटे क्रीम वाले बिस्कुट के पैकेट इन्हें देने के लिए गाड़ी में भर लिए। इनका मृदुल स्वर गूँजा तो गाड़ी रोक दी गयी और सबको पास बुलाकर एक—एक पैकेट पकड़ा दिये गये। बच्चों के चेहरे पर प्रसन्नता की लहर दौड़ गयी। एक दो—तीन साल का बच्चा बोला—कल भी ले आइएगा।

घटना शाम को वापसी के समय घटी। अब बच्चे—बच्चियों की संख्या अधिक थी। वे भी जुट गये थे जो सुबह नहीं पहुँच सके थे। सुबह वाले एक बच्चे ने कहा कि—इन्हें बिस्कुट नहीं मिला है, ये सुबह नहीं थे।

हम गाड़ी से उतरकर पैकेट देने लगे। एक बच्चे को दिया तो उसने लजाते हुए कहा कि उसे नहीं चाहिए, उसे सवेरे मिल चुका है।

मैंने भावावेश में उसे अपने निकट खींच लिया और कहा कि–कोई बात नहीं, तुम ये भी रख लो।

कहाँ से मिला है इस तीन–साढ़े तीन साल के नन्हे बालक को इतना निर्मल और पवित्र हृदय। कैसे पायी है इसने संयम और अलोभ की यह शिक्षा। किसने सिखाई है इसे यह ईमानदारी। कैसा अचरज है कि 'अभाव' के बावजूद यह नन्हा–सा बालक लोभ–लालच से दूर है। वह हाथ में आये पैकेट को अपनी हथेलियों में कसकर भी यह कह सकता है कि–'मुझे नहीं चाहिए, मुझे सवेरे मिल चुका है'।

उस दिन वह बच्चा मुझे जीवन सिखा गया, जीने का गुर बता गया। पैकेट वापस करते समय की उसकी तेज़मयी मुखाकृति और चमकती आँखें मुझे चेताती रहती हैं कि–*जब आवै सन्तोष धन, सब धन धूरि समान।* अभाव में सन्तोष और सत्यबल का पाठ पढ़ा गया मुझे वह अबोध बैगा बालक। धन्य है यह धरती, यह वनक्षेत्र और इसके वनवासी।

जनम-मरण को भेद

(1)

विवाह से होते हुए बात 'अभाव' तक पहुँची और फिर जीवन के परम सत्य या जीवन की अन्तिम परिणति मृत्यु तक। अभाव और ग़रीबी की चर्चा के बाद सभी बैगा भाई–बहन उदास हो गये थे, ऐसे में आनन्ददायक 'विवाह' की बात कर पाना अब सम्भव नहीं था। भोबलाल ने रास्ता दिखाया कि हमें बैगाओं के मृत्यु संस्कार की ओर मुड़ जाना चाहिए क्योंकि अब सभै (सभी) 'भूख' की विभीषिका से विषादग्रस्त हो गये हैं।

मृत्यु चर्चा के लिए भारी–भारी वातावरण बन चुका था। अर्जुन जी से ही मैंने कहा कि वह शुरू करें, शुरू से। उन्हीं के शब्दों में–शरीर शान्त हो जाने पर गुनिया (वैद्य) को बुलाते हैं। नाड़ी देखकर अगर उसने कह दिया कि 'खतम होइ गये' तो हाहाकार मच जाता है। भारी शोक। घर का कोई बाहर रहा तो एक दिन देखते हैं। ऐसे में एक–एक आदमी पड़ोस से भी उस रात सोने आते हैं, इसे 'रोकना' कहते हैं। 'कोटवार' घर–घर बुलाने जाते हैं कि 'माठी–काठी' में चलो। जुटाव होता है। घरवालों से पूछा जाता है कि 'माटी दिहो कि आग'। बैगाओं में दोनों प्रथाएँ प्रचलित हैं–मृत शरीर को मिट्टी में गाड़ने की भी और चिताग्नि देने की भी। अधिकतर आग ही दी जाती है। यह पता चला कि अगर सयाना हुआ तो आग देते हैं और युवा हुआ तो मिट्टी।

नगारा (नगाड़ा) मँगाते हैं। दरवाज़े पर नगाड़ा बजने लगता है। नगाड़े की 'मृत्यु ताल' अलग ही होती है। स्थिर गति की और दुखभरी। बड़ी उम्र के व्यक्ति की मृत्यु हुई हो तो नगाड़े की ध्वनि तनिक परिवर्तित हो जाती है। लोग जान जाते हैं कि कोई युवा गया है या वृद्ध।

(2)

जगह ठीक करने और लकड़ी जुटाने के लिए पन्द्रह–बीस आदमी पहले ही 'श्मशान' पर चले जाते हैं। घर पर नीचे धरती पर कोदो दाना छींट देते हैं, फिर उस पर लिपाई करेंगे। इसी लिपे स्थान पर मृत शरीर को लिटाकर उसे हल्दी–तेल पोतेंगे और नये कपड़े में सोवायेंगे (लपेटेंगे)। मृत शरीर पर हल्दी–तेल पहले समधिन लगाती हैं। समधिन न हों तो समधिन का कोई नज़दीकी नातेदार यह काम करता है। मृत शरीर को खाट पर ले जाते हैं, खाट न हो तो लकड़ी की सीढ़ीनुमा 'टिकटी' बनाते हैं। आँवला के पत्ते से टिकटी बाँधते हैं। यदि गाड़ना हुआ तो फूँस ले जाते हैं, 'समाधि' में बिछाने के लिए–इसी पर मृतक को लिटाया जाता है।

घर का कुछ न कुछ सामान (थाली, कटोरी, धनुष–बाण, कुल्हाड़ी, कोई वस्त्र जिसका उपयोग मृतक करता था) भी समाधि में रखने के लिए जाता है। अग्नि संस्कार के लिए घास, मिट्टी का तेल और घर की देहरी की मिट्टी ले जाते हैं। महिलाएँ छोटी–छोटी लकड़ियाँ–चैलियाँ देती हैं, चिता में उनकी ओर से डालने के लिए। ये लकड़ी–चैलियाँ उनसे समधी जुटाकर ले जाता है। महिलाएँ श्मशान नहीं जातीं।

(3)

चर्रा सिंह ने बताया (दो–तीन महीने पहले मेरे प्रिय चर्रा का निधन हो गया है) कि चिता पर मृतक का सिर दक्षिण की तरफ़ रखा जाता है। पुरुष को पट और महिला को चित करके चिता पर रखते हैं। चिता पहले से सजी रहती है। चिता के ऊपर से तीन बार इधर से इधर कुल्हाड़ी फेंकते हैं। भोबलाल चर्रा का विवरण ध्यान से सुन रहे थे, ख़ामोशी छायी हुई थी। मृत्यु की चर्चा भी कितना बेकल कर देती है। इन बनवासियों को भी मृत्यु की वेदना हमारे ही जैसी सालती है।

इसी सन्नाटे के बीच से भोबलाल बोले–चिता जलाने के लिए 'आगे' (आग) समधी देते हैं और बेटा या भाई आग लगाता है (दाह–संस्कार करता है)। चिता प्रज्वलित हो जाने के बाद उसके चारों ओर दाना छींटकर 'चींवां' (चूजा) चराया जाता है, ऐसा करके शैतान को भगाया जाता है। अब तक चिता भस्म हो चुकी होती है, लकड़ी अंगार बन जाती है, अंगार पट–पट फूटने लगते हैं।

अर्जुन जी ने स्पष्ट किया कि 'अब देह पूरी तरह जर गयी'। मृत शरीर के विलीन हो जाने पर समधी या उनका कोई रिश्तेदार आँवला की दातुन तोड़ता है। सभी लोग आँवला की पत्तियों को दोनों हथेलियों से मसल–मसल कर हाथ साफ़ करते हैं। शुद्धिकरण।

मेरे यह पूछने पर कि आँवले की पत्ती ही क्यों? अर्जुन जी ने बताया कि बैगा लोगन आँवले को महाऔषधि मानते हैं। इसे खाएँ तो अन्तर शुद्ध होता है, इसकी पत्ती को हाथ–मुँह पर मलें तो त्वचा शुद्ध होती है और इसकी दातुन करने से मुखशुद्धि होती है। आगे उन्होंने जानकारी दी कि समान गोत्र वाले लोगों को समधी, बेटा या भाई अपने हाथ से स्वयं 'मुखारी' (दातुन) और पानी देते हैं। शेष लोग स्वयं करें। अन्तिम संस्कार में गोत्र का विशेष ध्यान रखा जाता है।

(4)

चर्रा ने बात आगे बढ़ाई कि–फिर सभी को बीड़ी पिलाते हैं। सभी को क़तार में बिठाकर समधी, बेटा या भाई अपने हाथ से एक–एक कश लगवाते हैं–इस प्रकार 'गुट्टा' की रस्म पूरी होती है। इसके बाद घड़े की 'खपरी' में तेल, हल्दी और दारू का घोल तैयार किया जाता है जिसे सभी मल–मल के अपने शरीर पर पोत लेते हैं।

मृत्यु संस्कार की इन पद्धतियों को सुनकर मैं मन ही मन सोचने लगा कि बैगा समाज में 'समधी' और 'समधिन' का कितना महत्त्वपूर्ण स्थान है। वैवाहिक रिश्तों को इस 'समधी–समधिन–सम्मान' से कितना बल मिलता होगा। बेटी–बहू दोनों का सम्मान अपनी–अपनी ससुराल में बढ़ता होगा। माता–पिता की इस प्रकार के संस्कारों में इतनी प्रमुख भूमिका देखकर उन्हें कितना अच्छा लगता होगा। हमारे सभ्य समाज में तो समधी–समधिन पारिवारिक संस्कारों से दूर–दूर ही रखे जाते हैं। कन्या पक्ष के माता–पिता तो जीवनभर हीन और बेचारे ही बने रहते हैं।

(5)

ढिमरिन बाई ने बताया कि उस दिन मृतक के घर पर खाना नहीं बनता। श्मशान से वापस आकर सभी लोग हाथ–गोड़ धोते हैं, तेल–हल्दी लगाते हैं, दारू से भी हाथ साफ़ करते हैं। तरीक़ा कोई भी हो, एक बात तो निश्चित है कि बनवासी बैगा परिशुद्धता और 'हाइजीन' के महत्त्व

से अनजान नहीं हैं। आँवले की मुखारी, आँवले की पत्ती, तेल–हल्दी और दारू का इसके लिए उपयोग भी वे जानते हैं।

मेरे यह पूछने पर कि 'दूसरे दिन से खाना बनने लगता है', ढिमरिन बाई बोलीं–नहीं। तीन दिन तक नहीं बनता। जिज्ञासा करने पर बताया–'बना कर भोजन जात है'। रतिराम ने ढिमरिन की जानकारी को स्पष्ट करते हुए बताया कि खाना समधी के यहाँ से आता है, सब आसपास के गाँवों में ही रहते हैं इसलिए दिक्कत नहीं होती। अगर समधी का घर चार–छह गाँव दूर हुआ तो निकट के पड़ोसी–रिश्तेदार एक–एक दिन का जिम्मा ले लेते हैं। बेटा या भाई या समधी थोड़ी दूर जाकर खाना पहले मरे व्यक्ति के लिए रख आते हैं। मृत्यु के बाद तीन दिन तक (तिजरा तक) मांस–मछली नहीं खाते। बुजुर्ग रतिराम भी अब बातचीत में शामिल हो चुके थे, बोले–पहले बैगा लोग अस्थि नहीं उठाते थे। अब 'तीन तिजरा' करने लगे हैं। पहले हड्डी पानी में सकेल (डाल) देते थे। 'तिजरा' को बैगा 'तिज नहविन' भी कहते हैं अर्थात् तीसरे दिन अस्थि विसर्जन करके स्नान करना।

(6)

अर्जुन जी ने इसमें अपनी बात जोड़ी कि मृत्यु का क्रियाकर्म दस दिन के भीतर पूरा कर लिया जाता है। साधन या पैसे की कमी हो तो इसे बढ़ाया भी जा सकता है। जिस दिन जलाएँगे उसी दिन से गिनती होगी–'काठी चढ़ाते हैं उसी दिन से'। पूछेंगे कर्म कब करोगे? अधिकतर दस दिन बाद का समय तय हो जाता है। दसवें दिन सबको 'नहावन' का न्यौता दिया जाता है। सब सीधे जायेंगे 'मरघट्टी'। अंचरा में अस्थि–राख उठाकर प्रवाहित कर दी जाती है। दो चींवां चराये जाते हैं। चार लोग जो मुर्दा ले गये थे उन्हें पानी में खड़ा करेंगे।

(7)

इन बैगा वनों के आस–पास चौड़े नाले या नदी की छिछली धारा जगह–जगह प्रवाहित है। यह कर्मकाण्ड इन्हीं जलस्रोतों के निकट किया जाता है। बुधराम ने आँखें मेरी तरफ़ घुमाकर बताया कि चींवां घुमाने और अस्थि 'सिराने' के बाद खान उतारना शुरू होता है। अर्थात् छुरा से दाढ़ी–बाल का मुण्डन। समधी सबसे पहले 'खान उतरावन' करवाता है। फिर बारी–बारी से सभी करवाते हैं। 'फेरा' (माथे के ठीक बाद की जगह)

का बाल 'उतारा' जाता है। बैगा अपनी लम्बी चुटिया नहीं कटवाते। बाल भी 'फेरा' और किनारे–किनारे का 'मुंडवाया' जाता है।

बेटी–बहन बाल उठाती हैं, बाल उठाने का उन्हें 'निछावर' दिया जाता है। फिर सब लोग पानी के सोते में 'हलकर' (घुसकर) शरीर को रगड़–रगड़ कर साफ़ करते हैं, नहाते हैं। बिरसी बाई ने बताया कि 'तिजरा' में घर–गाँव की औरतें भी जाती हैं।

मैंने पूछा कि ये सारा कर्मकाण्ड जल के सान्निध्य में ही क्यों किया जाता है तो हरी सिंह ने इसका अत्यन्त दार्शनिक उत्तर दिया कि–'जैसे पानी बहत है वैसे जिनगी बहत रहे। पानी ने सब पवित्तर कर दिया। सबको शुद्ध कर दिया। पंचतत्त्व के प्रमुख अवयव 'जल' में 'सिरा' कर मृतात्मा मुक्त हुई।'

मैंने हरी सिंह के शब्दों को अपने शब्दों में ढाल दिया है, पर इतना तो तय है कि बैगा 'फ़िलॉसफ़ी' का स्वरूप अत्यन्त गहरा है। वनांचल के इस घनघोर पर्वतीय क्षेत्र में 'मृत्यु दर्शन' का यह आदिवासी 'पुराण' रचा गया है। विश्वास नहीं होता।

(8)

भोबलाल पुनः मुखर होकर बोले कि पानी के प्रवाह के मुहान पर बैठकर स्त्रियाँ (विशेषकर जो स्त्री विधवा हुई है) मछली–केकड़ा पकड़ती हैं कि यही मृतक जीव है। फिर पकड़ी गयी मछलियों को, केकड़ों को जल में मुक्त कर देती हैं। कितना गूढ़ार्थ भरा है इस संस्कार में।

कौन कहता है कि हमारे बनवासी भाई–बहन पिछड़े हुए हैं, 'भदेस' हैं, संस्कारहीन हैं। भोबलाल ने आगे बताया कि मामा के लड़के एक चादर फैलाकर खड़े हो जाते हैं। मृत्यु के दिन दायें हाथ से और तिजरा (दशगात्र) के दिन बायें हाथ से सभी लोग इसमें सिक्का डालते हैं। एक प्रकार का प्रतीकात्मक सहयोग। 'आगे क्या होता है' पूछने पर अर्जुन जी ने जानकारी दी कि फिर सब मृतक के घर जाते हैं। दालान में, सहन में बैठ जाते हैं। सबकी हथेली पर तेल–हल्दी दे दी जाती है, दारू की बूँदें 'चुहाई' जाती हैं। समधी या मामा का लड़का पगड़ी का कपड़ा लाते हैं, जिसने 'दाग दिया है' उसे बाँधते हैं। घर की महिलाओं को माला पहनाई जाती है। विधवा स्त्री पंचों के सामने अपने अलंकार, ख़ासकर 'तरकी' (कान का कर्णफूल) उतार देती है। फिर पंच उसे आभूषण वापस देकर

पूछते हैं कि वह नाती, देवर या समाज (घर) किसके संरक्षण में रहना चाहती है या पुनर्विवाह करना चाहती है। विधवा स्त्री के सुखी भविष्य के लिए प्रचलित परिपाटियों को बैगा समाज ने ये नाम दिये हैं—पंचपाटों, देवरपाटों, नातीपाटों और कराइनपाटों (पुनर्विवाह)। यदि वह रहने के लिए देवर को चुनती है तो देवर यदि विवाह योग्य है तो पंच उसे देवर के साथ पुनर्विवाह करने की अनुमति दे देते हैं। माहौल बदल जाता है। दारू की बोतल खुलती है। पंच दोनों (देवर और युवती विधवा) को शपथ दिलाते हैं। 'शपथ' का यह कार्य मृत्यु के तीन महीने बाद किया जाता है। अर्जुन जी का यह कहते–कहते गला भर आया कि मृत्यु का अवसाद आनन्द में बदल जाता है। तीन महीने बाद उसी आँगन में नृत्य–गीत होता है, दारू पी जाती है। सब प्रसन्न होते हैं कि समाज की एक युवा विधवा को फिर से बसेरा मिल गया, गृहस्थी मिल गयी।

(9)

सुखलाल बीच की छूटी कड़ी को जोड़ते हुए बोले कि 'दशगात्र' के दिन समधी 'जोगी मंगन' बनेंगे। तुंबा आदि लेकर घर–घर भिक्षा माँगने आते हैं। मंगन (माँगनेवाला) का स्वाँग रचते हैं। कन्धे से लटकी उनकी झोली में लोग आटा डाल देते हैं, कोई–कोई आटे के साथ सिक्का भी डाल देता है। स्त्रियाँ अपने–अपने द्वार पर खड़ी होकर जोगी को दिए की जोत दिखाती हैं। 'जोगी' सबके द्वार पर पोटली में बँधी धूल फेंकते हैं कि इन घरों पर मृत्यु की छाया न पड़े, बैगा समाज दुख और कष्ट से न घिरे।

इसके बाद मृतक के आँगन में करमा गीत–नृत्य चलता है, रातभर, मुर्ग़ा बोलने तक। मृत्यु के अवसाद के पार जाने का यह कितना सुन्दर उपक्रम है।

'मंगन प्रसंग' सामाजिक समरसता और सर्वहित भावना की प्रेरक 'स्वाँग रचना' है और हम ऐसी संस्कारी तथा मानवीय मूल्यों की संरक्षक जनजातियों को 'इंडिजेनस' और 'प्रिमिटिव' प्रमाणित करने में लगे हुए हैं। ये हमारा कोरा दम्भ है कि हम इन्हें बहुत कुछ सिखा सकते हैं, जबकि इनके पास बहुत कुछ ऐसा है जिनसे हमें सीख लेनी चाहिए।

मृत्यु के इस 'उत्सव' में जो करमा गीत गाये जाते हैं, उनमें से एक गीत की प्रारम्भिक पंक्तियों का यह भावार्थ है कि–*परेवा (पंछी) उड़ गया। वह फिर आयेगा। नया जीव बनकर, मैना बनकर, सुआ बनकर...।*

हमारे शास्त्रों में जिस 'चक्राकार जीवन' की व्याख्या की गयी है उसका इतना सहज भाष्य इसके पहले मेरे समक्ष नहीं आया था।

(10)

आज पूरे दिन बैगा बनवासियों के मृत्यु बोध से साक्षात्कार करता रहा। मैं काशी का रहने वाला हूँ। इसलिए 'मृत्यु दर्शन' को भली–भाँति जानता और समझता हूँ। काशी में मृत्यु को 'उच्छव' (उत्सव) मानते हैं। मोक्ष का मार्ग मानते हैं। नया शरीर धारण करने का एक चरण मानते हैं। बैगा जन की मान्यता भी तो यही है। मुझे बहुत सन्तोष हुआ। पर दिन भर 'मृत्यु गाथा' के साथ बिताकर सबके जाने के बाद मैं थोड़ा 'दार्शनिक' हो आया था। मन की गति अजीब–सी होने लग गयी थी। मन उद्विग्न था, पर शान्त था। अवसाद और आनन्द भाव दोनों सहभागी होकर मेरे साथ चल रहे थे।

आज का आधुनिक मनुष्य भी मेरी आँखों के सामने तैर रहा था और वे बनवासी भी जो थोड़ी ही देर पहले मुझे इस हाल में छोड़कर चले गये थे। मन के भीतर न जाने कितने स्वर बज रहे थे–गडमड होकर। मन की चाल चौकड़ियाँ भर रही थी लेकिन इन्हीं के बीच से कुछ थमे क्षणों का अस्तित्व भी उभर रहा था कि–जीवन की गति भी न्यारी होती है। हम सौ जतऩ कर लें पर उसकी 'चाल' में तनिक भी बदलाव नहीं ला सकते (पाते)। करते तो हम सारे प्रपंच इसी हेत हैं कि कालचक्र को हम अपने वश में कर लें। निस्सन्देह इस 'गति' को अपने पक्ष में करने–होने का मापदण्ड हमने 'अर्थ' और सत्ता को बना लिया है। जबकि ये दोनों मिथ्या हैं, माया हैं, इस सत्य को भी हम बिसारे बैठे हैं। अर्थ और सत्ता को जिसने येन–केन–प्रकारेण पा लिया, वह फूला–फूला फिरता है कि समय उसकी मुट्ठी में है, उसने काल को अपनी तरफ़ मोड़ लिया है। जबकि ऐसा होता नहीं।

काल अपनी रौ में बहता रहता है, भला उसे कौन बाँध या मोड़ सकता है। हम ऐश्वर्य के मद में उसे अपने अधीन माने ग़लतफ़हमी में पड़े रहते हैं। कितने जतन करते हैं पर एक दिन वह हमें दबोच ही लेता है, सब 'ठाठ' धरा रह जाता है–*सब ठाठ धरा रह जायेगा जब लाद चलेगा बंजारा।*

अपने अन्त से भला बचा कौन है–*आया है सो जायेगा, राजा–रंक–फक़ीर।* हमारे बनवासी बैगा अधिक समझदार हैं। वे जीवन के अन्तिम सत्य मृत्यु का मर्म समझते हैं। इसीलिए वे 'काल' का, ऋतुओं का,

मौसम का आदर करते हैं। जीवनदायी नदियों, वृक्षों, पशुओं, वनस्पतियों का वन्दन करते हैं। भवितव्य से किसी भी प्रकार की छेड़छाड़ नहीं करते।

उनके हृदय में यह बात अंकित है कि मृत्यु अवश्यंभावी है इसलिए जीवन को सुन्दर बनाये रखो। मन में सन्तोष धारण करो। हृदय को 'निश्छलता भाव' में लपेटे रहो। मिलकर नाचो–गाओ। सुख–दुख में एक–दूसरे के भागीदार बनो...।

काल से टकराने के ये और ऐसे कितने ही जीवन मन्त्र हैं, बैगाओं की झोली में। उनका मन चंगा है। इसलिए वे जीवन और मृत्यु दोनों को समभाव से देख पाते हैं। इनके अन्तर में न तो मृत्यु का भय है और न ही उसे झुठलाने का दम्भ। मूल प्रश्न यही है कि मनुष्य के रूप में हम जीवन और मृत्यु दोनों को ही बरतते कैसे हैं। इस प्रश्न का सही–सही उत्तर बनवासी बैगा जानते हैं।

(11)

मृत्यु दर्शन और उससे सम्बन्धित संस्कारों पर सूक्ष्म चर्चा के बाद अर्जुन जी सहित सब चले गये। चाय पीकर। भुने चने खाकर। अचानक नीरवता छा गयी। हृदय तो जीवन–मरण के रहस्य में उलझा ही हुआ था। बरामदे में एकाकी बैठा दिन को धीरे–धारे डूबते हुए देख रहा हूँ। सारे रंग बदल रहे हैं–एक–एक करके। उजाले से अँधेरे की ओर बढ़ती न जाने कितनी छवियाँ तिर रही हैं–फिर अँधेरे ने सब कुछ लील लिया। घना अन्धकार छा गया। साथ ही सन्नाटा भी। पेड़ों से चमगादड़ों की आवाज़ लगातार आती जा रही है। झींगुर सजग हो चुके हैं। जुगनू भी मँडरा रहे हैं, अपनी–अपनी लालटेनें लिए। सन्नाटे का भी अपना एक अलहदा स्वर होता है।

(12)

मच्छरों का प्रकोप क्रमशः बढ़ रहा है। कीड़े–पतंगे भी ढेर सारे आ गये हैं–वरांडे का प्रकाश उन्हें खींच लाया है। बरामदे में बैठ पाना अब कठिन है। चलो मन, प्रकृति से नाता तोड़कर कमरे में चला जाय। भोजन करके कुछ पढ़ने–लिखने बैठा ही था कि पास ही कहीं से 'मानस कथा' का पुरुष स्वर सुनाई पड़ गया।

ध्यान दिया तो चित्रकूट में राम–भरत मिलाप का प्रसंग चल रहा था। दशरथ की मृत्यु का समाचार सुनकर राम का शोक और राम द्वारा

'तरपण' की व्याख्या सुनकर पुनः अवसाद घिरने लगा। लाउडस्पीकर लगा है तो कथा का स्वर हवा में तैरकर मुझ तक स्पष्ट पहुँच रहा है। अच्छी कथा हो रही है।

मन न माना, सहयोगियों के द्वार खटखटाये और हम चार–छह लोग कथा स्थल की ओर चल दिये। ढाल उतरकर हाट की ओर बढ़े तो क़रीब आधा मील पर कथा मंच (चौकी) सजा था। पचास–साठ बैगा स्त्री, पुरुष और बच्चे धरती पर बैठे हैं। बैगाओं के देवी–देवता और धार्मिक मान्यताएँ नितान्त भिन्न हैं। पर रामकथा से सभी भिज्ञ हैं। वे राम के बनवासी प्रेम को भी जानते हैं और वन में भीलों, निषादों के साथ राम की आत्मीयता को भी। बैगा लोकगीतों में भी दशरथ, कौशल्या, राम, भरत और लक्ष्मण का उल्लेख यत्र–तत्र आता है।

दो बल्बों के नीम अँधेरे में कथा चल रही थी। एक 'भोंपा' लकड़ी के खम्भे पर कसा हुआ था। ज़मीन पर ही बैठना था। चौकी के नीचे दरी बिछाकर कीर्तनिये बैठे थे, हारमोनियम और ढोलक लेकर। व्यास जी 'कथा' में लीन थे। हम पहुँचे तो राम और भरत के बीच 'राजगद्दी' सँभालने की अनुनय–विनय–समझावन का प्रसंग शुरू हो चुका था। बाद में पूछा तो पता चला कि व्यास जी 'राजनन्दगाँव' के हैं। भागवत कथा भी करते हैं। बनवासी बैगा कपिलनाथ जी का बहुत आदर करते हैं। कथा के बाद मैं उनसे मिला। सज्जनता की मूर्ति थे। उन्होंने छोटे–छोटे बताशे और एक–एक केले का 'प्रसाद' हमें अपने कर–कमलों से प्रदान किया।

(13)

रामकथा–श्रवण मेरे संस्कार में है। काशी के हमारे मोहल्ले कबीरचौरा में प्रतिवर्ष नवरात्र में रामायण कथा होती थी। भव्य रूप में। तीन ओर की गलियों में चौकियाँ लग जाती थीं। 'तिरमुहानी' की चौरस जगह पर दो चौकियों वाला ऊँचा मंच बनता था–गद्दा, चाँदनी (सफ़ेद चादर) और तीन ओर मसनद लगाकर कि व्यास जी आराम से बैठ सकें। काशी के प्रसिद्ध 'व्यास' पधारते थे–सन्त छोटे जी महाराज, पारसनाथ जी, बेटी जी...। नौ दिन तक कथा होती, रामामृत की वर्षा होती, सब छक जाते। साढ़े सात से नौ बजे तक रोज़ तीन कथावाचक एक के बाद एक कोई न कोई प्रसंग रखते और अंत में–'श्री राम जय राम जय जय राम' का कीर्तन व्यास जी के साथ किया जाता, पहले व्यास जी, फिर जनता–जनार्दन।

कैसा संयोग बन गया कि दिन में मृत्यु गाथा के बाद रात्रि में राम गाथा सुनने को मिल गयी। काशी की यह मान्यता है कि मृतात्मा के मोक्ष के लिए 'तारक मन्त्र' है—श्री राम नाम सत्य है। यह तारक मन्त्र (मृतात्मा को तारने वाला) स्वयं महादेव ने दिया है।

हम वापस गेस्ट हाउस पहुँचे तो रात के साढ़े दस बज चुके थे। यह समझ और भी दृढ़ हो चुकी थी, कि जीवन मृत्यु से बड़ा है। काया मिटती है, यशः काया नहीं मरती। अभी, इस क्षण मैं स्वर्गीय चर्रा का स्मरण कर रहा हूँ तो चर्रा मेरी स्मृतियों में जीवित हैं, उनका घर भी, उनके बड़े भाई और भौजाई भी। मृत्यु यहीं तो हार जाती है जीवन से। जीवन चलता रहता है। जीवन संघर्ष जारी रहता है। जीवनानन्द प्रवाहित रहता है। यदि हम मृत्यु को जीवन का ही एक चरण स्वीकार कर लें तो फिर मृत्यु का अवसाद कैसा, वेदना कैसी? हमारे बैगा बन्धु—बान्धव इस जीवन सत्य को अपनी ज़िन्दगी में उतारकर, घोल—घाल कर पी चुके हैं।

रात में ठण्ड की खुनक थी। वरांडे की बत्ती भी बन्द थी। सब भीतर चले गये। मैं वहीं कुर्सी पर बैठ गया। थोड़ी देर अकेला बैठकर उस गहन अन्धकार में उठ रही ध्वनियों को अपनी आत्मा में उतारने लगता हूँ। अच्छा लग रहा है। वो ध्वनियाँ जो मैंने इसके पहले कभी नहीं सुनी थीं—पत्तों की सरसराहट, कीट—पतंगों की 'चिकीमिकी' और रह—रहक़र किसी पक्षी की गूँजती आवाज़। नींद अच्छी आ रही है यहाँ। देर तो मैं करता ही हूँ सोने में, पर यहाँ के लोगों और स्थानों की सौम्यता और सुकून की यादों के साथ सोने में नींद का एक अलग ही—सा स्वाद मिलता है। शान्त भाव के साथ सोना और शान्त प्रफुल्लता के साथ ही जागना।

सुबह सबसे पहले गोपाल आये, मादल लेकर। फिर अर्जुन जी आये बुधराम जी को लेकर। अभी—अभी सुखलाल भी आ गये और धीरे—धीरे सभी आ गये। अपनी—अपनी जगह आकर बैठ गये। मैंने कहा कि 'विवाह' वाली बात रास्ते में ही छूट गयी थी। अर्जुन जी मुस्कुराये, बोले—'हाँ सभै (सभी) मृत्तु (मृत्यु) के लागै (पास) चले गये रहन।' फिर मुझसे खड़ी हिन्दी में बोले—'सर, ये लोग बारी—बारी से बोलेंगे, कुछक दोहरा जाये तो चिन्ता न कीजियेगा।' मैंने हँसते हुए कहा—कोई चिन्ता नहीं, आप सब साथ हैं तो चिन्ता कैसी।

सभी बैगा भाई—बहन मेरी इस बात पर मगन हुए। तीन दिन की शादी होती है। मैंने निवेदन किया कि 'विदाई' के बारे में कुछ कहिए।

बताया गया कि विदाई के समय का एक गीत है जिसका भावार्थ है–राजा दसरथ के डौका (पुत्र) ले गये बियाह के जनक जी की डौकी (पुत्री)। बिरसी बाई ने यह पूरा गीत गाकर भी सुनाया। आँसुओं से भीगा गीत, विलाप का भर्राया स्वर, जैसे कि अमूमन सभी विदाई गीत होते हैं।

लड़कावाले के घर में लड़की का पैर पहले धोते हैं, सुवासिन (नाइन जैसी महिला) धुलवाती है या दुल्हे की छोटी बहन यह काम करती है। फिर बाक़ी सबके पैर भी धोये जाते हैं। लड़की को एक कपड़ा (चुनरी–मुनरी) और श्रृंगार का सामान पहनाकर विदा किया जाता है।

वर–वधू दोनों पानी भरके लाते हैं। साथ में 'ठेटा' (जोशी, नाई जैसा व्यक्ति) जाता है। पानी पास के किसी कूप, नहर या नदी से भरा जाता है। दोनों पीतल की गगरी में पानी भरकर लाते हैं। गगरी एक ख़ास जगह 'गोंदा' (घर का कोना) में अर्थात् घर के एकान्त जगह में रख दी जाती है। फिर लड़का–लड़की माटी खनने जाते हैं, इसे 'माटी खगौनी' की रस्म कहते हैं। पहले वर मिट्टी गोड़ता है और फिर वधू। मिट्टी को मूसल से खोदते हैं। दोनों मिट्टी लेकर घर आते हैं। आते–जाते समय 'गित काढ़िने' (गीत गानेवाली महिलाएँ) वर–वधू के साथ–साथ 'माटी खगौनी' का गीत गाती चलती हैं। ये मंगल गीत होते हैं।

घर लाकर मिट्टी को रसोई के चूल्हे के पास डालकर चौरस किया जाता है कि बहू का सम्बन्ध इस रसोई से, इस गृहस्थी से सदा–सर्वदा बना रहे। लड़के की माँ पैर फैलाकर बारी–बारी से वर–वधू को उस पर बैठाती है कि तुम दोनों मेरे बच्चे हो, मेरा मातृत्व और स्नेह मैं जब तक जीवित हूँ, तुम दोनों को मिलता रहेगा।

अब से नव दम्पति गृहस्थ बन जाते हैं। ख़ुशियाँ मनायी जाती हैं। दारू के दौर चलते हैं। सहभोज होता है। नाच–गाना होता है। पतिराम अचानक बोल उठे कि–'साहब, माँ की गोद में छिनभर बैठते ही ज़िम्मेदारी समझ आ जाती है।' पानी लाना, मिट्टी लाकर चूल्हे के निकट डालना, माँ की गोद में बैठना, ये सभी संस्कार वर–वधू को पारिवारिक दायित्व का बोध कराते हैं। गार्हस्थ्य धर्म का पालन करने की शिक्षा देते हैं।

बैगा परिवारों में वैवाहिक़ सम्बन्धों से बने रिश्तों में मैंने आत्मीयता की मिठास महसूस की है। समधी की भूमिका हमने मृत्यु संस्कारों में देखी। बहू को बैगा सास–ससुर बेटी जैसा स्नेह देते हैं। चर्रा ने बताया कि बैगा विवाह की रस्में बहुत सरल होती हैं। सामान्य भोजन, साधारण मण्डप,

न के बराबर लेन–देन। दहेज की तो प्रथा ही नहीं है। अर्जुन जी ने कहा कि–हम लोग बियाह करके सम्बन्ध बनाते हैं, लड़का–लड़की को ख़रीदेते–बेचते नहीं।

(14)

भोबलाल कहने लगे कि विवाह के एक दिन पहले वर–वधू को अपने–अपने घर पर हल्दी लगाई जाती है। लगाई क्या जाती है, शरीर भर में पोत देते हैं। हल्दी लगाने (पोतने) की शुरुआत मामा की लड़की करती है। मण्डप के गिर्द जवान लड़कियाँ दुल्हे/दुल्ही को अपनी पीठ पर लादकर नृत्य करती हैं। सात बार हल्दी पोती जाती है और सात बार दुलहे को पीठ पर लादकर 'मड़वा' के चारों ओर घूम–घूमकर यह नृत्य किया जाता है। बारी–बारी से वर या वधू की सगी बहनें और रिश्ते की बहनें इन्हें पीठ पर लादती हैं। हल्दी लगाने के बाद आनन्द फैल जाता है। उपस्थित सभी लोगों के कपड़ों पर, मुँह पर, हाथ पर हल्दी पोती जाने लगती है। हल्दी की होली मच जाती है। अब सभी स्त्री–पुरुष नृत्य करने लगते हैं। ज़ोर–ज़ोर से और तेज़ गति से नगाड़ा बजने लगता है। यह पूरी रस्म मैंने भोबलाल के साथ ही बाद में एक बैगा परिवार के वरपक्ष के मण्डप में देखी। हमारे कपड़ों पर भी हल्दी छोप दी गयी थी। उन्मुक्तता का मेला लगा था। मैं भी उसमें खो चुका था।

(15)

बुधराम जी ने बैगा विवाह की एक प्राचीन और लोकप्रिय रस्म का विवरण मज़ा ले–लेकर सुनाया। उनका बुढ़ापा मानो तरुणाई में बदल चुका था। उनके अनुसार जब बारात कन्या के द्वार पर पहुँचती है तो 'हाथी परघौनी' का कौतुक किया जाता है। खटिया, चदरा, गद्दा आदि जोड़–जाड़कर हाथी के रूप में ढाल दिये जाते हैं। खटिया के भीतर चार अदृश्य लोग घुसकर हाथी को हौले–हौले ले चलते हैं। दुल्ही–दुल्हा के एक–एक भाई हाथी के सामने मस्त नाच नाचते हैं। घराती–बराती सब यह 'हाथी नृत्य' देखकर झूम उठते हैं।

बुधराम जी ने अपनी आँखें मिचमिचाकर शरारत भरे स्वर में बताया कि कभी–कभी तो दोनों पक्ष सरत (शर्त) भी लगा देते हैं कि दुल्हे का

भाई जीतेगा कि दुल्ही का। इसी तरह एक–एक करके वर–कन्या के मामा, फूफा, चाचा आदि के नृत्य होते हैं। शर्तें बदी जाती हैं।

बुधराम जी ने जिस तन्मयता के साथ यह विवरण सुनाया उसे शब्दों में बाँध पाना कठिन है। एक बार तो वे अपनी झुकी कमर की परवाह न करके अपनी जगह पर खड़े हो गये और अपने दोनों हाथ ऊपर करके मटकने लगे। सारे बैगा भाई–बहनों का हँस–हँसकर बुरा हाल था।

आगे की कमान बिरसी बाई ने सँभाली, बोलीं–फिर खाना–पीना होत है। सब कोई दारू पियें। लड़का–लड़की लगन मण्डप में लाए जाते हैं। दोनों के पैर धोये जाते हैं–फिर बड़ी 'भाँवर' पड़ती है। लड़का पीछे, लड़की आगे चलती है। दुलहे की दादी, माँ, मामा, भाई–बहन और दुलही के माता–पिता सब 'भाँवर का आशीर्वाद' देने के लिए मण्डप में आ जुटते हैं। भाँवर के बाद दुलही का भाई मण्डप में आकर कहता है–'अबै तूं सोहणी' (आज के बाद तुम मेरी बहन के साथ सो सकते हो)।

(16)

विवाह संस्कार के दौरान हर पल गीतों की झड़ी लगी रहती है। मैं एक बैगा विवाह में गया था, कैसा तो माहौल बन गया था। एक–एक रस्म का अर्थ, एक–एक गीत का भाव खुल रहा था। मेरे व्याख्याता मित्र भोबलाल मेरे साथ थे। बिछी हुई दरी पर मेरी बग़ल में ही बैठे थे और सब कुछ मुझे बता–समझा रहे थे। तब मुझे ज्ञात हुआ कि इन बनवासियों का जीवन कितना अर्थमय है। विवाह की सभी रस्मों का गूढ़ार्थ इन्हें पता है। तभी तो इनसे सम्बन्धित गीत भी इन्होंने रच रखे हैं। महिलाओं के तो कण्ठ में बसे हैं ये गीत। सब मिलकर समवेत स्वर में गाती हैं। ज़रूरत पड़े तो हाथ या आँख के इशारे से 'बैन' भी करती हैं।

(17)

हमारे जीवन में तो बस शब्द ही शब्द बच रहे हैं, अर्थ कहीं खो गये हैं– ढूँढ़े से नहीं मिल रहे हैं। 'निरर्थक' में सार्थकता की तलाश के मार्ग पर हम सब भटक रहे हैं। वह मिले भी तो कैसे? यहाँ तो सार्थकता का सागर लहरा रहा है, सभी बैगा इसमें आकण्ठ डूबे हुए हैं। गोपाल बैगा ने कहा कि–बियाह के नाच–गाने में मादल बजाकर चोला मगन हो जात है। मैंने पूछा कि भाँवर के बाद क्या होता है। सभी बताने को उत्सुक थे,

पर जिज्ञासा गोपाल से की गयी थी तो वे ही बोले कि–'दोषी' वर–वधू की गांठ छुड़ाएगा। मड़वा उखड़ (उखाड़) देंगे, पहले दुलहा के घरवाला, फिर दुलही के घर पर दुलही वाला। सब उखड़ जायेगा। सब बटोर–सरिया के भीतर रख दिया जायेगा। एक बरिस तक रखा रहेगा फिर नदी में बहा देंगे या धरती में गड़हा खोदकर गाड़ देंगे। मड़वा उखाड़ने के बाद नगाड़ावाले का 'निछावर' होगा–पैसा, गुड़, अन्न, वसतर (वस्त्र) दिया जायेगा, उसका टीका किया जायेगा। नहर, ताल या नदी किनारे जाकर दुलहा–दुलही अपना शादी वाला कपड़ा धोयेंगे, ऐसे पत्थर पर जो हिल न रहा हो, माने कि वर–वधू का सम्बन्ध दृढ़ हो। विवाह पूर्ण हुआ। नव–विवाहित फलें–फूलें। प्रसन्न रहें।

आज फिर एक–एक करके सब चले गये–पैदल, बस से, बाइक पर। शान्ति छा गयी। दिन भर कैसी चहल–पहल थी। विवाह का मस्त माहौल था। हँसी–ठट्ठा, मौज–मस्ती, गीत–संगीत, रस्मो–रिवाज़ की लहर–बहर थी। अपने जीवन को उघाड़ कर रख देने की उमंग थी, उत्साह था। सूचना और विवरण देने की अनूठी बैगा शैली थी–खुली–खुली और उन्मुक्त। सब कुछ मनमोहक था। बहुत अकेलापन न लगे इसलिए अर्जुन जी को मैंने रोक लिया था।

(18)

आज हाट लगेगी चाड़ा की। इसलिए भी उन्हें रोका था। वे साथ रहेंगे तो मज़ा रहेगा। मैं और अर्जुन जी चाय पीते हुए गेस्ट हाउस के बरामदे में बैठे हैं। सामने वाले मैदान की सड़क के दोनों ओर बाज़ार दो बजे से ही लगने लगा है। यह प्रथा है इस पूरे इलाक़े में कि सप्ताह के अलग–अलग दिन हाटें लगती हैं कि उन–उन इलाक़ों के बनवासी अपनी हफ़्तेभर की ज़रूरत की चीज़ें ख़रीद सकें। आज शुक्रवार है–चाड़ा हाट का दिन। हमारे विश्वविद्यालय के गेट पर लालपुर की हाट प्रत्येक बुधवार को लगती है। बुधवार हमारे जीवन का ख़ास दिन बन चुका है। हमारे यहाँ से पच्चीस किलोमीटर दायें राजेन्द्रग्राम की हाट शनिवार को और सोलह किलोमीटर बायें, अमरकण्टक की हाट रविवार को लगती है।

पाँच बजे सबको विदा करके और चाय पीकर हम सब भी हाट गये। हमें सब्ज़ी भी लेनी थी पर हरी सब्ज़ी यहाँ कम ही थी, कौन ख़रीदे इतनी महँगी तरकारियाँ इस वन में? आलू–प्याज़ की, कन्द–मूल की धूम थी।

महुआ की भी। महुआ की शराब बैगाओं का प्रिय पेय है। इसने बैगा युवाओं को बर्बादी की ओर ढकेल दिया है। इन्हें दारू की लत लग गयी है। दिन–रात पिये रहते हैं। परिवार चिन्तित रहता है। इनके माता–पिता मुझसे कई बार अपना दुखड़ा रो चुके हैं पर सरकार की ओर से महुआ की दारू बनाना–पीना ग़ैरक़ानूनी नहीं है इसलिए ये घर पर ही दारू तैयार कर लेते हैं। इसे बनाने के सारे उपकरण भी हाट में मिलते हैं। इसे बनाने की विधि पूर्णतः 'देसी' है। कहीं इसकी चर्चा करूँगा।

सावन आ गया है। हरियाली पर्व दो अगस्त को है। मेरे रुचि दिखाने पर अर्जुन जी ने जानकारी दी कि अभी तक महुआ का रेट पचास रुपया किलो है–आज यह पचपन या साठ रुपया किलो बिकेगा। लोग आज ही ख़रीद कर रख लेंगे क्योंकि अगली हाट (उनतीस जुलाई) को यह सत्तर–अस्सी रुपये किलो तक भी पहुँच सकता है। सच कह रहे थे अर्जुन जी, एकाध घण्टे बाद जब हम लौटने लगे, तब तक महुआ के बड़े–बड़े ढेर छोटी–छोटी ढेरियों में तब्दील हो चुके थे। अनेक बनवासी हाट में पहुँच चुके थे। सबने इसे जगर–मगर कर दिया था। हाट अति साधारण मनुष्यों का जमघट बन गयी थी। पीठ पर शिशु को एक पोटली में बाँधे ढोती महिलाएँ थीं। तेल–पानी डाल के अपने केश सँवारे युवतियाँ थीं। बच्चे और वृद्ध थे। युवा थे। मुझे ये हाटें आदिवासियों का मेला लगती हैं। सामान बेचनेवाले भी अधिकतर आदिवासी ही होते हैं, अपने खेत–बग़ीचे की शाक–सब्ज़ियों की छोटी–छोटी ढेरियाँ लगाकर हाट में आ बैठते हैं। इन हाटों में मैंने हमेशा यह पाया है कि यहाँ ईमानदारी का बोलबाला रहता है–कोई मोल–भाव नहीं करता, कम नहीं तौलता, बासी–पुरानी चीज़ें नहीं पटीलता, फुटकर नहीं है कहकर आपके चार आने भी नहीं मारता। वनवासी जीवन और आचरण का ये हाटें खुला रंगमंच हैं।

(19)

हाट में ही बारिश की झिर–झिर शुरू हो गयी। बनवासी लोग बारिश की हल्की फुहारों का भरपूर आनन्द उठाते हैं। हल्की–मद्धम झड़ी में भी हाट सजी रही, बनवासी डटे रहे। हमने भी इनसे प्रेरणा ली और वर्षा रस का पान करते रहे। वापस आकर मैंने शरीर पोंछकर कपड़े बदल लिए। अर्जुन नीचे से ही चले गये थे। दिन भर की थकान थी, तनिक देर बिस्तर पर लेट गया। अँधेरा घिरने लगा था। अब पानी तेज़ हो चुका था। हम खाना खा रहे थे, तब तक वर्षा भीषण रूप धारण कर चुकी थी।

खाना खाने के बाद बारिश के मोह में मैं वरांडे में आ गया। वरांडे की खपरैल पर जलतरंग बज रही थी। मैं जल ध्वनियों में डूब गया था। मैंने आँख बन्द कर ली। आँखें खोलीं तो देखा कि वरांडे के छज्जे से पानी टपक रहा है। वरांडे का लम्बा बयान है तो यहाँ से वहाँ तक जलधारा ने पर्दा–सा तान दिया था। कभी तेज़, कभी धीमा पानी ढाई–तीन घण्टे बरसा। मैं वहाँ से हटा नहीं। साढ़े ग्यारह बज गये थे। अब पानी भी हल्का गया था। मैं कमरे में आ गया। लेट कर 'आत्मकथा अंक' उठा लिया। आचार्य रामचन्द्र शुक्ल के लेख 'प्रेमघन की छाया स्मृति' ने अच्छी नींद आने में मदद की।

(20)

सुबह उठते ही आदतन बाहर आकर बरामदे में बैठा हूँ। पानी अब नहीं है, पर बादल घिरे हुए हैं। काफ़ी ठण्ड है। स्वेटर और मफ़लर पहन लिया है। पेड़–पौधे चमक रहे हैं। बस स्टैंड की ओर से कुछ आवाज़ें आ रही हैं–बच्चों और महिलाओं की। सब पानी भरने में लगे हैं। पास ही कलकल बहता 'सोता' है, वहीं से। सोते का जल स्वच्छ और पारदर्शी है।

इसे ही भरने आसपास के गाँवों से ये लोग आते हैं–पीतल के कलसों में, बाल्टियों में, मिट्टी के घड़ों में, अल्युमिनियम की बटलोहियों में, यहाँ तक कि पेंट वाले प्लास्टिक के बड़े डिब्बों में भी। बच्चे भी अपनी औकात भर पानी ढोते हैं।

पक्षी जुट गये हैं। मैनाओं का एक झुण्ड सामने के मैदान में फुदक–फुदक कर घास से कीड़े चुन रहा है। ये मैनाएँ आकार में छोटी हैं। बहुत सुन्दर और सजीली हैं। लग रहा है इन्होंने अपनी आँखों में काजल लगा रखा है। दूसरी तरफ़ पेंडुकियों का एक जोड़ा भी कीड़े चुगने में लगा है। पर ये दोनों मैदान की दूरियाँ नीचे–नीचे उड़कर पार कर रहे हैं जबकि मैनाएँ मटकते हुए चल–चल कर यहाँ से वहाँ जा रही हैं।

पानी भरा जा चुका है। सिर पर पानी भरे बर्तन लाद लिए गये हैं। सब एक पंक्ति में चले जा रहे हैं। इनकी बातचीत और हँसी की आवाज़ पहले स्पष्ट सुनाई देती रही, फिर जैसे–जैसे ये दूर जाते गये, आवाज़ें क्षीण होती गयीं। अन्ततः चुप्पी छा गयी।

बनवासी बैगाओं का नाच-रंग

(1)

आज सबको आना था। मैं तैयारी में लग गया। अर्जुन जी ने अपने पूरे 'डांस ग्रुप' को न्यौता दे दिया था। आज भी बुधराम जी आये। छियासी वर्ष के। कमर पूरी झुक गयी है। आँखें ज़मीन को देखती हुई चलती हैं। हाथ में एक लम्बी लाठी, महात्मा गाँधी जैसी लिए हुए थे—पतली, चिकनी और लम्बी। मासूम व्यक्ति हैं। वैसी ही हँसी, किसी अबोध बच्चे की तरह। उनकी काया और आत्मा जीवन्त है। उन्होंने सबके साथ गीत भी गाये, हँसी—ठिठोली का मज़ा भी लिया, ताल—ठेका भी दिया। अर्जुन जी उन्हें लेकर आये थे, वही छोड़ने गये।

तब तक हरी सिंह भी पहुँच गये। उनका घर पास ही है, पैदल आये। हरी सिंह छोटे क़द के हैं। उनकी आँखें चकर—पकर करती हैं। बहुत चपल हैं। उनके शरीर में एक तड़पती हुई 'रिद्‌म' बराबर बसी रहती है। चाम वाद्य बजाते हैं—टिमकी और नगाड़ा...। कड़ड़ड़, कड़क, कुड़म कडुम कुडुम कुडुम, कड़धिन। साज पर चढ़ बैठते हैं। पीछे बँधी हुई लम्बी बैगा चोटी है। सिर पर पगड़ी बाँधे रहते हैं। मामूली—सी क़मीज़ और 'भगही' (ऊँची धोती) पहनते हैं।

बाक़ी लोगों का इन्तज़ार था। मैंने उनसे 'करमा ताल' का ज़िक्र किया तो उन्होंने टिमकी पर यह ताल बजाया और मुख से भी बोल सुनाये—धूमचाक धुंई धुमधुम, चाकधुम धिनधिन धा।

(2)

वाद्य बजने लगे, समाँ बाँधने के लिए—मादल और टिमकी। चर्रा और बजरू ने टिमकी सँभाली। चादर बिछा दी गयी, दोनों बैठ गये।

गुलाब सिंह धुर्वे और गोपाल को मादल सँभालनी थी गुलाब सिंह बैद्य भी हैं। शौकिया मादल बजाते हैं। मैंने उनसे कहा कि ताल के बारे में कुछ बताते चलिए। अर्जुन ताल का नाम बता कर बोल बोलने लगे। गोपाल इन बोले गये बोलों को मादल पर साकार कर दे रहे थे। गुलाब सिंह धुर्वे ने बताया कि अलग–अलग करमा गीतों/नृत्यों में बैगा अट्ठारह प्रकार के भिन्न–भिन्न ताल बजाते हैं। 'लहकी' में बजेगा–चांग जुझ जझुई। 'झुलनी' का ताल है–दुज्जन, दुज्जन, दुज्जन, दुजा। 'झरपट' के बोल हैं–झुंज, दुज्जन, दुर्र, दुर्र, दुंजा।

मुझे अपने मोहल्ले के कथक पाण्डे महाराज की याद आयी। बनारस के कबीर चौरा मोहल्ले में कथक बिरादरी बड़ी संख्या में रहती है। संगीत इनका पेशा भी है और इनकी साधना भी। पाण्डेय महाराज भी मुँह से बोल बोलते थे, फिर उसी बोल को तबला वादक तबले पर या नर्तक अपने घुँघरुओं से निकालते थे। यहाँ भी तो वही हो रहा था। इन्हें भी तो लय–ताल का भरपूर ज्ञान है। ये भी तो कुशल गायक, नर्तक और 'बोलबाज' हैं।

(3)

गोपाल ने बताया कि किसी ख़ास ताल को मादल पर उतारने के लिए हाथ की उँगलियों को मादल के चर्म के भिन्न–भिन्न स्थलों पर साधना होता है। ताल के किसी हिस्से को निकालने के लिए पूरी हथेली की थाप देनी होती है। ताल को सिद्ध करने के लिए दोनों हाथों का सन्तुलन और मेल ज़रूरी होता है। संगीत–कला के अपने कौशल से मुझे आश्चर्य में डालने के लिए उन्होंने कुछ करमा गीतों के बोल बोले और फिर उन्हें मादल पर अदा किया। उनके अनुसार 'पैठन' गीत का ताल है–अडिंग बडिंग तुंदला झड़। फाग गीत का ताल सरल है–कुंजा कुसड़, कुंजा कुसड़। 'जस गीत' में भी लगातार यह छोटा–सा ताल बजता है–दल्लुक लकदुड़। 'झुलनी' करमा में तूंम तुंजा तूंम तुंजा ताल बजता है। अकेले दम पर एक–एक करके गोपाल जी ने 'ताल कचहरी' लगा दी। जब वे मादल बजाते तो चर्रा और बजरू टिमकी पर उनकी संगत करने लग जाते।

इस 'परिचय सत्र' से ही मुझे लग गया कि आगे ऐसे कई धमाके होनेवाले हैं। धीरे–धीरे सब आने लगे। अर्जुन जी का 'ग्रुप' भी पहुँच चुका था। कई युवक–युवतियाँ बैगा नृत्य के परम्परागत वस्त्राभूषण पहने हुए ही आये।

लगभग उनके साथ–साथ ढिमरिन बाई, बिरसी बाई, सवनी बाई भी आ पहुँचे। और भोबलाल भी अपने तीन युवा साथियों–ननकू बैगा, समारू बैगा और तिहारू बैगा को लेकर आ गये। ये तीनों बैगा युवा नृत्य–गीत के कुशल कलाकार हैं। किसी भी परब–परोजन में समाँ बाँध देनेवाले। प्रत्येक पर्व–त्योहार, शादी–विवाह में इन्हें गाँव–गाँव से बुलाया जाता है। वहाँ पहुँचकर ये धूम मचा देते हैं।

अब हाज़िरी पूरी हो गयी थी। महफ़िल जम चुकी थी। अर्जुन जी उद्घोषक बन गये थे। सब मूड में थे। थे क्या, मूड बनाकर आये थे। इसलिए महफ़िल जल्द ही अपने उरूज पर पहुँच गयी। पहले गीतों का ताँता लगा। हर गीत के पहले अर्जुन जी गीत का, उसे गाने के अवसर का और गायकों का परिचय देते थे। गीत में कभी–कभार वे भी अपना सुर मिला देते थे। उनकी आवाज़ बुलन्द है तो उनका स्वर सबसे अधिक मुखर होकर सुनाई पड़ता था।

ये गीत सुनते समय मुझे बार–बार फिल्म 'मधुमती' के गीतों का ध्यान आ रहा था। हमारे देश का लोक संगीत भी लगता है, हमारे सन्तों की तरह ही चारों दिशाओं की यात्रा करता रहा है। मिल–बैठ कर गाने की रीत, स्वरों को छोड़ने–पकड़ने का कौशल, मानवीय अनुभवों और जीवन मूल्यों की अभिव्यक्ति आपको भारत के सभी प्रान्तों के लोकगीतों में मिल जायेगी।

ये प्रांजल गीत सुनते–सुनते ही महसूस हुआ कि भारत का लोक जगत एक है, उसकी भावनाएँ–संवेदनाएँ एक हैं। ये गीत मात्र लोक गीत नहीं, ग्रामीण भारत की लोक चेतना के ऐक्य का बहुमूल्य प्रलेख हैं। कितना अद्भुत अनुभव हो रहा है। शब्द और गीत इन बनवासियों की आत्मा से फूट रहे हैं, बिखर रहे हैं और बिखर–बिखर कर हम तक पहुँच रहे हैं। गायकों की स्वर–साधना तथा स्वरों को साधने की उनकी शैली अचूक और मारक है। कौन कह सकता है इन्हें अशिक्षित, असभ्य या 'जंगली'?

देखते–देखते आसपास के गाँवों के कई लोग भी पहुँच गये। मादल की गड़गड़ाहट और गीतों का समवेत स्वर उन्हें यहाँ तक खींच लाया था। ये सब भी जोश और उत्साह में थे।

गीत भी एक के बाद एक जोशीले होते जा रहे थे–हुई होय सर्र, हो हां से 'सम' पर आकर गीत और भी नशीले हो गये थे। मस्तानापन छाने लगा था। जी हुलस रहा था कि उठ कर नाचने लग जाऊँ। गोपाल भी मादल में डूब चुके थे। उनकी आँखें आकाश में टँग गयी थीं

और ताल का गणित सही बैठने पर सन्तोष की मोहक़ मुस्कान उनके चेहरे पर छा जाती थी। बजरू की टिमकी 'कुड़कुड़' करके मादल की थाप को बहु–ध्वनीय बना रही थी। वयोवृद्ध बुधराम और सत्तर पार के अर्जुन, दोनों जोश में नहाये हुए थे। प्रौढ़ और वृद्ध स्त्रियाँ भी मोर्चा सँभाले हुए थीं। कहें, मर्दों से जमकर होड़ ले रही थीं। तभी बिरसी बाई ने होली का एक लोकप्रिय फाग गीत छेड़ दिया :

फागुन के महीना घरीघरी आवै।
साधौ, रंगला तोर डारे, होरी रेऽऽऽ,
ददिया, दुधवा बरसी गये मेघ मा।

यह गीत कह रहा है कि फगुनहट सदा बनी रहे। फागुन बार–बार आये कि मैं अपने प्रियतम पर होली में रंग डाल सकूँ। प्रेम की ऐसी वर्षा हो कि आभास होने लगे कि मेघ से जल नहीं, दूध बरस रहा है। मैं सोचने लगा कि इस गीत में ये 'साधौ' कहाँ से आ गये। पूछा तो पता चला कि कबीर इस क्षेत्र में आये थे। अमरकण्टक के निकट ही कबीर चबूतरा (मठ) और कबीर ताल है। चाड़ा से वापसी में हमने ये दोनों स्थल देखे। बाद में भी कई बार गया। जब भी जाता हूँ मेरे मोहल्ले कबीरचौरा का 'कबीरमठ' मेरे सामने आ खड़ा होता है।

फाग का ताल बजाते समय गोपाल के साथ गुलाब सिंह धुर्वे भी आ मिले। अपने को रोक न सके थे। आत्मा से बजाया दोनों ने। उधर इस पहले छन्द के बाद ढिमरिन बाई, सवनी बाई और जगोतनी बाई ने भी बिरसी बाई के साथ स्वर में स्वर मिलाकर तान उठा दी। अब तो बादलों से दूध नहीं, मद बरसने लगा था। कैसा मद, किस भट्ठी पर, किस 'मधवा' ने इस वन्यक्षेत्र में तैयार किया है कि यह कहने का मन होने लगे कि–*एक पियाला भर मद दीजै/मोल पियारे मानस लीजै।*

(4)

ये मतवाले गीत सुनते–सुनते ही सोचने लगा कि किसी ने तो नाम रखे होंगे इन गीतों, तालों के। कोई तो होगा इन गीतों, इन तालों का रचयिता। मादल भी आया होगा कहीं से, बनाया होगा किसी ने। टिमकी की संरचना भी तो किसी ने की होगी। कौन हैं इन बनवासी बैगाओं के अमीर खुसरो और बिन्दादीन।

अर्जुन जी ने इसी मदमाते माहौल में यह घोषणा कर दी कि अब 'करमा नृत्य' होगा। उनका ग्रुप बरामदे में फैल गया। हमने अपनी कुर्सियाँ किनारे खींच लीं। करमा नृत्य शुरू हो गया—छमाछम। गोपाल नृत्य समूह के बीचोबीच अवस्थित हो गये। चर्रा हट गये, टिमकी पर हरी सिंह आ गये। नृत्य के साथ टिमकी बजाने में वे अधिक सिद्धहस्त हैं। अर्जुन जी सहित सभी स्त्री—पुरुष गा रहे हैं। ताल तेज़ होता जाता है और साथ ही नृत्य की गति भी।

नृत्य—गीत का नक़्शा जमता जा रहा है। गोपाल मादल की थाप को तेज़ से तेज़तर करते हुए गुँजा दे रहे हैं। वे 'रिद्‌म' परिवर्तन के करतब भी दिखा रहे हैं। ख़ुद भी नाच रहे हैं। नर्तक—नर्तकियों की चाल में अब हल्की—सी लचक भी आ गयी है जो गीत के भाव को और भी रंजित कर दे रही है। नृत्य में कोई उत्तेजना नहीं, कहीं कोई आवेश नहीं, आवेग नहीं। फिर भी एक—एक मुद्रा और अंग संचालन मोहक है। हम पूरी तरह बँध चुके हैं।

इस आयोजन में चार प्रकार के करमा नृत्य हुए। सबकी मुद्राएँ और अंग संचालन भिन्न—भिन्न हैं। पग संचालन और भंगिमाएँ भी अलग—अलग। भोबलाल मेरी बगल में बैठकर मुझे नृत्य के प्रकारों, उनसे सम्बन्धित तालों और गीतों के भावार्थ बताते जा रहे थे। नर्तक—नर्तकियों के वस्त्र—आभूषणों की जानकारी भी वे साथ—साथ देते चल रहे थे।

बनवासी बैगाओं से नज़दीकियाँ

(1)

नाच–गान देखने पाँच–सात बच्चे भी आकर बैठ गये हैं। दो बच्चों के साथ जगोतिन बाई (हरी सिंह की पत्नी) भी आयी हैं। बच्चों के साथ ही बैठी हैं। बीच में बच्चों को टॉफी बाँटी गयी। सब ख़ूब ख़ुश हुए, अचम्भे में आ गये। उन्हें इस 'मधुरम' की उम्मीद नहीं थी। बच्चों के माता–पिता भी कम प्रसन्न नहीं थे। अब ये बनवासी बैगा खुल गये हैं। सहज हो गये हैं। मेरे साथ अपने निजी अनुभव बाँटने लगे हैं। अपनी हँसी–दिल्लगी में मुझे भी शामिल करने लगे हैं। मुझसे मज़ाक़ भी करने लगे हैं। बैगा महिलाएँ भी मुझसे उन्मुक्त होकर बतियाने लगी हैं। इन सब के साथ यह निकटता मुझे बहुत भाती है। इनसे नज़दीकी का मिला यह प्रसाद अब मेरे जीवन की सबसे बहुमूल्य धरोहर है। देवी

अब मेरे सामने ही कोई बात करके सब हँसते–खिलखिलाते हैं। एक–दूसरे की पीठ ठोंक देते हैं। मस्ती में किसी को धकिया देते हैं। अब मुझसे कोई दुराव नहीं रह गया है।

नृत्य–गीत मण्डली जा चुकी थी। दिन का भोजन हुआ। अर्जुन जी, हरी सिंह, भोबलाल और गोपाल को मैंने रोक लिया था कि 'बैगानी' के अश्लील भाषा प्रयोग (टैबू लैंग्वेज) पर कुछ बात की जायेगी। सामने के मैदान में एक पेड़ के नीचे हम पाँचों कुर्सियाँ लगाकर बैठ गये कि 'अश्लील' प्रयोगों की भनक किसी और को न लगे। मैंने पूछा, किसी को धमकाने, उकसाने, ललकारने के लिए कोई गाली है? अर्जुन ने हरी सिंह की ओर देखा और उछलकर बोले–मार भोसड़ी के। फिर अर्जुन मेरी ओर देख कर हँसते हुए बोले–अब एक गन्दा शब्द और सुनिए।

यह कहकर उन्होंने हरी सिंह से बैगानी भाषा में पूछा कि–'हम तुम्हारे घर आते हैं, तुम हमसे तनिक नाराज़ हो, हम पूछते हैं कि क्या तुम मेरे साथ फलां के घर चलोगे तो तुम क्या जवाब दोगे?' हरी सिंह बैगानी में ही बोले कि–कहेंगे कि नहीं भाई आज बहुत काम है। बीच में काट कर अर्जुन जी बोले–अरे, हम तुम्हारे यार हैं, तुम हमसे नाराज़ भी हो, तब क्या कहोगे? हरी सिंह नाराज़गी के स्वर में बैगानी में ही बोले–हमार लवड़ा जाई। सभी मुस्कुराने लगे।

गोपाल ने कहा कि साहब, बैगानी में ये गालियाँ नहीं हैं। ये बाज़ार से हमारी भाषा में आ गयी हैं। मैंने भोबलाल से पूछा कि क्या माँ–बहन की गालियाँ भी बैगानी में नहीं हैं। वे तन कर बोले–न। नहीं हैं। हम बैगा लड़कियों की, महिलाओं की बहुत इज़्ज़त करते हैं। माँ–बहन को पूजते हैं। उनके लिए या उनको साधन बनाकर गाली निकालने का तो हम सोच भी नहीं सकते। मुझे लग गया कि बैगानी भाषा में अश्लील भाषा की खोज का प्रयास व्यर्थ है। यह भी पता चला कि बैगा समाज में समलैंगिकता बिल्कुल नहीं है।

हमारी सभ्य भाषाओं/बोलियों का क्या हाल है। ढेरों गालियाँ हैं और ढेरों शब्द वर्जनाएँ हैं। बैगा स्त्री–पुरुष इन वर्जनाओं को नहीं मानते। वे गुप्तांगों का नाम लेने में संकोच नहीं करते। शौच, मासिक धर्म, पाद, पेशाब, सहवास के लिए वे मूल शब्दों का ही प्रयोग करते हैं। इन्हें आवरण में लपेटकर किसी दूसरी भाषा के तथाकथित 'सभ्य शब्द' से स्थानापन्न नहीं करते, जैसा कि हम करते हैं। वे इन शब्दों को वर्जित या अश्लील मानते ही नहीं। वे इसे अपनी भाषा के शब्द मानते हैं। ये उनके जीवन के शब्द हैं। अतः इन्हें छिपाने–बचाने का वे कोई कारण नहीं समझते।

(2)

अब तक मेरे और बैगाओं के बीच की सारी सीमाएँ टूट गयी थीं। सभी 'बाड़ें' बिखर गयी थीं। अपनत्व की बयार सरसर–फरफर बह रही थी–सुगन्धित सुरभि, महमह–महमह महकती हुई। जीवन की सरलता का मोहक नर्तन मेरे समक्ष चल रहा था। और मैं विभोर हो रहा था–जितना अपने इस जीवन में कभी न हुआ हूँगा।

बार–बार ऊपर फैले नीले आकाश को देख लेता हूँ, बादल अब पूरी तरह छँट चुके हैं–कि ईश्वर ने मुझे जीवन के इस पड़ाव पर यह अवसर

दिया कि इन देवतुल्य स्वच्छ आत्माओं का मुझे सान्निध्य मिल पा रहा है। जिनका सब कुछ सीधा और उतना ही सादा है। इनकी भाषा में भी कोई ऋजुता नहीं है। अपनी अभिव्यक्ति में थोड़े टेढ़े हुए आप कि इनकी समझ से बाहर हो जायेंगे। भाषा की वक्रता ये नहीं जानते। इनसे सीधी बात कीजिए, सीधे-सीधे शब्दों में। सीधा व्यवहार कीजिए, चतुराई-चंटई यहाँ नहीं चलेगी। इनसे ख़ूब बातें कीजिए, जी खोल कर कीजिए। उम्र और लिंग का भेद भूल जाइए। क्योंकि इनके लिए युवा, वृद्ध, महिला, कन्याएँ सब, सिर्फ़ और सिर्फ़ मनुष्य हैं। मेरे ये बैगा भाई-बहन और बच्चे भी, दलित शोषित सभ्यता के दीप स्तम्भ हैं। मैंने तो इन्हें ऐसा ही समझा है, जाना है।

(3)

जैसा मैंने पहले भी निवेदित किया कि बैगा समाज में रच-बस कर मुझे जनम-मरण के भेद को प्रत्यक्ष देखने का अवसर मिला। आज शुक्रवार था। काम की छुट्टी। चार दिन की थकान उतारनी थी। भोजन के बाद थोड़ा विश्राम करके हम बजाग के बाज़ार चले गये। अकस्मात् अर्जुन जी हमें बजाग के 'शुक्रवार बाज़ार' (हाट में) मिल गये। उन्होंने कहा कि वे मुझसे मिलने आने वाले थे। हमने एक 'टपरे' में चाय पी। बाज़ार अब उठ रहा था। तभी एक 'अगरिया' परिवार दिखाई पड़ गया। सभी स्त्रियाँ थीं, अलग-अलग उम्र की। वनक्षेत्र में सभी एक-दूसरे से परिचित होते हैं। उनसे अर्जुन जी ने पूछा कि उन्होंने क्या-क्या ख़रीदा है? दो-तीन बड़े-बड़े झोले थे। महिलाओं ने निःसंकोच भाव से झोलों में से चीज़ें निकाल-निकाल कर दिखाना शुरू कर दिया। वे यह भी बता रही थीं कि कौन-सा सामान किससे, कैसे और किस दाम पर ख़रीदा गया।

उनकी हँसी बहुत मोहक थी। हँसी बनवासियों का स्थायी भाव है। स्मित और हास की यहाँ कोई कमी नहीं है। महिलाएँ भी खुल कर हँसती हैं और हँसते-हँसते अपना मुख हथेलियों से छिपा लेती हैं। हँसते-हँसते ही दुहरी हो जाती हैं। वैसे भी सभी चेहरों पर स्थायी शान्ति का बसेरा तो रहता ही है। चेहरे पर एक शिकन नहीं। जीवन के रहस्यों को जैसे इन्होंने जान लिया हो। प्रकृति के रहस्यों को तो ये जानते ही हैं। कैसा वीतराग। अन्यथा इनके जीवन में कष्टों, विपदाओं, दुखों की भला कोई कमी है। सच पूछिए तो इनकी साँस-साँस पर संघर्ष है।

पर वाह रे इनकी जिजीविषा और धन्य है इनका आत्मबल। अर्जुन जी ने बताया कि दूसरे दिन शाम को वे हमें पास के गाँव में अपने समधी के यहाँ ले जायेंगे।

(4)

दूसरे दिन हम उनके समधियाने पहुँचे। प्रधानमन्त्री सड़क योजना वाली सड़क के मुहाने से थोड़ा भीतर घुसकर यह बैगा झोपड़ी थी। आकार में यह बड़ी थी। सामने बरामदा था, उससे लगे तीन कमरे और सामने खुला हुआ कच्चा आँगन। इसी आँगन की दोनों तरफ़ की दीवार से टेक लगाकर हर उम्र की बैगा स्त्रियाँ बैठी थीं।

जो रस्म होने जा रही थी उसका बैगा समाज में बहुत महत्त्व है। 'जचगी' हुए (बच्चा पैदा हुए) तीन महीने पूरे हो चुके हैं। इस अवधि में 'जच्चा' (नवजात की माँ) को रसोई में नहीं जाने दिया जाता और घर का कोई काम भी वह नहीं कर सकती। आज पहली बार वह जच्चा–घर (सौरी) से बाहर निकलकर सबका आशीर्वाद लेगी।

घर के बड़े–बुजुर्गों से अनुमति माँगेगी कि अब उसे रसोई और कामकाज करने की आज्ञा दी जाय। जश्न का माहौल था। जच्चा नयी धोती पहने नवजात को गोद (कोरा) में लिए सौरी से बाहर निकली। कई विवाहित–अविवाहित नवयुवतियाँ उसके साथ थीं। नवजात को गोद में लिए–लिए उसने आँगन में बैठी सभी स्त्रियों के पैर छुए।

फिर दारू लायी गयी। सभी स्त्रियों को महुआ के पत्ते बाँट दिये गये। नवजात को माँ की गोद से सासू माँ ने ले लिया। अब जच्चा ने घूम–घूमकर दारू की बोतल से मदिरा परसना आरम्भ किया। परसते समय महिलाओं ने महुए के पत्ते को मोड़ कर छाका (दोने) का आकार दे दिया था। उन्हें कई–कई बार दारू परोसी गयी। अपार ख़ुशियाँ आँगन में पसर गयीं और मस्ती भी।

बिटिया जन्मी थी। मैंने समधी जी से कहा कि–हमारे यहाँ कन्या जन्म पर यह कहा जाता है कि लक्ष्मी आयी हैं। उन्हें इसका तात्पर्य भी बताया। प्रसन्न हो गये। जाकर 'लक्ष्मी' को मेरे पास ले आये। साँवली–सी, सजी–धजी गुड़िया थी। बैगाजन बेटे–बेटी में कोई फ़र्क़ नहीं करते। दोनों को परिवार और समाज में बराबरी का दर्जा दिया जाता है। लड़कियों का कुछ अधिक ही मान होता है। बैगा लड़कियाँ स्वाधीन होती हैं।

इसीलिए बैगा समाज में छेड़–छाड़ या यौन शोषण की घटनाएँ बिल्कुल नहीं होतीं। लिंग के आधार पर भेद–भाव से यह समाज मुक्त है।

स्त्रियाँ अब 'मूड' में आ चुकी थीं। झमक कर करमा गीत का गायन शुरू हो गया। 'सोहर' जैसे गीत। गीतों की लय में उछाह और आनन्द का सागर तरंगें ले रहा था। एक गीत का भाव था–चिरैया तुम कहाँ बैठी हो, मेरी बिटिया के पास आओ, उसे अपना मीठा–मीठा गीत सुनाओ...। चिड़िया से बातचीत। चिड़िया से निहोरा।

यह रस्म केवल स्त्रियाँ सम्पन्न करती हैं। पुरुष प्रवेश इसमें वर्जित है। पर हम गये थे तो चार–छह और पुरुषों को भी बुला लिया गया था। वे सब आँगन के दूसरे छोर पर बैठ गये। अर्जुन जी ने पुरुषों को भी रंगत में ला दिया। उनके समधी भी मादल वादक हैं। आँगन के आम वृक्ष की डाल पर टँगी मादल उन्होंने उतार ली। स्त्रियों के गीत के साथ अब मादल भी ठनकने लगी। पुरुष भी गाने लगे। एक छन्द महिलाएँ गातीं, दूसरा छन्द पुरुष। पुरुषों में से कोई मेरे पास आकर गीत का अर्थ–सन्दर्भ बता जाता। बैगा गीतों की समस्त सरलता और प्रकृति के साथ गहरी आत्मीयता यहाँ भी व्यक्त थी।

यहाँ तो अभी राग–रंग और जमना था। फिर भोज भी होना था। हमने आज्ञा ली और उस सांस्कृतिक परिवेश से बाहर निकल आये। मुझ पर उस वातावरण की मदहोशी रास्ते भर छायी रही। सोते समय भी 'चिरैया गीत' की धुन मुझे बाँधे रही। धीरे–धीरे वह धुन कब मेरे लिए लोरी बन गयी और कब मुझे नींद आ गयी, कुछ पता नहीं।

(5)

आज सुबह–सुबह ही अर्जुन जी पतिराम के साथ आ गये। मैं बरामदे में ही बैठा था। बताने आये थे कि दोपहर में यहाँ से बाईस किलोमीटर दूर के एक गाँव में एक और 'रीति' सम्पन्न होने वाली है। मृत्यु का कर्मकाण्ड–दशगात्र (दसवाँ)। अन्तिम संस्कार का यह एक अहम पड़ाव है। इसकी एक झलक हम पहले भी मौखिक रूप में देख चुके थे। चर्रा भी थोड़ी देर के लिए ऐसे ही संस्कार में हमें ले गये थे।

पतिराम कह गये कि ग्यारह बजे हम तैयार रहें, वह लेने आयेंगे। फिर वे चले गये। मैं कुछ देर सोच में वहीं बैठा रहा कि कल जन्म का उत्सव जाना और आज मृत्यु के उत्सव की बारी आ गयी।

जन्म–मरण का भेद भी तो यही है। जन्म और उसकी परिणति मृत्यु। जो जन्मा है, उसका मरण भी निश्चित है। चलूँ, परमपिता, तुम्हारी यह लीला भी विस्तार से देख लूँ।

दो बैगा गाँव और अनेक सँकरी–चौड़ी पगडण्डियाँ हमने पैदल पार कीं। एक ऊँची ढलुआँ पगडण्डी से नदी का छिछला प्रवाह दिखलाई पड़ने लगा था–पतला और पथरीला। आगे बढ़ने पर हमें वैसे ही छिछले प्रवाह के इधर के हिस्से को पार करके उस पार पहुँचना था। जलधारा पर लकड़ी का एक मोटा और लम्बा कुन्दा इस पार से उस पार तक डाल दिया गया था। हमारे 'सन्तुलन' की परीक्षा थी, जो हमने डगमगाते हुए 'उत्तीर्ण' की।

उस पार के छिछले पानी के बीच उभरे पत्थरों पर दो स्त्रियाँ पानी में पैर लटकाकर बैठी हुई थीं। सम्भवतः मृतक के घर की बहू या माँ रही होंगी। मछली पकड़ने का यत्न चल रहा था। नदी के दोनों टीले नुमा पाटों पर पुरुष बैठे थे। स्त्रियाँ 'बहू–माँ' के निकट ही जमा थीं। पुरुष अपने केश भी कटवा रहे थे। सबसे ऊँचे टीले पर दो नगाड़ों पर चोट करते दो बैगा बैठे थे–ढप–ढप, ढुप–ढप। स्थिर–सी शिथिल ध्वनि हो रही थी। नगाड़ों से वह विवाह वाली उन्मत्तता न जाने कहाँ खो गयी थी।

(6)

न जाने कैसा तो ठहरा हुआ दुख, ठमक गयी वेदना उन दोनों महिलाओं के चेहरों पर थी। सामान्यतः सस्मित रहने वाले बैगाओं के मुख पर अवसाद की रेखाएँ खिंची हुई थीं। कल और आज में कितना कुछ बदल गया था। पतिराम और अर्जुन जी ने भी बाल बनवा कर स्नान किया। इतना महीन बिना हुआ यह समाज है कि जानेवाले की कितनी–कितनी स्मृतियाँ होंगी सभी के पास। सभी ठगे से बैठे थे। मैं भी चुपचाप एक टीले पर बैठ गया। बस नदी के जल का स्वर और नगाड़े की ढप–ढप, ढुप–ढप की आवाज़ महसूस हो रही थी। मेरा इन गमगीन बैगा भाई–बहनों से यह कहने का मन हुआ कि–*वक़्त हर ज़ख़्म को, हर ग़म को मिटा देता है/वक़्त के साथ ये सदमा भी गुज़र जायेगा।* लेकिन कह न सका।

(7)

अर्जुन जी और पतिराम कब मेरे पास आकर खड़े हो गये, पता ही नहीं चला। जब दोनों मेरे निकट बैठ गये तब मैं चेता। फिर उसी पगडण्डी से हम वापस चले। लकड़ी के कुन्दे पर डगमगाये और मृतक के घर पर आ गये। मेरा अन्तर्मन भीगा–भीगा था। देखा तो घर के बाहरवाले मैदान में दो भट्ठों पर बड़े–बड़े पतीलों में चावल पक रहे थे। दो–दो, चार–चार किलो भात ख़ूब बड़े छेददार पलटे से 'पसाने' के लिए बड़े–बड़े खाँचों में डाले जा रहे थे। खाँचा भर जाने पर उस पर कपड़ा डाल देते थे। थोड़ी दूर पर एक भट्ठे पर दाल और एक पर कटहल की रसेदार सब्ज़ी 'देगों' में पक रही थी।

कटहल इस समय पेड़ों पर गदराये हुए हैं–पूरे तने पर। यहाँ–वहाँ चिपके–टँगे हैं। यह सब 'टिटिम्बा' देख कर न जाने क्यों और कैसे 'फ़ैज़' याद आ गये–*बात बस से निकल चली है/दिल की हालत सँभल चली है/अब ग़म हद से बढ़ चला है/अब तबीयत बहल चली है।* मैंने यहाँ बस फ़ैज़ के 'जुनूं' को 'ग़म' कर दिया है।

(8)

चार बजे वापस आकर बरामदे में ही बैठ गया। भीतर नहीं गया। पक्षियों के कलरव ने हृदय के अवसाद भाव को पोंछना शुरू कर दिया था। कोयल की कूक भी कहीं दूर से आ रही थी। बचपन में पास के पीपल से यह आवाज़ आती थी तो हम भी कू ऊँऽऽऽ करते तो कोयल भी प्रत्युत्तर देती। बड़ा मज़ा आता। पेंडुकी भी कुड़कुक, कुड़कुक करती मेरे सामने ही फुदक रही थी। छोटी–छोटी चिड़ियाँ भी चहचहा रही थीं। ये जानती हैं कि बस थोड़ी देर में दिन ढल जायेगा और इन्हें जाकर पेड़ों में दुबकना पड़ेगा। प्रकाश का आनन्द ही तो जीवन है। पर अन्धकार से कोई कब तक बचेगा। लगता है मृत्यु बोध अभी भी मेरे मन से उतरा नहीं है।

सामने की पहाड़ियों पर धूप पल–पल, क्षण–क्षण नये–नये खेल दिखा रही थी। कभी बस पत्तों पर दिपती तो कभी ऊपर की फुनगियों पर। वह डालों को भी सहला रही थी। धरती पर तो धूप निरन्तर नाच ही रही थी। भीतर जंगल में कहीं धूप, कहीं छाँह या कभी धूप, कभी छाँह।

अब धूप मुझे अपने में लिप्त करने लगी थी, मैं उसके भीतर धीरे–धीरे जज़्ब होता जा रहा था। अभी–अभी वह ठण्डा गयी है। उसका रंग भी बदलने लगा है। हाय हाय रे प्रकृति! कैसी है तू। जो मन के भावों को सहला कर क्षण भर में वेदना की कचोट को शान्ति में तब्दील कर देती है। 'आत्मकथा अंक' के साथ 'उर्दू की बेहतरीन शायरी' (सं. प्रकाश पण्डित, हिन्द पॉकेट बुक्स, दिल्ली) भी ले आया था। इस वनाँचल में रात–दिन की लीलाएँ देखते हुए जब सरदार ज़ाफरी की एक नज़्म की ये पंक्तियाँ पढ़ीं तो ये एकदम से दिल के दरवाज़े पर जाकर चस्पाँ हो गयीं–

पत्तियों की पलकों पर
ओस जगमगाती है
इमलियों के पेड़ों पर
धूप पर सुखाती है
आफ़ताब हँसता है
मुस्कुराते हैं तारे
चाँद के कटोरे से
चाँदनी छलकती है...
धूप की सुनहरी ज़ुल्फ़
बादलों की परछाईं
सुबहो शाम की परियाँ
मौसमों की लीलाएँ
मुझको ऐसा लगता है
घण्टियाँ–सी बजती हैं।

बैगा लोक कथा संसार

(1)

रात में थोड़ी बैचैनी रही। दशगात्र का अवसाद रह–रहकर माथे चढ़ जाता। इस समय क्या कर रह होगा वह परिवार, कैसे काट रहा होगा इस नीरव रात्रि को? और वे दोनों औरतें किस हाल में होंगी जो घण्टों पानी में पाँव डाले पत्थर की सिल पर बैठी थीं? देर से ही सही, नींद आ गयी।

सुबह सुखलाल, भोबलाल, चर्रा और पतिराम को आना था। मैं वरांडे में बैठा उनकी प्रतीक्षा कर रहा हूँ। लीजिए, याद किया और सुखलाल के साथ भोबलाल हाज़िर। सुखलाल भुसंडिया और भोबलाल बगदरिया। ये इनके गोत्र नाम हैं। अनेक गोत्र हैं बैगाओं के, नाम के साथ लगाये जाते हैं कि पहचान बनी रहे। कई बैगा गीत हैं जिनमें लड़का लड़की से या लड़की लड़के से उसका गोत्र पूछते हैं। समान गोत्र में विवाह सम्बन्ध नहीं किया जाता। भिन्न गोत्रों के बीच विवाह होते हैं। गोत्रों में ऊँच–नीच का कोई भेद नहीं है। मामा और बुआ की सन्तानों के बीच विवाह स्वीकृत है पर चाचा के बच्चों का परस्पर विवाह नहीं हो सकता। ऐसा करने पर सामाजिक बहिष्कार हो जाता है।

दस बजे के आसपास पतिराम भी आ गये। पतिराम एकदम दुबले–पतले और ठिगने–से हैं। उनका चेहरा भी धँसा हुआ है। गमछा अपने सिर पर लपेटे हुए थे। 'जोहार' हुई। कहे अनुसार ग्यारह बजे चर्रा भी पहुँच गये। समय की पाबन्दी तो कोई बनवासी बैगाओं से सीखे।

सुखलाल का क़द तो लम्बा नहीं है, पर काठी मज़बूत है। इनके बाल 'अंग्रेज़ी कट' के हैं। ये चुटिया नहीं रखते। पढ़े–लिखे हैं। सरकारी नौकरी करते हैं। थोड़े गम्भीर रहते हैं। सफ़ेद पैंट–क़मीज़ पहनते हैं।

इनके बाल एकदम काले और करीने से कंघी किये हुए रहते हैं। बैगा समाज में आ रहे विलम्बित बदलाव का सुखलाल प्रतीक हैं।

भोबलाल ठेठ देहाती मनई हैं। सिर पर बाल कम हैं, वह भी बेतरतीब रहते हैं, उड़े–उड़े से। हल्की–सी मूँछ हैं। कुछ सोचती–सी चेहरे पर धंसी हुई छोटी–छोटी आँखें हैं। मुझसे ख़ूब घुल–मिल गये हैं। चर्रा तो आप जानते ही हैं, पगड़ी–चोटी से लैस परम बैगा हैं। वे अपने साथ एक अगरिया लोहार को भी ले आये थे–मंगल अगरिया। अगरिया, इस क्षेत्र की एक ऐसी जनजाति है जो कुछ ख़ास पत्तियों और लकड़ियों की आँच पर लोहा पिघलाकर तरह–तरह के औज़ार और बर्तन बनाती है। मंगल अपने साथ अपनी बनायी एक कुल्हाड़ी और खुरपी लेकर आये थे। वे अगरिया जनजाति की 'लौह कथा' सुनाकर शीघ्र ही चले गये।

चर्रा ने बताया कि वे बहुत अच्छा गाते भी हैं। उन्होंने एक के बाद एक चार–पाँच करमा गीत सुनाये। विवाह के भी, प्रेम के भी, बुआई और कटाई के भी। तीनों ने मिलकर भी गाया। मेरे याद दिलाने पर बैगा लोक कथाओं का दौर शुरू हुआ। पहले एक कहानी भोबलाल ने सुनाई और फिर एक चर्रा ने।

चर्रा ने जो कहानी सुनाई उसमें कहीं 'महाभारत' का प्रसंग भी आ गया था। कथा संक्षेप में यह थी कि एक रकसिन (राक्षसी) थी। वह बड़ी आलसी थी। बस, खाना जाने, जांगर चोर (काम से जी चुरानेवाली) थी। उसने अँधेरा होने पर जंगल में शिकार खेल रहे एक बैगा बालक को पकड़ लिया। उसे अपनी गुफ़ा में लाकर बोली कि मेरा मन फरा खाने का हो रहा है, चलो फरा बनाओ (बैगा लोग आटे का 'फड़ा' बनाते हैं)। फरा गुझिया जैसा बनता है जिसमें मसाले और नमक मिली पिसी दाल भरकर उबलते पानी में डालकर पका लिया जाता है। लड़का बेचारा पहले दोनों हाथ 'रोपकर' के पानी लाने का जतन किया पर पानी बह जाय। फिर ऊ बटुआ भर पानी ले आउ। पिसान (आटा) साना। दाल पीसकर उसमें पिहिरी (राई), लसणा (लहसुन) और मिरिचा मिलाकर आटे में भरा और चूल्हा जलाकर बटुली चढ़ा दी। फरा पानी में डाल दौ। रकसिन टांग पसारे बैठी रही।

भोबलाल सही जगह पर हुंकारी भरते रहे। कहानी आगे बढ़ी कि रकसिन भूख लगी, भूख लगी चिल्लात जाय। जल्दी करने के लिए लड़के को पेलत जाय। रकसिन न जाने कि ई लड़का माता कुन्ती का बेटवा भीम है।

भीम ने फरा परोस दिया और रकसिन भकर–भकर खाने लगी। तभी भीम ने उसे एक लात मारी। भीम की लात पड़ी तो रकसिन अचेत हो गयी। होश आया तो समझ गयी कि यह कोई बलशाली लड़का है। बिनती करने लगी कि हमसे भूल हुई, बताओ महाराज, मैं का करूँ। भीम ने रकसिन की सारी शक्ति छीनकर उसे धरती में तोप दिया।

(2)

चर्रा ने ताली बजाकर कहानी ख़त्म की। भोबलाल ने अंगारे और झींगा (मछली) की कहानी सुनाई। कई कहानियाँ सुनी गयीं। जीवन की सरलता के साथ–साथ हँसने–हँसाने की खोज में लगी ये कहानियाँ बैगा जीवन से रस खींचकर उसे और भी रससिक्त कर देती हैं। जीवन के कड़े रास्ते पर चलते–चलते इस तरह की कहानियाँ बनवासी भाई–बहनों के कठिन जीवन को कितनी राहत देती होंगी।

पतिराम भी अब तक जोश में आ गये थे। उन्होंने दो लघु कथाएँ सुनाईं जिनमें से एक कहानी सुद्धू और बुद्धू की थी। सुद्धू के पूरे बाल थे और बुद्धू 'चन्दला' (गंजा) था। दोनों राजा की रसोई में काम करते थे। राजा महा कंजूस था। ख़ुद केले के पत्ते पर भोजन करता था और सुद्धू–बुद्धू को इमली की पत्ती पर देता था। दोपहर में दोनों को ढेर सारी गायें चराने भेज देता था। शाम को दोनों थके–हारे आते तो रात की रसोई करनी पड़ती। एक दिन उन्होंने राजा से उसके इस अत्याचार की शिकायत की तो राजा आगबबूला होकर बोला–तुम दोनों चुपचाप अपना काम करो। अब कुछ भी हो जाय, मुझसे कभी कुछ मत बोलना। एक दिन राजा दरबार में था, उसी समय उसके शयनकक्ष में दिये से आग लग गयी। सुद्धू–बुद्धू ने आग लगते देखा पर राजा से जाकर कुछ नहीं बोले। आग से राजा का महल भसम हो गया।

यह कहानी सुनाते समय पतिराम लगातार हँसते रहे। दूसरी कहानी थी कि–एक ऐसा समय था जब जल ही जल का बास था। धरती नहीं थी। धरती बनी तो एक बैगा के घर में दो बच्चे पैदा हुए–एक अन्धा और एक कुबड़ा। कौन खिलाये इन्हें घर बैठाकर। तो घरवाले इन्हें एक शेर की गुफ़ा में छोड़ आये। शेर का मांडा (गुफ़ा) गहरा और अँधेरा था जिसमें ढेर सारी हड्डियाँ बिखरी हुई थीं। अन्धा तो देख न सके पर कुबड़ा देख–देख के घबराये।

तब ही शेर आ गया। ओका मानुस गन्ध बुझा गयी। कुबड़ा, अन्धे के साथ एक चट्टान के पीछे लुका (छिप) गया। शेर चिल्ला कर बोला कि भीतर जो भी छिपा है अपने बाल दिखाओ। कुबड़े ने अपनी कमर में बँधी रस्सी शेर के सामने फेंक दी। शेर सहम गया कि जिसके बाल इतने बड़े हैं, वह ख़ुद कैसा दैत्याकार होगा। फिर भी हिम्मत करके बोला कि तुम मेरी ओर थूको। कुबड़े ने दही से भरी हाँडी उसकी ओर फेंक दी। शेर दुम दबाके भाग गया और दोनों भाई सुख से गुफ़ा में रहने लगे।

(3)

कहानियाँ सुनते–सुनाते ये लोग बच्चों की तरह ख़ुश हो रहे थे। कहानी ख़त्म होती तो हम थोड़ी बातचीत भी करते। बातचीत के दौरान तीनों आपस में मीठी तकरार और नोंक–झोंक भी कर लेते थे। डाँट–डपट भी हो रही थी और एक–दूसरे पर झुँझला भी जाते थे कि फिर हँसने–खिलखिलाने लग पड़ते।

कितने–कितने नज़दीक से जानते हैं ये लोग एक–दूसरे को, मानो एक ही परिवार के सदस्य हों। मैं इनके चेहरे पढ़ता रहा। कोई भी भाव हो सीधे इनके चेहरे पर उतर आता है। मैंने इनसे अनेक हिन्दी शब्दों के बैगानी (भाषा) पर्याय पूछे। कोई सही पर्याय देकर ये तालियाँ बजाने लगते थे जैसे उन्होंने जग जीत लिया हो। कोई एक ग़लत बता देता तो दूसरा उसे सही करता। ग़लत बताने वाला शर्मिन्दा हो जाता और सही बताने वाला फूल जाता। कुछ शब्दों पर तो तीनों आपस में बहस भी करते, सबकी अपनी राय होती, अपने मत होते। भोबलाल एक बार सीधे पर्याय न देकर इधर–उधर भटकने लगे तो सुखलाल ने डाँटकर उन्हें चुप करा दिया।

सब कुछ कितना सहज घट रहा था। इतना मानवीय व्यवहार और इतनी मासूमियत, मुझे विश्वास नहीं हो रहा था। यही तो जीवन की स्वच्छता है जिसने बनवासी बैगाओं को 'मनुष्य' बनाये रखा है। हम तो बात–बात पर तलवार खींच लेते हैं। किसकी मजाल है जो हमारी किसी बात को काट दे। किसकी हिम्मत है जो हमारी हँसी उड़ाये या हमें ग़लत बताये। हम तुरन्त इसका बदला न भी ले पायें तो बाद में कभी हम हिसाब बराबर करने की ताक में लगे रहते हैं। जीवन को तो इन बनवासियों की तरह ही चलना चाहिए।

(4)

शाम हुई और तीनों चले गये। पाँच बज रहा था। ढेरों कहानियाँ और बातें सुनकर मन फाहे जैसा हल्का हो गया था। आज पहली बार थोड़ी तफरीह करने का मन हुआ। लोकेश से बात की, वह दो और युवाओं को लेकर आधे घण्टे में पहुँच गया। ये तीनों बजाग निवासी हैं और हमारे विश्वविद्यालय में ही पढ़ते हैं। मैंने अपनी इच्छा जताई तो सभी ने 'घोड़ा घाट' चलने का सुझाव दिया कि नज़दीक भी है, रमणीक भी और दर्शनीय भी।

हम चल पड़े। रास्ते भर घाट (घाटी) बहुत ख़ूबसूरत है। बारह–पन्द्रह किलोमीटर की दूरी तय करके घोड़ा घाट आ गया। यह घाटी छत्तीसगढ़ में है। इस वनांचल में मध्य प्रदेश और छत्तीसगढ़ की सीमाएँ समझ में ही नहीं आतीं। हमारे लालपुर की एक ओर 'पेंड्रा रोड' छत्तीसगढ़ में तो दूसरी ओर 'राजेन्द्रग्राम' मध्य प्रदेश में। हमारा विश्वविद्यालय भी इन दोनों राज्यों के सन्धि स्थल पर मध्य प्रदेश में अवस्थित है। घोड़ा घाट वास्तव में स्वर्ग है। बहुत ही गहरी घाटी है। सूर्यास्त होने को था। सूरज का लाल गोला पहाड़ियों के ऊपर चिपका हुआ था। आकाश और पर्वत दोनों आभामण्डित थे। नीचे, बहुत नीचे घाटी में हरियाली का साम्राज्य था। सघन वन थे। इस पूरे वनक्षेत्र को सूर्य की ललाई किरणें धो–निथार रही थीं। जहाँ हम खड़े थे उसके ऊपर वाली पहाड़ी के किनारे पर एक मन्दिर था। मन्दिर के शिखर पर दो लाल तिकोने झण्डे फर–फर फहरा रहे थे, यह फरफराहट भी हम नीचे से सुन पा रहे थे।

घाटी के किनारे खड़े होकर सामने दूर तक एक के बाद एक सात पहाड़ियों का क्रम दिखाई देता है। जैसे इस गहन घाटी में सप्तर्षि धूनी रमाये बैठे हों। अब धीरे–धीरे कोहरा भी छाने लगा। फिर भी पहलेवाली चार पहाड़ियाँ अभी भी दिख रही थीं, शेष तीन धुन्ध की चादर लपेटे आभासित भर हो रही थीं। फिर हम वापस लौट आये।

बैगा बाल खेल : इत्ता इत्ता पानी

(1)

आज खेलों की बारी थी। बैगा खेलों की, जिन्हें बैगा बालक और बालिकाएँ खेलते हैं। अर्जुन जी को रात में ही फ़ोन कर दिया था। कल के तीनों महारथी तो रहेंगे ही। सवेरे नौ बजे तक सभी आ गये। गाँव के कुछ किशोर–किशोरी भी पहुँच गये। गेस्ट हाउस के बैगा कर्मचारी भी खेल में शामिल हो गये। सबके मुख पर ऐसी प्रसन्नता कि सूरज की आभा भी फीकी पड़ जाय।

पहला खेल प्रारम्भ हुआ–'इत्ता इत्ता पानी।' भोबलाल बीच में खड़े हो गये। बाक़ी सब ने एक–दूसरे का हाथ पकड़कर घेरा बना लिया। भोबलाल एक रिद्म में बोले–'इत्ता इत्ता पानी, घोर घोर रानी।' 'घोर घोर' यानी 'पुरसा भर पानी।' शेष लोग अपने अंगों को छू–छूकर कहते–अंगुरि से दबरी (कोहनी तक...)। बार–बार भोबलाल 'इत्ता इत्ता...' दोहराते और घेरे के लोग कहते जाते–घुटने से जाँघ तक, बोदड़ी (बोड़री) से छतिया तक, ढेंटू (गला) से मुँह तक, आँख से मूँड़ (सिर) तक। बड़ी सहजता से इस खेल में बैगा बच्चे अंगों के नाम से परिचित हो जाते हैं। अन्त में घेरे वाले लोग केन्द्र में खड़े व्यक्ति से एक–एक करके कहते हैं कि–इंहा से जाहुं त तोर घुटना के हाड़े तोड़बो (यहाँ से जाऊँगा तो तुम्हारे घुटने की हड्डी तोड़ूँगा)। फिर तो सभी बारी–बारी से उसके भिन्न–भिन्न अंगों की हड्डियाँ तोड़ने का अभिनय करते हैं। मज़ेदार खेल है। नीचे से ऊपर तक अंगों को छूने में बच्चों की अच्छी कसरत भी हो जाती है।

(2)

बचपन में हम भी यह खेल खेलते थे। तनिक अलग ढंग से। पूछने वाला किसी ऊँची जगह खड़ा हो जाता था। शेष लोग नीचे। चबूतरे या सीढ़ी पर खड़ा बालक पूछता था–हरा समन्दर गोपीचन्दर, बोल मेरी मछरी कित्ता पानी। नीचे खड़े बच्चे अपनी एड़ी को छूकर कहते 'यहाँ से लेकर' और फिर घुटने को छूकर कहते 'इत्ता पानी।' यानी एड़ी से लेकर घुटने तक। फिर क्रमशः घुटने से जाँघ, जाँघ से पेट, पेट से छाती, छाती से गला, गले से नाक और नाक से सिर तक क्रमशः पानी की 'डुबान' बताई जाती। इसके बाद जब पूछा जाता कि 'बोल मेरी मछरी कित्ता पानी' तो सभी बच्चे 'अरे माई रे डूब गये डूब गये' कहते हुए इधर–उधर बिखर जाते थे।

(3)

हमारे ये परम्परागत खेल कितने पुराने हैं। ये कैसे भारत के भिन्न–भिन्न अंचलों में पहुँचे हैं। इनके भीतर आनन्द और 'एका' का अक्षय भाव भरा हुआ है। दूसरा खेल 'गुंधड़ी' भी ऐसा ही था जिसे हम 'कोड़वा बदाम' के नाम से खेलते थे। इस खेल में बच्चे गोला बनाकर बैठ जाते हैं। चर्रा, भोबलाल, बैगा बच्चे सभी गोला बनाकर बैठ गये। सुखलाल ने चर्रा की पगड़ी लेकर 'गुंधड़ी' बना ली, लपेट–लुपूट कर 'कोड़ा' जैसा बना लिया और 'गुंधड़ी रे गुंधड़ी' कहते हुए गोले के चारों ओर घूमने लगे। यह नियम है कि बैठे लोग पीछे मुड़कर नहीं देख सकते।

फिर उन्होंने गुंधड़ी भोबलाल के पीछे चुपके से रख दी और उसी तरह 'गुंधड़ी रे गुंधड़ी' कहते हुए चक्कर जारी रखा। यह भी नियम है कि अगर चक्कर पूरा होने तक बैठा हुआ व्यक्ति यह न भाँप सका कि 'गुंधड़ी' उसके पीछे धरी है तो चक्कर लगानेवाला उसे उसी गुंधड़ी से उसकी पीठ पर पाँच कोड़े लगाता है। और अगर वह भाँप गया तो वह चक्कर लगानेवाले की पीठ पर पाँच कोड़े लगाता है। अब उसे 'गुंधड़ी' घुमाने का भी मौक़ा मिल जाता है।

जो पहले चक्कर लगा रहा था, वह ख़ाली जगह पर बैठ जाता है। इस खेल में तो आनन्द–ही–आनन्द है। चक्कर लगाते समय घेरे में बैठे लोगों का संशय, गुंधड़ी रख दिये जाने के बाद का रोमांच, कोड़ा मारने और खाते समय का सर्वानन्द...। यह खेल देखकर मुझे अपने बचपन की और 'कोड़वा बदाम' की बहुत याद आयी।

(4)

और भी कई खेल खेले गये। इनमें से 'कुकड़ा पाट', 'लुकाछिपी' जैसा खेल था। एक खिलाड़ी चोर बनता है। वह आँख बन्द करके एक कोने में खड़ा हो जाता है। सौ तक गिनती गिनता है। इतने में बाक़ी सभी खिलाड़ी यहाँ–वहाँ छिप जाते हैं। गिनती ख़त्म करके चोर ज़ोर से चिल्लाता है–कोकड़े कूं, कहाँ लुकाए तूं? उधर से कोई आवाज़ लगाता है–एहर (इधर)। चोर आँखें खोलकर ढुँढ़ाई शुरू करता है। जो पहले पकड़ लिया जाता है, अब वह चोर बनता है। अगर खोजते समय कोई छिपा हुआ खिलाड़ी चुपके से आकर चोर की पीठ पर धप्पा जमा देता है तो चोर को फिर से चोर बनना पड़ता है।

पहली बार अर्जुन जी चोर बने थे। बाक़ी लोगों में कोई पेड़ के पीछे, कोई झाड़ के पीछे, कोई गेस्ट हाउस के मोटे खम्भे के पीछे तो कोई दरवाज़े के पीछे छिप गया था। इस खेल में छिपे हुए खिलाड़ियों की रहस्यमय खोज का अपना ही मज़ा है।

(5)

कल सब खेलों की मस्ती बिखेरकर चले गये तो सन्नाटा छा गया। हँसी–ठहाके और किलकारियाँ देर तक मेरे कानों में बजती रहीं। आज महिलाओं को भी आना था। कुछ युवक–युवतियों को भी बुलाया गया था। बैगा पर्व–त्योहारों पर खुलकर बात करनी थी।

एक बड़ा समूह दस बजते–बजते इकट्ठा हो गया। दरी बिछा दी गयी। क़रीब आधा बरामदा सबने छेक लिया। हमारे साथ के मेल–जोल ने इन सबमें एक प्रकार का आत्मबल और आत्मगौरव भर दिया है। सब खुल चुके हैं। हमसे रोज़–रोज़ बतियाकर इन सबको भी यह आभास हो चला है कि इनका 'पिछला' बहुत कुछ दरक रहा है। ये जान चुके हैं कि हम इनके हितैषी हैं। हमसे मिलकर इनकी ख़ुशी बढ़ जाती है। इस समय भी इनके चेहरे पर ये ख़ुशी छलक–छलक पड़ रही थी। कोमल कोंपल–सी ख़ुशी। दूधिया–दूधिया प्रांजल प्रसन्नता।

इन सबकी फ़ोटो भी हमने खींची, इनका आत्मीय बनकर। हमने नवजात शिशु को शगुन दिया, बहू को मुँहदिखाई दी, इनका पारिवारिक बनकर। इनके मृत्युशोक में हम सम्मिलित हुए, इष्ट–मित्र की तरह।

एक परिवार की पढ़ाकू बच्चियों को हमने बाज़ार से लाकर बैटरी दी कि उनकी मेज़ घड़ी बन्द पड़ी थी। एक परिवार की बहू–बेटी चादर काढ़ रही थी, उनके रंगीन धागे ख़त्म होने की कगार पर थे, हमने किसी को 'बजाग' भेजकर मँगा दिये। एक परिवार में महीनों से इंटर पास एक युवा को अपने विश्वविद्यालय में आगे पढ़ने और नौकरी की राह बता दी।

इन छोटी–छोटी बातों ने हमारे और बनवासी बैगाओं के बीच आत्मीयता का एक मज़बूत सूत्र बाँध दिया है। इनकी आत्माएँ स्वच्छ और निर्मल हैं अतः यह दूसरों की आत्मा की पवित्रता को तुरन्त पहचान लेते हैं।

आज की बातचीत में इस 'अपनापे' ने ग़ज़ब के रंग दिखाये। चहल–पहल मची हुई थी। छेड़–छाड़ और चुहल की बहार थी। धौल–धप्पे लग रहे थे। भोबलाल और सुखलाल आज सभा नायक थे। मैंने बुधराम (सर्वाधिक अनुभवी) की याद की थी तो वह भी पहुँच गये। हरी सिंह अपनी पत्नी जगोतिन बाई को आज भी साथ लाये थे। अब कोई कोर–कसर बाक़ी नहीं थी।

बैगा परब-त्योहार

(1)

चलिए, अब हमें बताइए अपने पर्व–त्योहारों के बारे में, मैंने कहा और बुधराम जी की ओर इशारा करके बोला कि आप ही शुरू कीजिए। बुधराम जी ने मन्थर गति से बताना प्रारम्भ किया। उनकी जानकारी को मैं अपने शब्दों में यहाँ कह दे रहा हूँ। आगे भी ऐसा ही करूँगा।

बुधराम जी ने बताया कि 'चैत' बैगाओं के लिए नया माह है। चैत शुरू होते ही प्रत्येक बैगा घर में नये महुआ की दारू बनाकर देवी–देवताओं को चढ़ाई जाती है। बैगा मूलतः कृषक हैं, पर उनका गहरा सम्बन्ध जल, जंगल और पहाड़ों से है, इसलिए हमारे अनेक देवी–देवता हैं। परबत देव, जल देव, वन देव हैं। धरती के, बीज के, फ़सल के भी देव–देवी हैं। अरे बाप रे, ढेर सारे हैं, कितना बताएँ–चरवाहा–चरवाही हैं, दुलहा–दुलही हैं, कारी रात के देव हैं, पनिहारिन देवी हैं, अन्न कुमारी हैं, देहरी के देव हैं, लच्छी गोआरिन, गोंगी रखवार, बहेर वासी पुरहवा पाँती हैं। हमारे आजा–दादी अर्थात् पुरखे भी हमारे लिए देवी–देवता के समान पूज्य हैं।

मैंने बैगा गाँवों से दूर इनके पूर्वजों के 'थान' और स्तम्भ कई बार देखे हैं। यह एक संकुल होता है जिसमें पत्थर के खम्भे दूर–दूर गड़े रहते हैं, या शंकु के आकार का 'पुरखा' एक छोटे से मन्दिर में (थान में) बैठाया रहता है। गोंड जनजाति में भी पुरखों के स्थल, पूजा स्थल के समान ही श्रद्धा के स्थल होते हैं।

बैगाओं के इन देवी–देवताओं में से कोई वन–पर्वत–जल और धरती की रक्षा करता है। कोई बीज और फ़सल में जीवन भरता है। कोई घने जंगलों में चरवाहों पर संकट नहीं आने देता। कोई नव–विवाहित जोड़ी को आशीष देता है। कोई काली रात में वन के भयानक जीवों से रक्षा करता है।

कोई कूप, सरिता, नहर–ताल से पानी भरते समय पनिहारिनों को जल दुर्घटना से बचाती हैं। कोई घर के कोठरों में रखे अन्न का संरक्षण करती हैं। कोई देव घर की देहरी की रखवाली करते हैं कि कोई भी संकट घर में प्रवेश न कर सके। लच्छी गोआरिन ग्वालों और पशु धन पर कृपा करती हैं। गोंगी रखवार परिवार के सदस्यों को हारी–बीमारी से दूर रखते हैं। बहेर वासी उन्हें कुशल से रखते हैं जो बैगा रोज़ी–रोटी के लिए गाँव से दूर चले गये हैं। पुरहवा पाँती भयंकर रोगों से रक्षा करते हैं।

इतने ही नहीं, और भी अनेक देवी–देवता हैं। बुख़ार के, चेचक के, सर्पदंश के, मिर्गी के, पागलपन के...। देवी–देवता चाहे कोई भी हों, उन सबसे यह प्रार्थना प्रारम्भ में ही की जाती है कि–भूत–परेतन को दूर करो, बच्चन को तन्दुरुस्त रखो, सबको ख़ुशी राख दे। 'सर्वे भवन्तु सुखिनः' का कैसा सरल भाष्य है। सिर्फ़ अपने लिए नहीं, यह प्रार्थना सबके लिए है।

(2)

बुधराम जी की मैंने प्रशंसा की कि इतना कुछ उन्हें स्मरण है। एक–एक देवी–देवता के बारे में वह ठहर–ठहर कर बोले ही जा रहे थे। मेरी प्रशंसा से वह खिल गये।

भोबलाल ने 'बिदरी पूजा' (भूमि पूजा) की चर्चा छेड़ी। उन्होंने बताया कि बैसाख में शुक्ल पक्ष के प्रारम्भ में या 'अख्ती' (पाँचवें दिन) में जब एक दिन का चाँद रहे तो बीज बन जाना चाहिए।

इस पूजा के लिए गाँव के किसी कुंवारे लड़के से पानी भरवाते हैं। इस 'आरुग पानी' (अर्घ्य) को घर में कहीं सुरक्षित रख देते हैं कि बच्चे जूठा न कर दें। अनाज भी वहीं रख दिया जाता है। गाँव के किनारे पर स्थित ग्राम देवता के स्थल की लिपाई–पुताई की जाती है। बैगाओं के ग्राम देवता 'बड़ा देव' हैं। गाँव भर के लोग वहाँ दारू लेकर जाते हैं। 'चींवां' भी ले जाते हैं, सबके लिए अलग–अलग रंग के मुर्ग़े। अनाज के बीच में खमहार की लकड़ी, मछली और दीया–जोत रख दिये जाते हैं। तीन, पाँच या सात के समूह में बैठकर होम करते हैं। चींवें की बलि दी जाती है। माता–महारानी का पाठ होता है। सबको भोग और फिर अनाज (बीज) बाँट देते हैं। लोग अँचरा (खोइंछा) में बीज को सोंकते (ग्रहण करते) हैं। फिर यही बीज खेत में बोयेंगे। यह बीजरी या बीजा की पूजा है–बीज की पूजा। इसी से अन्न पैदा होगा। पेट भरेगा। पोषण होगा।

(3)

जगोतिन बाई पहले एक बार आयी तो थीं पर कुछ बोली नहीं थीं, आज वो कुछ कहना चाहती थीं। उन्होंने 'हरियाली' पर छोटी–सी टिप्पणी की–यह सावन में मनाया जाता है। पूरे गाँव के खेतिहर बैगा अपने–अपने खेत के बीचोबीच आमे (आम) की हरी–हरी डालें गाड़ देते हैं। घर के मुख्य द्वार पर भी आम की डाली गाड़ी जाती है। चेंच भाजी (लाल शाक) देवी–देवताओं को चढ़ाते हैं। दीप जलाकर हूम (होम) किया जाता है। स्त्रियाँ नये वस्त्र पहनती हैं, सिंगार करती हैं। रात को एक जगह जुटकर नाचती–गाती हैं। यह सुहागिन स्त्रियों का पर्व है।

(4)

अब चर्रा 'नवाँ पर्व' की जानकारी देने के लिए खड़े हुए। वे सच में एक विद्यार्थी की तरह अपनी जगह पर खड़े हो गये, और खड़े–खड़े ही बोले। मैंने बैठने के लिए लाख कहा पर उन्होंने एक न सुनी। उन्होंने बताया कि भादों के शुक्ल पक्ष में यह नौ दिन का बैगा पर्व है। यह पर्व सबसे लम्बा और ख़ुशनुमा होता है। इस पर्व के पहले खेत से आया नया अनाज नहीं खाया जाता। यह नये अन्न को विधि–विधान के साथ ग्रहण करने का पर्व है।

मुयिलाइन के पत्तों को डंटी (डंडी/शाक) सहित काटकर 'चेरवां' (मण्डप) रचा जाता है। इसके नीचे देवों की संख्या के हिसाब से नये अन्न का कोठा (ढेरी) बनता है। सब अपना–अपना कोठा बनाते हैं। हूम की अग्नि जलाकर चार पत्तों के घेरे में (ठोंगे में) अनाज रखकर उसे अंगार के ऊपर रख दिया जाता है। अलग–अलग अनाज के 'घेरे'। अनाज भुन–सिंक जाते हैं। फिर इन्हें बड़े पत्तल पर एकत्रित कर लिया जाता है। नया अनाज। अब 'नवाँ का अनाज' खाना शुरू होता है (नवाँखानी)। लोग दारू पीते हैं। करमा गीत होता है। बैगा लोकगीतों में कई गीत 'नवाँखानी' पर्व पर हैं। चेच भाजी के साथ यह नवान्न खाया जाता है। एक लोकगीत की पंक्ति भी है–चेच भाजी के नवां खाये...। ससुराल गयी लड़की को मायके बुलाकर उसे 'मेहमान' करते हैं। उसे नव–भोजन कराते हैं। इस पर्व का अर्थ यह है कि नया अन्न घर में आया है, आज से वह हमारा पेट भरेगा, हमारा और परिवार का पोषण करेगा।

इससे बड़ा, सुखद और आनन्द का पर्व एक कृषक परिवार के लिए और कौन–सा हो सकता है। मैं इसे माता अन्नपूर्णा की पूजा के रूप में देखता हूँ। बैगा परिवारों का 'अन्नकूट'।

(5)

'दशहरा' पर बात करने का अनुरोध मैंने अर्जुन जी से किया। वे मुझे बता चुके थे कि बैगाओं के लिए यह नृत्य–गान का त्योहार है। वे नृत्य–गीत–विज्ञ हैं, इसलिए उन्हीं से निवेदन किया। वे ख़ुशी–ख़ुशी आगे आये।

दशहरा कुआर मास में पड़ता है। बड़ा रंगीन त्योहार है। इस दिन देवताओं को गेंदा का फूल चढ़ाते हैं। घर में भुने आटे और महुआ को सानकर लड्डू बनता है। बैगा स्त्री–पुरुष नहा–धोकर 'कोलार की पत्ती' का दर्शन करते हैं। देव पूजा होती है और फिर देव के सामने ही 'वाद्य' रखकर वाद्य पूजा की जाती है।

दशहरे के दिन से ही बैगा समाज में नाच–गाना शुरू होता है। मादल तो पूजा के तुरन्त बाद ही बजने लगता है। गीतों का सिलसिला चल पड़ता है। एक बैगा गीत का भावार्थ है–'नाच–गाना के देवता अब तैयार रहो। हम चांड़ा से बजाग भी जायँ तो हमारा साथ देना।' यह संगीत के देवता की अभ्यर्थना है।

दशहरे पर एक गाँव के पुरुष दूसरे गाँव जाते हैं। उस गाँव की लड़कियाँ भी निकल आती हैं। जमकर रात–भर नाच होता है। इसी नाच के बीच किसी–किसी लड़का–लड़की की शादी भी पहले तय हो जाती थी। अब यह विवाह वाली प्रथा समाप्त हो गयी है। दशहरे की धूम पूस माह की पूर्णिमा तक मची रहती है।

(6)

'देवारी' (दीपावली) कातिक में होती है। ढिमरिन बाई ने बताया कि यह 'जोत–बाती' का त्योहार है। बैगाओं और अहीरों का यह बहुत बड़ा पर्व है। देवी–देवता को और घर में हर जगह दीपक 'देते' हैं। नये धान के पिसान (आटे) का दीया बनाया जाता है। अहीर लोग गाय की 'पूँछी' (पूँछ) का बाल काट के उसे लोई में सानकर दीया बनाते हैं। फिर उसे बारकर (जलाकर) गाय को दीपक दिखाते हैं। 'छाठुर' (कलावा) पशुशाला के दुआर पर बाँधते हैं और इस तरह कोठा (पशुशाला) को जगाते हैं।

इस दिन बैगा लोग बकरी की खाल का ढपला (ढप) बजाते हैं। यह ढपला कैसी ध्वनि निकालता है, यह पतिराम ने मुँह से ताल निकालकर बताया—ढिनुक ढिनुक, ढम ढम ढिनुक, ढमाढम, ढमाढम। लक्ष्मी पूजा होती है—धन—दौलत की पूजा। देवी को गेंदा की माला पहनाते हैं। अहीर लोग गेंदा की माला बछिया को भी पहनाते हैं क्योंकि यही तो उनका धन—दौलत हैं। सरबस (सर्वस्व) हैं। देवारी के दिन कोई गैया—गोरू उनके पास से निकलती है तो श्रद्धा भाव से अहीर मौन हो जाते हैं।

अहीर इस दिन आखत (व्रत) रहते हैं—दिनभर नहीं खाते। रात में हल्दी मिले चावल का भात खाते हैं। बैगा लोग देवारी के दूसरे दिन गोवर्धन पूजा करते हैं। यह पहाड़ की पूजा है। दीप—जोत दिखाकर पहाड़ को नरियर (नारियल) चढ़ाया जाता है। वन—पर्वत ही तो हमें फल—फूल, बरखा—बूँदी देते हैं। देवारी हमारा पवित्र पर्व है। इस दिन बैगा मांस—मछरी नहीं खाते। दाल—तरकारी—भात खाते हैं।

(7)

भोबलाल ने हमें 'छेरता पर्व' का विवरण दिया। यह पर्व पूस मास की पूर्णिमा को मनाया जाता है। चन्दा जिस दिन पूर्ण हुआ कि एक लड़का घर—घर के दुआर पर जाकर चिल्लाता है (चिकर के बताता है) कि छेरता—परब आ गया। इस दिन विवाहित महिलाएँ घर के दुआर पर और पूरे घर में 'मढ़िया' अनाज के आटे से तीन उँगली का निशान छापती हैं। किशोर लड़के—लड़कियाँ घर—घर से अनाज माँग कर लाते हैं। लड़कियाँ चक्की पर इस अनाज का आटा पीसती हैं।

फिर सब मिलकर रोटी बनायेंगे। रोटी मोटी—मोटी (लिट्टी) बनाई जाती है। ये रोटियाँ खड़ी करके लड़कियाँ उसके चारों ओर मक्के के छिलके जला देती हैं। लड़के कौआ बनकर रोटी लूटने जाते हैं तो लड़कियाँ उन्हें भगाती हैं और इन्हीं जलते छिलकों से लड़कों को मारती हैं। लड़के भागते और बचते हैं। कपड़ा जल जाय, ख़ुद जल जायें, कोई शिकायत नहीं चलती।

यह एक खेल है जिसे 'काँवा खेल' कहते हैं। इसमें हार—जीत भी होती है। छेरता सामूहिकता का पर्व है। गाँव के सभी घर, किशोरवय बालक—बालिकाएँ और महिलाएँ सभी इसमें सम्मिलित रहते हैं। इसी दिन से 'फाग' गाना और सुनना शुरू हो जाता है। छेरता पर्व आनन्दोत्सव के

प्रारम्भ का शंखनाद है। भोबलाल ने माथा उठाकर कहा कि–धातुओं में जैसे सोना होता है वैसे ही उत्सवों में फाग होता है। 'छेरता' फाग को निमन्त्रण देने का पर्व है।

(8)

हरी सिंह मस्तमौला जीव हैं। नर्तक भी हैं और गायक भी। तो उन्हीं से कहा गया 'फाग चर्चा' करने के लिए। पत्नी जगोतिन बाई साथ थीं, रस तो छलक ही रहा होगा। हरी सिंह ने कहा कि 'तौ अबहुँ फूल का रंग बनावैं।' पहले केसुल (टेसू के फूल का रंग बैगा बनाते थे)। पलाश के फूल का भी रंग बनता था। हम बाँस की पिचकुरी (पिचकारी) भी बनाते थे। ख़ूब दूर तक फेंकता था। 'ई रंग–फंग तो बहुत अबेर ते आये।'

होली के दस दिन पहले सेम्हर (सेमल) तोड़कर लड़के 'होलिका' जुटाते हैं। सेम्हर के साथ ताँबे का एक छल्ला और पाँच रोटी रखकर होलिका गाड़ी जाती है।

होली दो दिन होती है। एक दिन नान्ह होली (छोटी होली) और दूसरे दिन बड़की होली (बड़ी होली)। 'नान्ह' होली को दीया जलाकर 'मुकद्दम' (सरपंच) को देते हैं, होलिका जलाने के लिए। होली जलने के बाद बड़ी वाली 'बारी' (घास) परिवार के सभी सदस्यों, ख़ासकर बच्चों के ऊपर से घुमाकर होलिका में डाल देते हैं कि 'सब कुछ अच्छा–अच्छा बीते, शुभ–शुभ हो, विपत्ति कभी न आये।'

दूसरे दिन की होली 'धुरेड़ी' (धूर–धूल) से शुरू होती है। होलिका की राख (धूर) से होली खेली जाती है। घर–घर जाकर गाली गायी जाती है–*खेलनी आये तो खेल गोरी होरी लाल लाल।* इसके बाद अबीर की होली की बारी आती है। सबसे पहले मुकद्दम को गुलाल का टीका लगाते हैं, बाद में और सब को। कहीं–कहीं इस क्षेत्र में केसुल (टेसू) के फूल की फुलवारी अभी भी है। पुराने लोग उसका रंग बना लेते हैं। फूल का रंग लाल बनता है। टेसू की जड़ से पीला रंग बन जाता है। प्रकृति के पास भला रंगों की कोई कमी है। पर अब रंग भी बनावटी हो गये हैं।

घरों में बैगा अपने देवी–देवता को भी गुलाल लगा के उनका आशीर्वाद लेते हैं। होली के दिन दारू भी चलती है और मांस–मछली भी। तीन–चार दिन तक मिलना–मिलाना, गाना–बजाना, खाना–पीना चलता रहता है।

अब तो 'शिकार' की मनाही हो गयी है। बाज़ार में मांस बहुत महँगा हो गया है। पर मछरी तो हम मार ही लेते हैं। मुर्गा–मुर्गी भी मिल जाता है क्योंकि इन्हें सभी बैगा घरों में पाला–पोसा जाता है।

(9)

फाग का राग सुनकर मुझे अपने शहर बनारस की बेतरह याद आ गयी। बनारस की होली और बैगा होली में बहुत समानता है। होलिका (छोटकी होली) और धुरेड़ी, जिसे हम 'धुलण्डी' कहते हैं, बनारस में भी होली दो दिन होती है। होलिका को प्रज्वलित करने की 'साइत' पण्डित जी निकालते हैं। किसी घर से दीप जाता है, वही होलिका के भीतर लकड़ियों के बीच रख दिया जाता है। घरों में सभी सदस्यों के पंजों से एड़ी तक 'उबटन' लगाकर मैल निकाली जाती है। घर में ही गोबर की बड़ी–सी 'गोहरी' (चिपरी) सुखाकर तैयार की जाती है। इस पर मजे में तेल चुआ कर इसे सिन्दूर से 'टीप' देते हैं। इसी चिपरी पर उबटन वाली मैल रख कर घर–घर से लोग ले जाकर होलिका में डाल देते हैं। ठीक उसी तरह जैसे बैगा 'बारी' को डालते हैं। हमारे यहाँ भी भाव यही था कि सब कुछ अच्छा बीते, शुभ–शुभ हो, कभी विपत्ति न आये।

गुलाल और रंग की होली भी ऐसी ही होती। गीले रंग की भी और अबीर–गुलाल की भी। नाच–गाना भी होता और गालियाँ भी दी जातीं। 'कबीरा' का भी वाचन होता। लोग एक–दूसरे के घर जाते और रंग खेलते।

होलिका की शाम को किशोरों और युवकों का एक दल घर–घर जाता और होलिका में डालने के लिए लकड़ी का कुन्दा, घी और पूजा–सामग्री के लिए चन्दा देने की गुहार करता। अब तक 'फगुनहट' का खुमार पूरी तरह चढ़ चुका होता। प्रत्येक घर के बाहर खड़े होकर यह समूह बुलन्द नारा लगाता–*बेहरी (चन्दा) दा भाई बेहरी दा, नाहीं त आपन मेहरी (पत्नी) दा)।* कोई बुरा नहीं मानता था।

मुझे लगता है कि फाग (होली) एक लोक पर्व है। इसीलिए इसका प्रसार तीव्रता से हुआ होगा। यह प्रसार ग्रामीण और क़स्बाई जीवन और आम लोगों में अधिक हुआ, इसलिए इसमें बदलाव भी बहुत कम ही हो पाये।

बैगा बनवासियों की जीवनगाथा

यह गाथा मैंने बैगा स्त्री–पुरुषों के मुख से ही सुनी। सुनकर कलेजा हिल गया–उपेक्षा, प्रताड़ना, अत्याचार और भीति के कितने–कितने दंश इनकी आत्मा पर गड़े हुए हैं।

बुधराम (जो सबसे वयोवृद्ध हैं), बताते हैं कि लड़कपन में हम सिपाही या कोनो सरकारी कारकुन को देख के एहर–ओहर लुका जायें कि सामने पड़ जायेंगे तो पैसा माँगेगा, न देने पर पीटेगा। ऊ सब डंडन से मारें। उन्होंने यह भी बताया कि ग्रामीण बैगा शहर के लोगों को देखकर भी भयभीत हो जाते थे। एक बार उन्हें दो शहरी 'धुरकुटा' में दिख गये। दोनों पानी पिलाने को बोले, हम जवान थे, पर डर के मारे दौड़ कर दूसरी ओर भाग गये। बैगाओं को 'दिकुअन' (दिकु अर्थात् बाहर से आये व्यापारी) और कोचिया (दलालों) ने भी बहुत सताया है। हम तो रुपया–पैसा गिनना भी न जानें। फिर हँस कर बोले कि सिमरी बाई, ढिमरिन बाई और ये बूढ़ी महिलाएँ पैसा का हिसाब नहीं लगा सकतीं। ये दिकु और कोचिया हमें नमक देकर, तमाकू देकर, बीड़ी देकर, कपड़ा–लुग्गा देकर बदले में हमसे चिरौंजी, शहद और गोंद ले जायें। चिरौंजी एहर ख़ूब होये, अभी भी होती है। तब हमें एका मोल पता न था। बुधराम जी ने बैगा जीवनगाथा के कई यथार्थ हमारे सामने खोले जो अविश्वसनीय प्रतीत हो रहे थे, पर सत्य थे।

अर्जुन जी पढ़ना चाहते थे। घरवाले तैयार नहीं थे। माई तो रोने–गाने लगी। पिता भी ख़ुश नहीं थे कि घर का कामकाज करनेवाला एक हाथ कम हो जायेगा। पर ये अड़े रहे। 'आश्रम स्कूल' में प्रवेश मिल गया।

स्कूल में थे तो इतिहास के टीचर के कहने पर 'यहीं' गेस्ट हाउस देखने पहुँचे। सन् 51–52 का साल रहा होगा। अभी गेट में घुसा ही था कि 'रेंजर' इसी वरांडे में खड़ा था, हमें देख कर चिल्लाया–तू अन्दर कैसे घुस आया बे साले! हम काँपत–काँपत जवाब दिहिस कि–साहब, सन् देखने आयो हो (कि गेस्ट हाउस किस सन् में बना है)। रेंजर बमक उठा–क्यों? साले, सन् काहे देखेगा? हमने डर कर कही–हमारे इतिहास के टीचर बोले कि देखकर आओ।

अब तो रेंजर आपे से बाहर हो गया, गालियाँ देने लगा–साले, तेरी... की, तेरे टीचर के... की, चल निकल जा। रेंजर की बात सुनकर हम 'पराए भए'।

ब्रिटिश राज का सूर्य तो अस्त हो गया था पर उनके अत्याचारी अवशेष अभी भी पूरी तरह धूल–धूसरित नहीं हुए थे। अपने ही वंचित भाइयों के प्रति अवहेलना की भावना भी वही थी कि एक अदना–से आदिवासी की गेस्ट हाउस के प्रांगण में प्रवेश करने की हिम्मत कैसे हुई। यह कीड़ा अभी भी किसी पदधारी में कुलबुलाता रहता है। मैंने गेस्ट हाउस के केयरटेकर की बात की थी, जिसे बनवासी बैगाओं का यहाँ आना–जाना अच्छा नहीं लगा था। एक और गाथा है। अर्जुन जी को प्राइमरी स्कूल में अध्यापक की नौकरी मिल गयी। वे प्रतिभाशाली थे। बैगा समाज में लोकप्रिय भी थे। फिर प्रमोशन के लिए प्रयास करते रहे। 1976 में किसी ने इन्हें एक अधिकारी से मिलने की राय दी। इस सिलसिले में ये दो–तीन बार भोपाल गये। दरबान भगा दे। ये कहें कि हम टीचर हैं, पढ़े–लिखे हैं पर उस पर कोई असर न पड़ा। तीसरी बार तो साहब के कहने पर उसने इनके ऊपर कुत्ता छोड़ दिया। किसी तरह सीढ़ी लाँघ कर, दीवार फाँद कर अर्जुन भागे नहीं तो 'कुत्ता चाँप डालता।'

अर्जुन को उस रेंजर और अधिकारी के नाम अभी तक याद हैं। आज तो वे इन अमानवीय घटनाओं को हँस–हँस कर सुनाते हैं, पर उनके भीतर खिंचती अपमान बोध की लकीर को कोई भी देख पा सकता है।

सुखलाल भी शिक्षित हैं। सरकारी कर्मचारी हैं। उन्होंने अपनी बात 'चाड़ा' से प्रारम्भ की। उनके दादा और पिता बताते थे कि चाड़ा में सबसे पहले गोंड आये। बाद में बैगा आये। अँगरेज़ी राज में 'बेगारी' का दबाव गहरा था। हमारे पूर्वज यहाँ से वहाँ भागते फिरते थे। नीचे की पहाड़ी से भागें, ऊपर, और ऊपर, और ऊपर। इस तरह चाड़ा आ गये।

बेगारी और शोषण का भय न होता तो इस घोर वन में कौन आता? हमारे बाप–दादा शेर–भालुन के बीच रहे हैं। नीचे से भागते–भागते जब बैगा चाड़ा पहुँचे तब तक गोंडों ने अच्छी ज़मीनों और क्षेत्रों पर क़ब्ज़ा कर लिया था। बैगा भी यहाँ–वहाँ छितरा के बस गये। हमार दादा ने देखी थी, भोगी भी थी, अँगरेज़ों के अत्याचार की अति थी। क्या करते? जो आये, वो शासन करने। ब्यौपारी भी अँगरेज़न से मिल गये थे। लगान भी भारी था। सब अत्याचारी आपस में मिल गये थे। बेगार करवा के भगाये दे, लतिया के। डण्डन से मारें।

बैगा समाज का वर्तमान

(1)

बैगा बनवासी मूरख नहीं हैं। वे सारे नाप–जोख जानते हैं। वे अपना घर बना लेते हैं। कई औज़ार स्वयं तैयार कर लेते हैं। मछली मारने के तरह–तरह के उपकरण बना लेते हैं। बाँस और लकड़ी की कई वस्तुएँ तैयार कर लेते हैं। पक्की नाप–जोख है इनकी। लम्बाई, चौड़ाई, दूरी और माप–तौल का इनका अपना गणित है (देखें, शब्द सन्दर्भ)। बैगा जनजाति एक 'कौशल युक्त' जनजाति है। कृषि, शिकार, मछली मारने, रस्सी बुनने, वनस्पतियों–औषधियों की पहचान करने जैसे इनमें अनेक कौशल (स्किल्स) मौजूद हैं। इतने–इतने कौशल कि हम इनके सामने मूर्ख लगते हैं।

ज्ञान के तो ये भ्ण्डार हैं। हम इनके ज्ञान को परम्परागत (इंडिजेनस) या प्राचीन (प्रिमिटिव) कहक़र अपने आधुनिक ज्ञान को श्रेष्ठ मानने का भ्रम पाले हुए हैं, जबकि 'बैगा ज्ञान' पूर्णतः लोकसिद्ध और लोकसम्मत है। इनका 'प्रत्येक' ज्ञान प्रकृति से सम्बद्ध है अतः वह हर मायने में श्रेष्ठ और उपयोगी है। ऋतुओं, मौसम, पर्यावरण और वन–सम्पदा से नियन्त्रित बैगा ज्ञान अनूठा है। परिपूर्ण है।

उस दिन बजरू बता रहे थे कि हम निस–दिन, बारहों महीने वन के भीतर हलते हैं। और जंगल हमें कभी भी निराश नहीं करता– कभी मौसमी फल देता है, कभी कन्द, कभी शाक तो कभी जलावन, छाल, पत्ती और बीज। वन ही हमें शिकार देता है। मछली देता है। मवेशियों के लिए 'चारा' देता है। हम जो माँगें, जो चाहें, वन से हमें मिल जाता है। तभी तो अरण्यानी इनकी जननी हैं और ये बैगा बनवासी उनके वनपुत्र।

(2)

हमारे बैगा बनवासी मित्र थोड़े अन्धविश्वासी भी हैं। सवनी बाई ने एक घटना सुनाई कि एक बार बजाग के बाज़ार में किसी 'दिकु' ने आटे–मसाले की चक्की लगा ली। उसने अपना ब्यौपार चलाने के लिए यह अफ़वाह फैलवा दी कि चैता के इस मास में घर–घर भूत आता है जो चक्की और सिल 'टांक' जाता है। इसलिए कोई भी इनका उपयोग न करे। गाँव–गाँव में भय छा गया। तन्तर–मन्तर होने लगा। तब कुछ पढ़े–लिखे बैगाओं ने सबको इसकी असलियत समझाई। बैगा समाज में आज भी ओझा और गुनिया की बड़ी पूछ है। ये बैगा ही होते हैं जो झाड़–फूँक, टोना–टोटका और तन्त्र–मन्त्र करते हैं।

इस पूरे क्षेत्र में बैगाओं की पहचान वैद्य के रूप में भी है और ओझा या गुनिया के रूप में भी। भूत–परेत से बैगा बहुत डरते हैं। कई बैगा देवता तो इन्हीं दुष्ट शक्तियों से रक्षा करने के लिए पूजे जाते हैं।

किसी को साँप काट ले तो ओझा मन्तर से झाड़ता है। सर्प दंश झाड़ने के लिए मोरपंखी तथा भूत–चुड़ैल की झाड़–फूँक के लिए ओझा झाडू या चिमटा का इस्तेमाल करते हैं। कोई गम्भीर 'केस' हुआ तो 'देव के थान' या इस कार्य के लिए मान्यता प्राप्त किसी वृक्ष के नीचे बकरे या मुर्गे की बलि भी दी जाती है।

हम ऐसे एक 'कर्मकाण्ड' में गये भी और अपनी आँखों से यह पूरी प्रक्रिया देखी। एक बकरा पूजा स्थल के पास ही खूँटे से बँधा था। एक थाली में अनाज, गुड़ और ढेर सारी दूब रख कर बकरे की पूजा की गयी और थाली उसके सामने रख दी गयी। वह खाने लगा। उसे एक माला भी पहना दी गयी।

फिर सिन्दूर, तिल, चावल और फूल माला से देव पूजा की गयी। भूत चढ़े व्यक्ति को वहीं पास में बैठा कर ओझा ने मन्त्र पढ़–पढ़कर देर तक चिमटे से झाड़–फूँक शुरू कर दी। एक बैगा भिन्न प्रकार की तेज़ धार की टंगारी लिए खड़ा था। बताया गया कि यह टंगारी और वह व्यक्ति भी विशेष हैं। यह एक वार करता है और बकरे की मुण्डी अलग हो जाती है।

तभी बकरे की रस्सी खींचकर उसे देव के निकट लाया गया। महिलाओं ने उसकी विधिवत् पूजा की, तिलक किया और वहाँ से हट गयीं। अब टंगारी की चोट की गयी और खट्।

चर्रा चाड़ा वनांचल के जाने–माने ओझा हैं। मैंने उनसे कहा कि वे झाड़–फूँक के मन्त्र पढ़ते हुए कोई तान्त्रिक पूजा करें। वे तैयार हो गये। पर अगले ही पल उन्हें 'जोम' आ गया। उनका सिर और पूरा शरीर गन–गन, गन–गन हिलने लगा। एकदम बेक़ाबू हो गये। पाँच–सात मिनट बाद वे प्रकृतिस्थ हुए। मैं तो एकदम घबरा गया था। पर बैगा भाई–बहन एकदम सहज थे। मेरी परेशानी भाँप कर गोपाल बोले–'आपे उठ जात है, चिन्ता न करें।'

उठने के बाद चर्रा ने बुधराम जी से कहा कि–पूजा–पाठ कराया नहीं, और झाड़–फूँक का मन्त्र पूछ रहे हैं। बुधराम जी ने मुझसे बताया कि यह विद्या सिखाते समय इनके गुरु ने यह वचन लिया है कि बिना उनकी आज्ञा के, अर्थात् एक निर्धारित पूजा किये बिना किसी भी मन्त्र का उच्चारण ये नहीं करेंगे। इसीलिए जब ये मन्त्र जपने के लिए तैयार हुए तो 'देवी जाग्रत हो गयीं।'

कैसे छोटे–छोटे विश्वास, नन्ही–नन्ही आस्थाएँ। कोई इन्हें अन्धविश्वास माने तो माने, बनवासी बैगाओं के लिए तो ये सामाजिक आचरण हैं, धार्मिक अनुष्ठान हैं और उनके जीवन का आध्यात्मिक आधार हैं।

(3)

बहुत तेज़ी से परिवर्तन आ रहा है बैगा जीवन में और समाज में। सिवनी बाई ने बताया कि घर की सजावट अब कम हो गयी है। पहले रोज़ घर 'लिपाय', धरती पर आटा से फूल बने, पत्ती बने। दीवार पर गेरू या लाल मट्टी से चित्र 'खिंचाय'। रसोई में दीवार पर सुरुज–चाँद बने, पनिहारिन बने। कलस–चक्की–चूल्हा बने। यह सब बनाने में गोबर या गेरू से हम काम लें। हम तो बहरी दालान की दीवाल और दुआर पर भी चित्र उकेर दें।

उन्होंने उदास होकर कहा कि–'पुराना रीति–रिवाज़ अब छूटते जा रहे हैं।' अब तो सफ़ेद खड़िया से देवारी–दशहरा पर घर के बाहर की दीवारों पर कुछ रेखा खींच देहें, यह भी एक–दो घर में हो तो हो। घर पक्के बनते जा रहे हैं इसलिए बैगा भित्तिकला का दिखना और मिलना भी कठिन होता जा रहा है।

ढिमरिन बाई भी चिन्ता के स्वर में बोलीं कि 'गोदना' भी कम होता जा रहा है। पहिले ढेर तरह का गोदना गोदाये। कुँआरी के अलग गोदाय,

बियाहता के अलग। पूरे शरीर पर गोदाय। अब तो गोदना गोदने वाली भी कम हो गयी हैं। नाहीं त घर–घर घूमें। अब गुदवाना हो तो इन्हें बुलावे के पड़त है। नयी लड़कियाँ गोदना गोदवाने से बचती हैं। कोई–कोई बस माथे पर गोदवाती हैं, फिर हँसते हुए बोलीं–'उसे भी मिटाने के चक्कर में रहती हैं।'

खाना–पीना भी बदल रहा है। गंगाधर जी वैद्य हैं। इस क्षेत्र के बैगाजन को रोगमुक्त करते हैं, बोले, नौजवान सब अब जंगली फल खाना छोड़ दिये हैं। ये फल मौसमी होते हैं और उस मौसम में औषधि और रोग प्रतिरोधक का काम करते हैं। मेथी, चना, केसारी आदि के साग को अब कच्चा कोई नहीं खाता। साग को कच्चे चबाकर खाने से मुँह के कई विकार नहीं हो पाते और इसके रस से गले और उदर रोग मुक्त रहते हैं, पाचन शक्ति बढ़ती है।

उन्होंने अपने को समझाते हुए मुझसे कहा–साहब, जीवन तो बदलेगा, बैगा भी बदले हैं। वनोपजों पर इनकी निर्भरता घट रही है। विश्वास कम हो रहा है। बाहर की कितनी चीज़ें बाज़ार में आ गयी हैं। लोग समोसा, मुंगौड़ी, उबला अण्डा, गुपचुप (गोलगप्पा) खाने लगे हैं–हम तो इनका नाम भी नहीं जानते थे। प्राकृतिक भोजन में कमी आने से बीमारियाँ बढ़ी हैं।

तभी भोबलाल भी बोल उठे कि पहले हम चाय न पियें। कई घरों में अभी तक चाय नहीं आयी है पर दुकान पर लोग पिये लगे हैं। गंगाधर जी ने कहा, चाय रोग की तरह नहीं फैली है बैगा लोगन में पर धीरे–धीरे हमारे जीवन में घुस रही है।

बिरसी बाई भी आगे आयीं। वे चाड़ा क्षेत्र के बैगाओं के बीच समाज–सेविका का काम भी करती हैं। दारू का प्रचलन बैगा समाज में कम हो, इसकी समाप्ति हो, यह लड़ाई लड़ती हैं। बोलीं, पहिले इतनी दारू खोरी हमारे समाज में नहीं थी। रसम–रिवाज़ में, शादी–बियाह में पी जाये। पूजा–पाठ में चढ़ाई जाय। दशहरा–फगुआ पर चल जाय।

अब तो लोगन को लत लग गयी है। हमार बच्चे (युवक) हमेस नसा में रहें। कितने बैगा परिवार बिगाड़ दिहिस ई दारू।

पूछने पर उन्होंने बैगांचल में शराब का अर्थतन्त्र भी मुझे अच्छी तरह समझाया कि महुआ सामान्यतः चालीस रुपया किलो मिलता है। मक्का या कोई अनाज देकर भी लिया जा सकता है। चार किलो महुआ में सात–आठ

बोतल दारू बन जाता है। एक बोतल में चार लोग पूरा नशा में आ सकते हैं। महुआ हमार इलाक़े में बहुत कम होत है, छत्तीसगढ़ से आत है।

बैगा के 'कामकाज' में दारू ज़रूरी है, इसी आधार पर कानून (1927) बनाया गया जो आज भी जारी है कि इस इलाक़े में महुआ की दारू बनाने और पीने की छूट है। वे बड़े ही दुखी स्वर में बोलीं–ई दारू ने हमें नास कर दिया है, साहब।

बिरसी बाई की बात को थोड़ा 'लाइटर' बनाते हुए भोबलाल ने बताया कि यह सच है कि छूट मिलने से दारूबाज़ी बहुत बढ़ी है। उन्होंने बैगा समाज में बढ़ रहे इसके प्रकोप को इस तरह समझाया कि दारूबाज़ों के 'नशा' की कोटियाँ तक बना दी गयी हैं–एक को कहते हैं 'मीठू नशा' कि थोड़ी–सी पी ली, मीठा–मीठा (हल्का) नशा कर लिया। दूसरे को 'बछड़ा नशा' कहते हैं कि बछड़े की तरह थोड़ी देर धमा–चौकड़ी मचा ली। तीसरा है, 'शेर नशा', पीकर दहाड़ने लगे। 'हाथी नशा' अर्थात् पीकर मस्त हो जाना, झूमने लगना, ऐसे में कछु होस नहीं रहता। और पाँचवाँ 'सूअर नशा' मतलब कि नशे में इतना धुत हो जाना कि एक क़दम चल न सकैं, भहरा जायँ, नरिया, किंचला (कीचड़) में जा पड़ें। उन्होंने बताया कि इन सभी कोटियों के नशेबाज़ बैगा समाज में मिल जायेंगे।

अर्जुन जी ने बड़े दुख के साथ अपने बेटे का प्रसंग प्रस्तुत किया, उनका बड़ा बेटा पक्का 'नसेड़ी' हो गया है। वह 'हाथी नशा' के 'स्टेज' पर पहुँच चुका है। दिन–रात पिये रहता है। शादी कर दी, एक बच्ची भी हो गयी पर उसकी 'लत' छूटती ही नहीं। साहब, हमारा घर–भर उससे दुखी है। का करैं, कछु समझइबे नहीं पड़ता। उसके परिवार का पूरा बोझा हमारहिं ऊपर है।

फिर बोले नवाँ लड़िकन में नशा बढ़तै जात है। बिरसी बाई बोलीं, ऐसा बुरा हाल कबहुँ नहीं था। साहब, इसको हमें, बैगाओं को मिलकर रोकना होगा।

(4)

हरी सिंह कह रहे थे कि आदिवासियों के जीवन में संस्कृति का जो प्रवाह है उसे लीलने के सौ रास्ते बन गये हैं–देखते–देखते। इन्हें मरोड़ कर तोड़ने की कोशिश जारी है। वे एकदम ठीक कह रहे हैं। मैंने भी अनेक हाटों में जाकर यह महसूस किया कि सस्ती क़िस्म की जीन्स,

रंगीन टी–शर्ट और जैकेटें बिक रही हैं। 'नाइकी टाइप' का नकली जूता भी बाज़ार में है। किशोर और युवा–बैगा, गोंड, अगरिया इन्हें पहनकर हीरो बने घूमने लगे हैं। इन सब ने अपने बाल भी 'हार्दिक पंड्यानुमा' कटवा लिए हैं। विश्वविद्यालय के सामने जो दो 'सैलून' खुल गये हैं, वे बालों पर यह कलाकारी दिखाते हैं। आदिवासी पहचान ही लुप्त हो गयी है।

इतना ही नहीं, हमने 'गाड़ा सरई', गोरखपुर, बजाग और लालपुर हाट में भी अपनी आँखों से देखा कि कुछ दुकानों पर 'नकली' सामानों की बिक्री चल रही थी। सारी वस्तुएँ 'डुप्लीकेट'–लक्स, रेक्सोना, रिन जैसे साबुन, मैगी, लेज़, कोलगेट के हूबहू पैकेट, बस वर्तनी बदली हुई, ध्यान न दें तो पता ही न चले कि असली हैं या नक़ली। चर्रा ने बताया कि धीरे–धीरे इन वस्तुओं का शिकंजा युवाओं पर कसता जा रहा है। आदिवासी 'ओरिजिनल' चीज़ें नहीं ख़रीद सकते, यह जानकर उन्हें इन नक़ली चीज़ों से भरमाया जा रहा है। उनकी सेहत से खेला जा रहा है। केवल सर्फ, रिन या मंजन ही नहीं, खाने के तेल, रिफाइंड ऑयल, ग्लूकोज बिस्किट जैसी ढेरों खाने–पीने की चीज़ों की नक़ल खुलेआम बेची जा रही हैं।

हफ़्ते–दर–हफ़्ते ये हाटें भिन्न–भिन्न वनक्षेत्रों में लगती हैं। सुना था कि 'बाज़ार' किसी को भी नहीं छोड़ता। पर क्या वह 'इस तरह' पकड़ता है? हमें इन भोले–भाले प्राणियों के जीवन से खेलने का अधिकार किसने दिया? कौन हैं वो लोग जो इन जानलेवा वस्तुओं का उत्पादन करते हैं? कौन है वह 'सूत्रधार' जो इनका संचालन करता है? क्या कभी कम से कम इन नकली खाने–पीने की चीज़ों की जाँच की गयी है? किसी समूह या समाज के शान्त, सन्तुष्ट और छलहीन जीवन में दख़लअन्दाज़ी की भी एक हद होती है। यह कैसा 'बाज़ारवाद' और ये कैसा विकास?

(5)

ये तो लाभ–हानि का खेल है। बाज़ार नैतिक–अनैतिक की परवाह ही कहाँ करता है। वह तो 'धन' की महिमा गाता है, और इसे पाने के लिए कुछ भी कर सकता है।

पर इस वनांचल में बहुत कुछ अच्छा भी घट रहा है। मेरे देखते ही देखते केन्द्र सरकार की अनेक योजनाओं ने इस 'ग्रामीण वन' की कायापलट कर दी है। शिक्षा का प्रसार बहुत बढ़ गया है।

हमने आँकड़ों में भी पाया और ख़ुद भी जाकर देखा कि स्कूलों में छात्र–छात्राओं की संख्या बढ़ी है। 'ड्रॉपआउट्स' की संख्या में काफ़ी कमी आयी है। 10वीं से 12वीं कक्षा तक भी विद्यार्थियों की संख्या बनी रहती है। अब पारिवारिक, सामाजिक और आर्थिक दबाव भी उतने नहीं हैं कि बच्चों को शिक्षा प्राप्त करने से रोका जाय।

हमने पाया कि इन स्कूलों में उत्तीर्णता का प्रतिशत सन्तोषजनक है और यह भी कि लड़कियों का उत्तीर्णता प्रतिशत लड़कों की अपेक्षा अधिक है। आदिवासी लड़कियाँ बढ़–चढ़कर स्कूल जाने लगी हैं। विश्वविद्यालय के इर्द–गिर्द कई विद्यालय हैं।

मैं रोज़ आते–जाते दोनों समय लड़के–लड़कियों को स्कूल जाते और स्कूल से लौटते देखता हूँ। लड़कियाँ सफ़ेद सलवार और नीले कुर्ते में तथा लड़के नीली पैंट और सफ़ेद क़मीज़ में। लड़कियाँ ज़्यादा होती हैं। समूह में चलती हैं। छोटे बच्चे भी दिखाई पड़ते हैं, कन्याएँ नीली फ्रॉक में और बालक नीली हाफ पैंट और सफ़ेद क़मीज़ में। ये सभी बच्चे करीने से बाल बनाये और साफ़–सुथरे दिखते हैं।

9वीं, 10वीं, 11वीं और 12वीं के प्रतिभाशाली बच्चों को राज्य सरकार ने साइकिलें दी हैं। इस पूरे वनांचल में ख़ूब साइकिलें दौड़ती हैं। 'सर्व शिक्षा अभियान' (सब पढ़ें सब बढ़ें) तथा 'बेटी बचाओ बेटी पढ़ाओ' का अभियान इस क्षेत्र में सफल होता साफ़–साफ़ दिखाई दे रहा है।

विश्वविद्यालय प्रांगण में चल रहे केन्द्रीय विद्यालय में भी आदिवासी बच्चे शामिल हो रहे हैं। 'मॉडल ट्राइबल स्कूल' में तो नन्हे–मुन्ने आदिवासी बच्चे छात्रावास में रह कर शिक्षा प्राप्त करते हैं। विश्वविद्यालय के विभिन्न पाठ्यक्रमों में आदिवासी विद्यार्थियों की संख्या पचास प्रतिशत से भी अधिक है। आस–पास के आदिवासी छात्र–छात्राओं को इन्दिरा गाँधी राष्ट्रीय जनजातीय विश्वविद्यालय ने उच्च शिक्षा प्राप्त करने का सुअवसर प्रदान कर दिया है। विश्वविद्यालय में इनके लिए छात्रावास तथा 'मेस' की भी उत्तम व्यवस्था की गयी है।

(6)

'प्रधानमन्त्री ग्रामीण सड़क योजना' ने छोटे–छोटे गाँवों को आपस में जोड़ दिया है। आवागमन आसान हो गया है। ये सड़कें बहुत अच्छी बनी हैं। हम ऐसी ही एक लम्बी सड़क से गाँव–गाँव होकर रोज़ विश्वविद्यालय जाते हैं।

'घाटों' की सड़कें भी मज़बूत बना दी गयी हैं। ये आर.सी.सी. सड़कें हैं। अब इनमें से अधिकांश सड़कें टूटी–फूटी नहीं हैं। हैं भी तो बहुत कम। इनकी मरम्मत का काम भी चलता रहता है। मैं देखता हूँ कि कभी कोई तो कभी कोई सड़क इस वनक्षेत्र में बनती ही रहती है। मेरे घर के सामने वाली 'ग्रामीण सड़क' भी दो साल पहले एकदम बढ़िया बना दी गयी है। इन सड़कों के बन जाने से अब वनवासियों में भी 'बाइक' आदि ख़रीदेने की इच्छा जाग्रत हो गयी है।

(7)

इस वनक्षेत्र में चिकित्सा सुविधा भी उत्कृष्ट कोटि की हो गयी है। हम तो सघन वनक्षेत्र के गाँव–गाँव में घूमते हैं। इन सभी गाँवों में 'प्राथमिक स्वास्थ्य केन्द्र' हैं। चाड़ा के स्वास्थ्य केन्द्र में भी हम गये थे जो साफ़–सुथरा और सामान्य सुविधाओं से लैस था। अब अधिकतर आदिवासी 'जचगी' इन स्वास्थ्य केन्द्रों में ही कराते हैं। गंगाधर जी ने इनकी आलोचना करते हुए कहा था कि बच्चा पेट में आने से लेकर पैदा होने तक जो–जो जड़ी–बूटियाँ और ताक़त पैदा करनेवाले काढ़े माँ को दिये जाते थे, उनका प्रचलन धीरे–धीरे कम हो रहा है। बच्चा पैदा होने के बाद तीन महीने तक माँ को वनौषधियाँ मिलाकर तरह–तरह के लड्डू बनाकर खिलाये जाते थे जो उसे स्थायी रूप से शक्ति देते थे। अंग्रेज़ी दवाएँ स्थायी लाभ नहीं देतीं। ख़ैर यह तो परम्परा और आधुनिकता का संघर्ष है।

एक बात तो तय है कि इन चिकित्सालयों से बनवासी जन को भरपूर लाभ मिल रहा है। मैं अपना अनुभव साझा करूँ। अभी हम 'कोरोना वैक्सीन' लगवाने गौरेला (एक क़स्बा) के 'स्वास्थ्य केन्द्र' में गये थे। पूरा अस्पताल स्वच्छ और पेड़–पौधों से घिरा था। वैक्सीन केन्द्र तो अत्यन्त स्वच्छ था। सभी डॉक्टर और कर्मचारी सहृदय और 'अटेंटिव' थे।

हमने यह ठीक समझा कि टीकाकरण से पहले रक्त और रक्तचाप की भी जाँच करा ली जाय। दोनों सुविधाएँ यहाँ सहज उपलब्ध थीं। मेरे और पत्नी के लिए दस–दस रुपये की पर्ची कटी और दोनों काम हो गये।

हमारी इस तत्परता से 'वैक्सीन केन्द्र' की डॉक्टर साहिबा बहुत प्रसन्न हुईं। टीका लगाने के पहले वह मुझे बता रही थीं कि अगर टीके की जगह पर सूजन आ जाय, दर्द हो या बुख़ार आ जाय तो क्या करना है। ज्वर के लिए उन्होंने 'पैरासिटमॉल' की गोली लेने की राय दी।

पत्नी वहीं, थोड़ी दूर बैठी अपना फॉर्म भर रही थीं, मैंने यूँ ही उनसे पूछ लिया कि–'घर पर यह गोली है न?' कि डॉक्टर साहिबा बगल के कक्ष में गयीं और 'पैरासिटमॉल' की छह टैबलेट्स लाकर मुझे थमा दीं।

जब हम टेस्ट करा रहे थे तो बरामदे में कई आदिवासी स्त्री–पुरुष–बच्चे आकर बैठ चुके थे। इस 'स्वास्थ्य केन्द्र' में डाइबिटीज, हृदय रोग, चर्म रोग और दन्त चिकित्सा विभाग भी थे। इन सभी में डॉक्टर बैठे थे। एक 'पट्टी बन्धक कक्ष' भी था, इस हिन्दी को पढ़कर मैं परम आनन्दित हुआ।

(8)

इधर मैं देख रहा हूँ कि इस घने जंगल वाले ग्रामीण क्षेत्र में कई छोटे–छोटे पक्के घर बन रहे हैं। 'प्रधानमन्त्री आवास योजना' के तहत इन घरों का निर्माण ये वनवासी तेज़ी से करा रहे हैं। तीन–चार घर तो मेरे आवास के निकट ही बन गये हैं। मेरे कई परिचित वनवासियों को 'योजना' की राशि मिली है। मेरे घर के सामने रह रहे पुराने सरपंच जी, मेरे साथ काम करने वाले बसन्त और भरत, मेरे घर की देखभाल करने वाले मूरत और मेरे पड़ोस के खेत के खेतिहर सेवालाल जैसे कितने ही आदिवासी इस योजना का लाभ उठा रहे हैं।

उनकी कच्ची झोपड़ियों के निकट ये पक्के मकान बन जाने से ठण्ड और बरसात के मौसम में इन्हें राहत मिली है। इनके बच्चे तो इतने प्रसन्न हैं कि क्या लिखा जाय। ऐसी ही प्रसन्नता घर–घर के निकट 'शौचालय' बन जाने से भी हुई है। आप गाँवों के बीच से चलिए तो जहाँ झोपड़ी है वहाँ शौचालय बने मिलेंगे। हम तो सुदूर ग्रामीण अंचलों में मीलों–मील गये हैं, शौचालय हर कहीं पहुँच चुका है। सच में, बनवासी बहू–बेटियों के लिए ये शौचालय 'इज़्ज़त घर' हैं।

(9)

हमारे विश्वविद्यालय में केन्द्र सरकार ने कृषि विज्ञान केन्द्र स्थापित किया है। केन्द्र के कृषि विज्ञानी गाँव–गाँव जाते हैं। फ़सलों की बुवाई, देखभाल, कटाई और भण्डारण की नयी तकनीकों–दवाओं से किसानों को परिचित कराते हैं। इन अवसरों पर खेतों में पहुँचकर उनकी मदद करते हैं।

निकट के गाँवों के किसानों के लिए यह केन्द्र 'प्रशिक्षण कार्यक्रम' भी चलाता है। चुनकर पचास–साठ कृषक बुलाये जाते हैं। उन्हें गेस्ट हाउस में रखा जाता है। सुबह से शाम तक कई–कई दिनों का यह 'कार्यक्रम' चलता है। अनूपपुर, भोपाल, बिलासपुर से विशेषज्ञ बुलाये जाते हैं–कोई कार्यक्रम बीजों की क़िस्म पर केन्द्रित होता है, कोई जल संरक्षण पर, कोई नयी फ़सलों यथा सोयाबीन, गेंदा, एलोवेरा आदि की खेती पर तो कोई फ़सल को कीड़ों से बचाने की तकनीकों पर...।

यह कार्यक्रम पूरे वर्ष चलता रहता है। किसानों की ख़ुशहाली बढ़ाने और उन्हें उन्नत खेती करने के लिए प्रोत्साहित करने में कृषि विज्ञान केन्द्र इस इलाक़े के 'कृषि विकास' में अपनी महत्त्वपूर्ण भूमिका निभा रहा है।

(10)

हमारा जीवन और समाज दोनों परिवर्तनशील होते हैं। परिवर्तन इनकी प्रकृति है। समय के साथ जीवन और समाज में परिवर्तन आयेगा ही। देखना बस इतना है कि यह परिवर्तन 'जीवन' या 'समाज' को ले किधर जा रहा है। अधोगामी परिवर्तनों पर कड़ी दृष्टि रखनी होगी, इनका शमन करना होगा। ठीक वैसे ही जैसे जब कोई 'परम्परा' भी व्यक्ति या समाज के विकास में बाधक बनने लगती है तो उसे छोड़ना पड़ता है।

भारत में 'पुनर्जागरण काल' का यही मन्तव्य था। मानव विरोधी आधुनिक क्रिया–कलापों का भी तब विरोध किया गया और उन परम्पराओं का भी जो 'रूढ़ि' बनकर व्यक्ति और समाज को अवनति की ओर ले जा रही थीं तथा उनकी उन्नति का मार्ग अवरुद्ध कर रही थीं।

बनवासी समाज में अनेक कारणों से घर कर रहे बदलावों को 'सुधार काल' वाली नीर–क्षीर–विवेकी प्रक्रिया द्वारा नयी दिशा, नये सन्दर्भ और प्रत्येक स्तर पर नव्य स्वरूप देना होगा। राष्ट्र की एकता, उन्नति एवं सह–भावना को सम्भव बनाने के लिए बनवासियों की सहभागिता को सुनिश्चित करना प्रत्येक भारतवासी का कर्तव्य और दायित्व है।

एक बड़े बनवासी समुदाय को अब भी 'मूलधारा' से विलग करके रखना उचित न होगा। इसके लिए ज़रूरी है कि इन समुदायों की सीमाओं को भी पहचाना जाये और इनके कला–कौशल की भी परख की जाये। हम इन्हें कुछ दें तो इनसे बहुत कुछ लेने के लिए भी तत्पर हों।

बनवासी बैगाओं का लोक बोध

(1)

ग़नीमत है कि बनवासी बैगाओं की लोक संपृक्ति का बहुत ह्रास नहीं हुआ है। लोक–परम्पराएँ दरकी तो हैं, पर बुझी नहीं हैं। लोक विश्वास और आचरण भी मध्य आयु (अधेड़) और वृद्ध सदस्यों में जस–के–तस बरकरार हैं। कला–कौशल का चलन भी बरकरार है। संकट यह है कि युवा बैगा पीढ़ी हर प्रकार के लोक–बोध से दूर होती जा रही है। अतः इन आदिवासी समुदायों की भाषा, संस्कृति और सामाजिक आचरण के संरक्षण का यत्न तेज़ी से किया जाना अनिवार्य है। भारत सरकार इस ओर सजग भी हुई है। विश्वविद्यालय अनुदान आयोग की ओर से भारत के कई विश्वविद्यालयों में 'लुप्तप्राय भाषा केन्द्र' की स्थापना करके यह कार्य किया जा रहा है–संरक्षण एवं प्रलेखन का कार्य। हमारा इन्दिरा गाँधी राष्ट्रीय जनजातीय विश्वविद्यालय भी भारत के सात राज्यों के अनेक आदिवासियों की भाषा, लोक गीत, लोक नृत्य, लोक विश्वास आदि पर काम कर रहा है।

(2)

ये तो गम्भीर वैचारिक बातें हुईं। बनवासी बैगाओं को नज़दीक से देख कर, जो छवियाँ मेरे मन में अंकित हुईं; उन्हें उकेर रहा था। वापस उसी ओर चलें। बैगाजन के पास लोकोक्तियाँ कम हैं, पर कुछ 'छत्तीसगढ़ी' से और कुछ 'बुन्देलखण्डी' से आकर इनके बात–व्यवहार का अंग बन गयी हैं। एक लोकप्रिय कहावत हमें ढिमरिन बाई ने सुनाई थी–'खाड़े खेती गाभिन गाय/तब जानो जब मुँह माँ जाय।' तैयार फ़सल और गर्भवती गाय की उपादेयता तभी समझिये जब अनाज खाने को और दूध पीने को मिले। क्योंकि इन दोनों पर कब, कौन–सी विपदा आ जाय, कोई ठिकाना नहीं।

ढिमरिन बाई बोलीं, 'खेत पर पाला पड़ जाय, ओला पड़ जाय, कीड़ा लग जाय, मूसर बरखा हो जाय, कौन ठिकाना। गाय का बच्चा 'गिर जाय', अंड़स जाय, बच्चा पैदा करत समय गइया मर जाय त कोई का करे।'

बुधराम जी ने अपने गाँव की एक घटना सुनाई कि एक भैंस को बच्चा होने वाला था, बच्चा अंड़स गया। बहरै न निकसै। पूरा गाँव जुट गया। सौ जतन किये गये। 'भैंसिया दरद से तड़पे, पछाड़ खाय पर बच्चा बाहर न निकसा और भैंस मर गयी। घर क खुसी मातम में बदल गई।' फिर दूसरी कहावत उन्होंने सुनाई–'जेखर जैसे घर–दुआर ओखर वैसे घरिका/जेखर जैसे माई–बाप/वैसे उनकर लरिका।' जिसका जैसा घर–दुआर (संस्कार) होता है वैसे उस घर के रहने वाले (घरिका) हो जाते हैं। जैसे माँ–बाप होते हैं, सन्तति भी वैसी ही होती है।

रतिराम बैगा ने बहू, ससुर और बेटा के संवाद में बँधी एक 'शुद्ध' बैगानी पहेली का भी ज़िक्र किया जिसमें बहू खाना खाते ससुर से पूछती है–'बाप–बेटा एक नाँव नात (नाती) के नाम अउर/ई धन्धा तू जानबे ससुर तबै उठावै कौर।' कि बाप–बेटा (महुआ की पत्ती और फल) का नाम एक ही है पर नाती (महुआ से बनी दारू) का नाम अलग है। यह धन्धा (पहेली) अगर तुम जानते हो तभी कौर उठाना (भोजन करना)। ससुर पहेली समझ कर जवाब देता है–'सरग सों फूले सरग तरैया/वैसई छिटके बिंडा (छोटा फल)।' जिस प्रकार स्वर्ग से असंख्य सुन्दर तारे फूलते हैं, वैसे ही यह छोटा फल (महुआ) छिटकता है–और बहू को आदेश देता है कि–'ई धन्धा जान गये बहू/अब तें उठावूँ हंडा।' कि मैंने तुम्हारी पहेली बूझ ली अब तुम हंडा (गगरा) उठाओ और पानी भरने जाओ। वहीं बैठा बेटा ससुर और बहू के 'बुझौवल' का यह खेल देख–सुन रहा है, हँसते हुए कहता है, अब बहुत हो गया–'तैंतो बाबा भात खा डौकी (लड़की) जाय लान पानी।' तुम तो बाबा भात खाओ, यह लड़की (बहू) पानी लेने जायेगी।

ये संवाद पारिवारिक समरसता का सुन्दर चित्र प्रस्तुत करने वाले हैं। ससुर और बहू का आत्मीय सम्बन्ध देखते ही बनता है। बेटी की तरह बहू अपने ससुर से कौतुक करती है। जैसा वह अपने पिता से कहती वैसे ही ससुर से भी कहती है कि–'नहीं बूझोगे तो खाना नहीं मिलेगा।' ससुर भी उसके इस बालसुलभ कौतुक का आनन्द लेते हुए पहेली बूझता है और उससे कहता है–'अब, जा पानी भर के ला।' बेटा (बहू का पति) भी वहीं बैठा इन पिता–बेटी की दिल्लगी का साक्षी है। वह अपने पिता से हँसते हुए कहता है, कि अरे अब तुम भोजन करो जिससे तुम्हारी यह बेटी (डौकी) पानी लाने जा सके। बहुत ही मधुर चित्र है, बहुत ही।

बनवासी बैगाओं का शब्द संसार

बैगा मैकल वन–क्षेत्र की प्राचीनतम जनजातियों में से एक हैं। इनकी भाषा को 'बैगानी' नाम से जाना जाता है। बैगानी भाषा बड़ी साफ़–गो भाषा है। अभिव्यंजक भी, आत्मीय भी और सर्व–सम्पन्न भी। इसका शब्द संसार भरा–पूरा है।

कहा जाता है कि कोई भी मानव–भाषा अपनी शब्द सम्पदा से ही समस्त भावों एवं क्रियाकलापों को सम्प्रेषित कर पाने में सक्षम और समर्थ बनती है। इस दृष्टि से बैगानी भाषा सर्वथा समर्थ है।

प्रत्येक भाव, वस्तु और क्रिया के लिए इस भाषा में पर्याप्त से भी अधिक शब्द हैं। बैगा–समाज अपने परिवेश से बहुत गहरे जुड़ा हुआ है अतः यह अपने आस–पास की चीज़ों को सूक्ष्मता से देखता और इन्हें नाम देता है। बैगानी में चींटियों, मेंढकों, सर्पों, चूहों आदि के भिन्न–भिन्न प्रकारों को नाम दिए गये हैं–दर्जन के ऊपर। इन भिन्न प्रजातियों के गुण–लक्षणों को भी स्वाभाविक है पहचाना गया है। इस प्रकार जीव–जन्तुओं, सरीसृपों, कीड़े–मकोड़ों और मछलियों से सम्बन्धित सैकड़ों शब्द बैगानी भाषा में हैं, जिनकी अन्य किसी भाषा या बोली में कल्पना भी नहीं की जा सकती। ये शब्द बैगा–समाज की सूक्ष्म अवलोकन शक्ति (ऑब्जर्वेशन पावर) के परिणाम हैं।

इसी प्रकार वृक्षों, फलों, शाकों, कन्द–मूल आदि के ढेरों नाम बैगानी शब्द समूह का हिस्सा हैं। मिट्टी, पानी, हवा, बादल के भी एकाधिक नाम हैं तो ऋतुओं, मौसमों के भी। प्रकृति और पर्यावरण के साथ बैगाओं की घनिष्ठता ने बैगानी भाषा को इन असंख्य शब्दों से समृद्ध किया है। प्रकृति से इनके गहरे लगाव ने ही पहाड़ों, तालों, नहरों आदि जल–स्रोतों को भी अनेक नाम दिये हैं। बैगा मूलतः कृषक हैं इसलिए खेती–किसानी के अर्थात् जुताई, बुआई, निराई, कटाई से सम्बन्धित शब्दावली की तो बैगानी भाषा में कोई कमी ही नहीं है।

इस क्षेत्र के बैगा वैद्य और ओझा के रूप में भी प्रसिद्ध हैं अतः अनेकों वनौषधियों, छाल, पत्तों, जड़ों के नाम भी मिलते हैं और रोगों–व्याधियों के भी। बैगा–भोजन भी भिन्न है इसलिए इनके शब्दकोश में कई व्यंजनों, इन्हें पकाने की विधियों और इनके पौष्टिक तत्त्वों को बताने वाले शब्द भी यहाँ समाविष्ट मिलेंगे।

बैगा संगीत–प्रेमी हैं तो नृत्य–गीत के प्रकारों, वाद्य–यन्त्रों, लय–तालों के नाम भी इनकी शब्द–सूची में शामिल हैं। यह सामाज एक कौशलयुक्त समाज है अतः झोपड़ी बनाने, बाँस–लकड़ी की वस्तुएँ बनाने, मछली पकड़ने के जाल बनाने आदि की प्रक्रिया ही नहीं झोपड़ी के भागों, बाँस–लकड़ी की वस्तुओं या मछली मारने के जाल आदि के नामों का विशिष्ट शब्द–भण्डार बैगानी भाषा में उपलब्ध है।

शिकार, खेल, नृत्य, दैनिक कार्यों आदि से सम्बन्धित क्रिया–शब्दों (एक्शन वर्ड्स) की 'बैगानी' में भीड़ लगी है, नये–नये क्रिया शब्द। लोक देवी–देवताओं, पूजा–पाठ, रीति–रिवाज़, टोना–टोटका, झाड़–फूँक, संस्कारों, मेले–त्योहारों का जनजातीय स्वरूप इस समुदाय में स्थिर है। यह शब्द समूह अनूठा भी है और व्यापक भी।

इनके अलावा बैगानी भाषा की मूलभूत (बेसिक) शब्दावली तो है ही। साथ ही नाते–रिश्ते, रंग, सम्बोधन, सर्वनाम और नाम शब्दावली भी भरपूर है क्योंकि बैगा–जनजाति पारिवारिक और सामाजिक स्तर पर सह–अस्तित्व और सहयोग की भावना को लेकर चलने वाली जनजाति है।

बैगानी भाषा की 'बोधात्मक–वर्गीकृत–शब्दावली' हमने विश्वविद्यालय के लिए तैयार की है जिसमें लगभग तीन हज़ार शब्द हैं। भाषा सम्पर्क (लैंग्वेज कॉन्टैक्ट) के परिणाम स्वरुप बैगानी भाषा में निकटस्थ क्षेत्रीय सम्पर्क भाषाओं (वर्नाकुलर) छत्तीसगढ़ी और बुन्देलखण्डी के कुछ शब्द स्वभावतः आ गये हैं। थोड़े शब्द भोजपुरी के भी हैं। पर बैगानी का अपना शब्द–संसार अपनी जगह 'प्रिविलेंट' है।

बैगानी भाषा के शब्द संसार का स्वरूप लोकसिद्ध है। लोक अनुभव, लोक संस्कार, लोक आचरण, लोक अनुष्ठान और लोक व्यवहार, कोई पक्ष, कोई आयाम इसमें समाये बिना नहीं रह पाया है। इस दृष्टि से देखा जाय तो बैगानी शब्द संसार, आदिवासी बैगा समुदाय के अनुभव संसार का एक सागर है जिसमें उनके जीवन अनुभव के असंख्य माणिक–मोती सँजोये हुए हैं।

ऐसे शाब्दिक चमत्कार की मंजूषा से थोड़े–से शब्द यहाँ प्रस्तुत हैं। बैगा भाई–बहनों से बातचीत के दौरान यह ख़ज़ाना मेरे हाथ लगा है। आत्मीय वार्ता के समय जब इस तरह के देशज शब्द बनवासी बैगाओं के मुख से स्वभावतः फूटते थे तो मैं इन्हें अपनी डायरी में टीप ले रहा था। कई शब्द जो 'कथन' के साथ फूलों की तरह गुँथे हुए थे उन्हें यथास्थान और यथासन्दर्भ पुस्तक में भी दे दिया गया है।

यहाँ, सूची में दिये गये शब्द, हर कोटि और श्रेणी के हैं। गोकि इनकी संख्या कम है पर ये बैगानी भाषा के शब्द सागर के प्रत्येक शब्द वर्ग का प्रतिनिधित्व करते हैं। इस 'सागर' की गहराई का पता देते हैं। आप पायेंगे कि इस थोड़ी–सी शब्दावली में बनवासी बैगाओं की आत्मा की धड़कन कैसे बसी हुई है। ये, मात्र शब्द नहीं, बैगा–जीवन का वह दर्पण है जिसमें हम बैगा जनजाति की हर गाढ़ी–हल्की छवि का पारदर्शी प्रतिबिम्ब देख सकते हैं–शब्दार्थ सम्बन्ध और अभिव्यंजना प्रणाली के 'फ्रेम' में मढ़ा हुआ।

01.	पेट हाय	–	गर्भवती
02.	जचगी	–	बच्चा पैदा होना (जचगी के बाद)
03.	नाल	–	नाल (बाँस के पत्ते से नाल काटते हैं)
04.	गोड़धोआई	–	पैर धोने की क्रिया
05.	कोरा–गोद	–	गोद (कोरा में उठाय लें)
06.	चुनरी–मुनरी	–	साड़ी–गहना
07.	गितकाढ़िन	–	गीत गानेवाली (गौनिहारिन)
08.	दूलही	–	दुल्हन
09.	पाँव चिहुर जाना	–	झुनझुनी चढ़ जाना
10.	गुट्टा	–	सुट्टा (लगात हैं)
11.	परेवा	–	पक्षी
12.	रकसिन	–	राक्षसी
13.	बिलाई	–	बिल्ली
14.	मुड़मिजनी माटी	–	बाल धोने वाली मिट्टी
15.	कपार / मूड़	–	सिर
16.	कठई	–	लकड़ी
17.	ढेंचा	–	युवक
18.	ढेंची	–	युवती

19. पिलिया – कुतिया
20. माय – मादा
21. घेंटा – सूअर
22. पठिया – मादा पशु जो बच्चे न जने
23. डाडी – बच्चे जनने वाली मादा पशु
24. चटकन – थप्पड़ (मारना)
25. बाट – रास्ता
26. थपोड़ी ठोंकना – ताली बजाना
27. बड़ें – बहुत अच्छा
28. डाटो – खोजो/ढूँढ़ो
29. छिटकावाँ – भोग लगा रहे हैं
30. छिटकाकै – छिटक कर
31. घर ले – घर से
32. टसकाना – खिसकाना (लात मार के टसकायन)
33. पखना – पत्थर
34. मुटका – घूँसा (मोंय मुटका मारी)
35. धरो – रखो
36. केवार – दरवाज़ा
37. चान – काटना
38. बोंगना – काटना (टुकड़े में)
39. कपड़ना – काट तो दिया लेकिन अलग नहीं हुआ
40. थांगा – डाल
41. झींखना – खींचना
42. छिरिया, चूआ – पानी का रिज़रवॉयर (Reservoir)
43. ठोंकना – खटखटाना
44. चिकरना – चिल्लाना
45. झोला – थैला
46. किर्रेके – ऊँची आवाज़ में (किर्रेके गाव)
47. उठाना – गाने को ऊँचे सुर तक ले जाना
48. ढुकेलना – धक्का देना/मारना
49. पेलना – ढकेलना
50. गुटवा – उभरी हड्डी

51. टेंगड़ा – घुटना
52. उघाड़ना – खोलना
53. साँघना – गाय के पीछे के पैर को बाँधना
54. ढेंटू – गला
55. नोय – गाय की पूँछी से बनी हुई रस्सी
56. डोरा – रस्सी
57. छोड़ना – गाय को खूँटे से खोलना
58. चोट्टा–चोट्टी – चोर
59. उकेलना / उकलना– छीलना
60. कुटका – दो टुकड़े करना
61. खंडी–खंडी – कई टुकड़े करना
62. रैंदा – रंदा
63. पसेनी – ढकना (बाँस से बना ढकना)
64. तोपना – कुछ समय के लिए गड्ढा बन्द करना
65. टापना – गड्ढे को इस तरह बन्द करना कि ज़रूरत पड़ने पर बाद में उसे खोला जा सके
66. सौदा – सामान जो बाज़ार से लाया गया है
67. बुहारना – झाड़ू लगाना
68. बुहेरी – झाड़ू
69. गाँथना – बाँधना, किसी चीज़ को किसी चीज़ के साथ या बीनना, जैसे जाल (जाल गाँथते) या बाँस की जो गज्झिन चीज़ें बनाई जाती हैं उस क्रिया को भी गाँथना कहते हैं
70. रौराना – भूँकना (कुकुर रौरावत है)
71. सरौना – लीपना, पोतना (टाटी ज़मीन सरौतें)
72. फुलिया – लकड़ी, पत्थर या मिट्टी का बना दीपक रखने का स्टैंड
73. परैंदा – बर्तन या पानी का घड़ा रखने की ऊँची दीवालनुमा जगह
74. पहेरा – रोज़ के इस्तेमाल के दाल, चावल, मसाले आदि रखने की अलमारीनुमा जगह

75.	सीकर (सिकहर)	–	रस्सी से बनी, सामान को धरन से टाँग कर रखने की वस्तु
76.	सिहरी	–	सीकर की तरह ही, पर बाँस से बनी
77.	गहिर	–	गहरा
78.	चाकर	–	चौड़ा
79.	फरी	–	साफ़, शुद्ध (छानने के बाद पानी या दूध फरी हो जायेगा)
80.	चुराना	–	पकाना
81.	पुड़ौना	–	पत्ते में लपेट कर पकाना
82.	माठा	–	कढ़ी
83.	पिहिरी	–	राई
84.	खेदे जाना	–	शिकार करने जाना
85.	गुलेल खेले जाना	–	चिड़िया मारने जाना
86.	खखोड़ी	–	कांख
87.	पुड़ोनी	–	तवे पर रोटी सेंकना (रोटी पुड़ोत है)
88.	थापना	–	हाथ से रोटी को थाप–थाप कर बनाना (ऐसी रोटी को बैगा 'खपोड़ी रोटी' कहते हैं)
89.	पछनना	–	पछोरना (सूप से अनाज को, जिससे पखन–पत्थर निकल जाये)
90.	खोड़ना	–	खोटना (मरचा खोड़ के दाल में ओर {डाल} दे)
91.	गुड़तुड़	–	मीठा
92.	खर	–	तीता
93.	आमट	–	खट्टा
94.	कड़ू	–	कडुआ
95.	अकोड़ना	–	लिपटना (अकोड़ अकोड़ के रोये)
96.	पाल	–	पाला
97.	फौल	–	फाउल (Foul)
98.	छुलुक–छुलुक	–	लचक–लचक के
99.	इत्ता	–	इतना
100.	हाड़े	–	हड्डी

101. दबड़ी – तलुवा के ऊपर वाला उँगलियों से लगा भाग

102. झफड़ी – हथेली के ऊपर का कलाई से लेकर उँगलियों तक का भाग

103. डंडानी – घुटने से लेकर एड़ी तक का भाग

104. टेंघड़ – गला

105. कन्हियाँ – कंधा

106. बोदड़ी – बोड़री (नाभि)

107. ढेंटू – कण्ठ

108. मूड़ – सिर

109. बहड़ा – मैदान

110. पटपड़ – पत्थर वाली बंजर ज़मीन

111. घुंघड़ा – धूल

112. चिखला – कीचड़

113. झिरिया – छोटा कुआँ

114. हरदू माटी – पीली मिट्टी

115. मुस्का पानी – झींसी (बारिश की हल्की फुहार)

116. घाम – धूप

117. पथरा टकइयाँ – सिल पर टाँके लगाना (सिल कूटना)

118. टिकसा/पिसान – आटा

119. डग्गा मोटर – ट्रक

120. पाइस? – निशाना लगा?

121. नहीं पाइस – निशाना नहीं लगा

122. मुखारी – दतुअन

123. नान्ह बोटरा – हरी मटर

124. सुआ – तोता

125. टोटा – छोटा

126. ठेठा – मध्यम

127. करन – बड़ा

128. केसुल – टेसू

129. फरा – एक व्यंजन

130. झुरन – दो जुड़े हुए बाँस जिनके ऊपर कपड़ा टाँगा जाता है

131. सिकोली – बाँस का डिब्बा, गहने रखने के लिए, कपड़े रखने के लिए बड़ा भी बनाया जाता है

132. ढूटी – मछली पकड़ कर रखने के लिए टोकरी (बड़ी)

133. गंडरी – मछली पकड़ कर रखने के लिए टोकरी (छोटी)

134. डुकू – अँगूठा से तर्जनी तक की माप

135. कोस – तीन किलोमीटर, चार कोस का एक ढाब होता है

136. ढाब – चौथाई कोस

137. लोंदा – लोई

138. तून – चारों पैर (चारपाई के)

139. थुनी – खम्भा

140. मयार – धरन

141. रंगिया – हँसिया (लकड़ी काटने के लिए)

142. छैनी – छोटी उँगली

143. बनखेदा – तीर–धनुष

144. सुकारी – पूड़ी

145. भाँचा – दामाद

146. भाँची – बहू

147. छाका – शराब परसने के लिए पत्ते का दोना

148. जांता/कुनैता – पत्थर वाला 'जांता' (दाल, गेहूँ दरने–पीसने के लिए), मिट्टी वाला 'कुनैता' (कुटकी, कोदई/कोदो दरने के लिए)

149. पुत्ती – अरवी

150. कोचिया – दलाल

151. सिंगरत हैं – सज रहे हैं/रही हैं

152. एक कुड़ो – पाँच किलो

153. बीस कुड़ो – एक खाँडी (क्विंटल)

154. डेढ़ बरिहा – एक किलो

155. एक पैली – दो बरिहा

156. चार पैली – एक कुड़ो (काठा)

157. आठ बरिहा – एक कुड़ो

चलो मन बैगाचक से दूर

(1)

कल ही निकलना है। शाम को जाते समय सभी बैगा भाई–बहन बड़ी आत्मीयता से विदा हुए। ऐसा लग रहा था कि अपनों से बिछड़ रहे हों। सब चले गये। हम देर तक इन तरल–हृदय बैगाओं की बात करते रहे। खाना खाया गया। कमरे में आकर 'आत्मकथा अंक' उठा लिया। जैनेन्द्र कुमार के **कश्मीर प्रवास के दो अनुभव** पढ़ने लगा। कश्मीर के प्रकृति–चित्रण की तुलना चाड़ा से करता रहा। फिर इस वन–सौन्दर्य को आँखों में बसाये–बसाये ही सो गया।

सुबह हस्बमामूल बाहर आया हूँ। वरांडे में। भोर–सी है। समाँ गीला–गीला है। मुर्गे ने बाँग दे दी है। चाय की दुकान पर खटर–पटर हो रही है। पनिहारिनें अभी नहीं आयी हैं। आ रही होंगी। कुछ किसान कंधे पर हल लिए जा रहे हैं। धरती ओदी है, थोड़ी गुड़ाई कर लेंगे। बस अड्डा शान्त है।

अभी दिखा कि प्रवेशद्वार के पास की वैजयन्ती पर वासन्ती रंग की आभा वाले कई–कई फूल खिले हैं। उसके बड़े–बड़े पत्ते पानी में नहा कर जवान हो गये हैं। शेरू न जाने कब पास आ गया। नज़दीक से मुझे सूँघ–साँघ कर पास ही बैठ गया है। जब से हम आये हैं इसने मुझे अपने प्रेम–पाश में बाँध रखा है। शेरू एक तरह से 'गेस्ट हाउस' का रखवाला है। भूरा–सफ़ेद। इसकी पूँछ पर ख़ूब बाल हैं।

हम जिस रात पहुँचे, आस–पास मँडराने लगा। दूसरे दिन चाय की दुकान से 'पारले–जी' बिस्किट मँगवा लिया। जब–न–तब पास आकर खड़ा हो जाता है कि–'बिस्कुट दो।' उस दिन बाज़ार भी गया था। पूरे समय मेरे आगे–पीछे चलता रहा। वापस साथ ही आया। पैदल, कहीं भी, किधर भी जाऊँ, साथ जाता है। मुझसे 'परच' गया है।

इतने बैगा बनवासी आते–जाते हैं। शेरू परम प्रसन्न होकर इधर–उधर घूमता है या मेरी कुर्सी के पास आकर बैठ जाता है। सबकी बातें सुनता रहता है। गेस्ट हाउस की शान्ति में इतनी चहल–पहल उसके जान में पहली बार हुई होगी।

कल जब हम चले जायेंगे तो शेरू को कैसा लगेगा? वह क्या सोचेगा? उसके दिन कैसे कटेंगे? कभी तो वह ज़रूर महसूस करेगा हमारी अनुपस्थिति। हमें भी तो वह याद आयेगा ही। अभी तो वह शान्त बैठा है, दोनों आँखें मूँद के, मेरे चरणों में।

(2)

मैं तैयार होने जा रहा हूँ। तब तक शायद अशोक आ जाये। बाहर निकला तो गाड़ियों में सामान लादा जा रहा था। वहीं वरांडे में बैठ गया। सामने के पंक्तिबद्ध वृक्ष मेरी ओर देख रहे थे। चिड़ियाँ आ चुकी थीं। धूप भी खिल आयी थी। चाय की दुकान सजीव हो चुकी थी। तभी बस भी आ गयी। कोई मुझे चाय की प्याली दे गया। दूर गाँव के झोपड़े दिखाई पड़ रहे थे। सामान लदता रहा। गाड़ियों के पास से हटकर शेरू मेरे पास आकर बैठ गया। नाश्ता भी वहीं आ गया–पूड़ी–सब्ज़ी कि जम के खा लिया जाये, रास्ते का क्या ठिकाना?

नौ बजे निकलना हो पाया। एक गाड़ी सीधे चली गयी अमरकण्टक की ओर। हम बीच से ही मुड़कर 'डिंडौरी' की ओर चले आये। चाड़ा से करीब सत्तर किलोमीटर दूर यह एक ज़िला है। सड़क की दोनों ओर हरी–भरी धरती अछोर फैली हुई थी। मेंड़ घिरे चौकोर खेतों में धानी–धानी धान रोपी हुई थी। जलवृष्टि का फल था। बाक़ी ज़मीन पर घास, दूब, चरई का वितान फैला हुआ था।

रास्ते में कई चरागाह मिले। हर रंग–आकार की सैकड़ों गायें चरती हुई दिखीं। लगा कि 'सूर' के पदों में वर्णित गोचारण–क्षेत्र में पहुँच गये हों। डिंडौरी आ गया था। छोटा–सा नगर।

हमें वन–विभाग के दफ़्तर जाना था। एक बड़े गेट से अन्दर घुसे। एक बड़े–से अहाते में दूर–दूर छिटके भवन थे। वन–अधिकारी का बँगला भी इसी में था। हम एक कई कमरों वाले बरामदे (ऑफ़िस) में गये। वन–अधिकारी के.एस. अलामा अभी पहुँचे नहीं थे।

हम नर्मदा–दर्शन के लिए थोड़ा आगे निकल गये। यहाँ नदी का पाट चौड़ा था। दो पक्के घाट भी थे, कुछ मन्दिर भी। मैं घाट की सीढ़ियों पर बैठ गया। माँ नर्मदे मेरे एकदम पास थीं। बारिश ने माता को मटमैला कर दिया था। प्रवाह बहुत तीव्र नहीं था, माँ नर्मदे सहजै–सहज बह रही थीं। कुछ लोग घाट पर नहा भी रहे थे। कई बच्चे तैर रहे थे, उनकी कमर तक पानी था।

इस पूरे वनांचल में माँ नर्मदा के प्रति अपार श्रद्धा है। 'राम–राम' की तरह ही इस क्षेत्र के लोग 'नर्मदे हर' कह कर एक–दूसरे को सम्बोधित करते हैं। 'स्कन्द–पुराण' के 'रेवा खण्ड' में माँ नर्मदा की महिमा गायी गयी है। माता नर्मदा का एक नाम 'रेवा' भी है। मैकल पर्वत–शृंखला में इनका उद्गम हुआ है इसलिए माता को 'मैकल सुता' भी कहा जाता है। गंगा जी की भाँति ही नर्मदा का भी शिव के साथ गहरा सम्बन्ध है। अमरकण्टक (नर्मदा का उद्गम स्थल) का पूरा क्षेत्र 'शिव–क्षेत्र' है।

इसी पर्वत–शृंखला से दो और नदियों का उद्गम होता है–जोहिला और सोन का। 'जोहिला' का उद्गम स्थल हमारे यहाँ से अति निकट है–अमरकण्टक जाने वाले मार्ग पर, बायें कट कर। यहाँ 'जालेश्वर महादेव' का प्राचीन मन्दिर है। मन्दिर परिसर में स्थित एक कूप से जोहिला का उद्गम होता है। कूप का जल स्वयं खींचकर लोग आचमन करते हैं–शीतल और मीठे जल का कि सारे 'ताप' मिट जायँ। 'सोन' का उद्गम अमरकण्टक से थोड़ी दूर ऊँचाई पर स्थित सघन वन–क्षेत्र की एक पहाड़ी से होता है–सोनमुड़ा। चालीस–पचास सीढ़ियाँ उतरकर 'रिज' पर खड़े होकर देखें तो पहाड़ी को छेद कर 'सोन' की एक क्षीण–सी धारा सैकड़ों फीट नीचे घाटी में गिरती है। यहाँ भी 'शैलेश्वर महादेव' विराजमान हैं।

डिंडौरी के नर्मदा–तट पर धूप और नारियल से नर्मदा–पूजन किया जाता है। हमने भी किया। पैदल यात्री नर्मदा पर बने छोटे–से पुल को अपने जूते–चप्पल उतार कर पार कर रहे थे। इस पुल के निकट आती–जाती बसें पाँच मिनट के लिए रोक दी जाती हैं कि श्रद्धालु नर्मदा मैया का दर्शन–पूजन कर सकें। थोड़ी देर इस रम्य–स्थली को निहार कर हम वापस लौटे।

(3)

वापस आये तो अलामा साहब आ गये थे। 'कार्ड' भेजते ही तुरन्त बुला भेजा। अत्यन्त सज्जन व्यक्ति हैं। हमने अपनी मंशा बतायी।

उन्होंने हमें इस क्षेत्र के बैगा गाँवों की विस्तृत सूची दी, जनसंख्या सहित। एक सूची उन्होंने वनों में उपलब्ध वृक्षों और उनकी प्रजातियों के नाम की भी दी। इस सूची में यहाँ तक दर्ज है कि किस वन क्षेत्र में किस नम्बर के वृक्ष ने अपनी उम्र पूरी कर ली है, किस नम्बर का वृक्ष किस अवस्था में है या फलदार वृक्ष किस क्षेत्र में कितने और कौन–से हैं, आदि। उन्होंने हमें कुछ ख़ास वृक्षों (जो सिर्फ़ इसी वनांचल में होते हैं) तथा वन–फलों के चित्र भी दिये। चाड़ा वन–क्षेत्र की तो पूरी 'कुंडली' ही उन्होंने हमें उपलब्ध करा दी। उन्होंने यह भी कहा कि आगे जब भी हम वनों में जायें तो उनसे सम्पर्क करें, वे वन–विभाग के अतिथि–गृह में हमारी व्यवस्था करा देंगे और उस क्षेत्र के 'अपने लोगों' को हमारे साथ कर देंगे। उन्होंने ऐसा किया भी। बाद में कई बार हमारी मदद की। उप वन–अधिकारी सिंह साहब को उन्होंने अपने कक्ष में ही बुला लिया। ये भी बहुत सदाशयता के साथ मिले। सिंह साहब बराबर हमारे सम्पर्क में हैं।

डिंडौरी के 'कन्हैया रेस्टोरेंट' में खाना खाया गया। अलामा साहब ने ही बताया था कि यह डिंडोरी का सबसे अच्छा होटल है। खाना, सच में, बहुत अच्छा था। सादा, ताज़ा और स्वादिष्ट। बस हमीं लोग थे। गरम–गरम रोटियाँ सिंक–सिंक कर आती रहीं।

(4)

अब हम सीधे चले। और घूम–फिर कर फिर आ गये–गोरखपुर, गड़ई सराय वाली सड़क पर। घर के लिए सब्ज़ी डिंडौरी से ही ले ली गयी थी। गोरखपुर में सोमवार हाट लगी थी। हम गाड़ी से उतरकर हाट में टहले। बड़ी हाट थी। तरकारी हम ले चुके थे, अब ज़रूरत नहीं थी।

हम चलते–चलते प्रकृति की गोद में आ गये। इस रास्ते सड़क के दोनों किनारों पर लगे पेड़ इतने लम्बे और घने हैं कि ये ऊपर जाकर आपस में मिल जाते हैं। रास्ते पर गज्झिन और गहरा अँधेरा रहता है, इनकी वजह से। कार जब इन्हें पार करती है तो ठीक वैसा ही आभास होता है जैसा कि महाराष्ट्र–कर्नाटक की ओर रेल की गुफ़ाओं से ट्रेन बाहर निकलती है, तब होता है। गोल–गोल प्रकाश का द्वार खुलता–सा प्रतीत होता है।

फिर बारिश भी होने लगी। कभी तेज़, कभी धीमी। दो–चार किलोमीटर नहीं भी, निचाट सूखा। कि फिर होती दिखे। इन रास्तों पर लोग अत्यन्त विरल दिखते हैं। कोई बस्ती आने पर थोड़े–से लोग, छिटपुट।

हर तरफ़ सुकून ही सुकून का साम्राज्य है। दूर, बहुत दूर कोई और झोपड़ी। और भी दूर कहीं एक मन्दिर। और, और दूर कहीं एक दुकान। बाक़ी बस, रास्ता, खेत, हरियाली, पहाड़, जंगल...। हमारे साथ–साथ दौड़ते हुए।

घर पहुँच गये। साढ़े पाँच बज गये थे। दिनभर यात्रा हुई थी, पर थकान बिल्कुल नहीं थी। उल्टे मन प्रफुल्लित था। कितना सब भीतर नाच रहा था। जैसे तरह–तरह की नृत्य–मुद्राएँ हों। इतने लोग, इतने अनुभव, इतनी बातें, इतने दृश्य। इतना अपनत्व, सब मानस–मंच पर छमछम नाच रहे थे। धीमी–धीमी लय में।

सुबह उठा तो मन किया कि वरांडे में चल के बैठूँ। पर वह वरांडा यहाँ कहाँ। कहाँ वे चहचहाते पंछी, कहाँ वह बस–स्टैंड। कहाँ वह मुर्ग़े की बाँग, कहाँ वे पनिहारिनें और कहाँ वह शेरू...। थोड़ी देर यादों में बसा बैठा रहा।

फिर बालकनी में आ गया। कुर्सी पर बैठ गया। ख़ूब 'मनसायन' था। बच्चों को स्कूल छोड़ने जाने की आपाधापी थी। कारों के स्टार्ट होने की आवाज़ें थीं। दूधवालों की खड़खड़–भड़भड़ थी...। अब देखिए, अभी तक विश्वविद्यालय का यह परिसर ही हमारे लिए शान्त–प्रशान्त था। अब चाड़ा से लौटने के बाद वही शान्ति में खलल पैदा कर रहा है। मुझे लगने लगा है कि अब अन्य वादों के स्थान पर प्रकृतिवाद के विमर्श की ओर हमें मुड़ना चाहिए तभी हमें उन अनेक समस्याओं का समाधान मिल सकेगा जिनका सामना हम प्रकृति से दूर रहकर या उसकी अवहेलना करके कर रहे हैं।

एक महीने बाद जंजरा, अजगर और बिजौरी जाना है। वहाँ शायद और भी शान्ति हो, सुकून हो कि चाड़ा की थोड़ी खटर–पटर भी फिर न भाये। मैकल और सतपुड़ा के इन वनों, पर्वतों को प्रणाम। मइया जी (नर्मदा जी) को नमन। इनके सान्निध्य में बसे सीधे–सच्चे बैगा बनवासियों को जोहार।

फिर ईश–कृपा होगी। वनांचल में धँसने का फिर अवसर मिलेगा। यह शीघ्र हो, यही प्रार्थना है।

ढिमरिन बाई

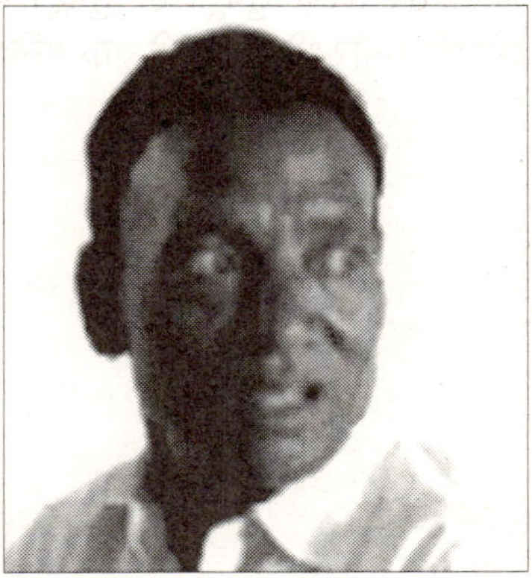

सुखलाल

भोब लाल

बिरसी बाई

बुधराम

अर्जुन सिंह धुर्वे

चर्रा

गंगाधर

लाली बैगा

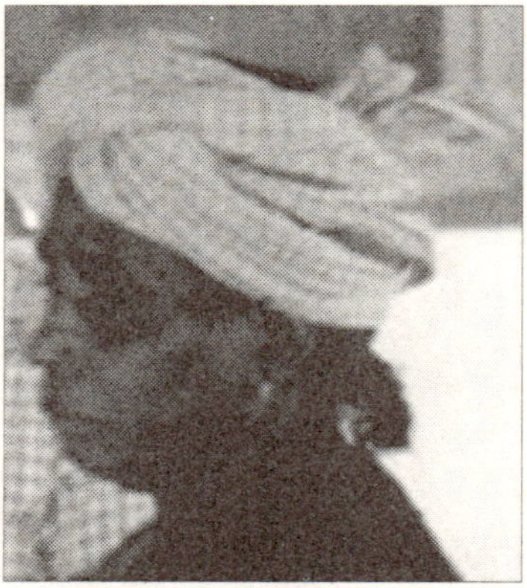

हरी सिंह

रति राम

पति राम

रमेश बैगा

सवनी बाई

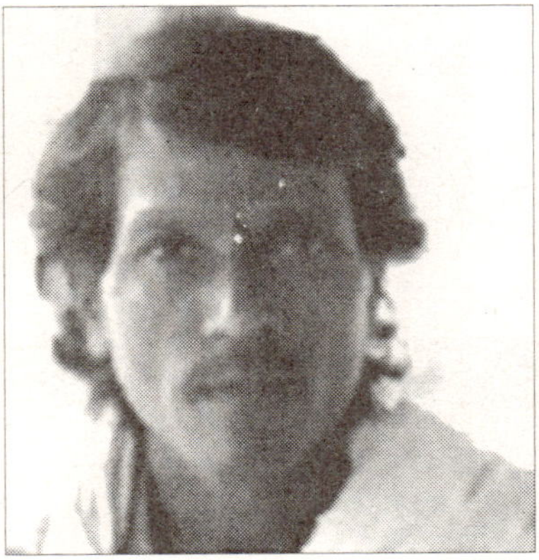

बजरू

गोपाल सिंह धुर्वे

गुलाव सिंह धुर्वे

जगोतिन बाई

भददू सिंह

भागमती

सुमारू बैगा

परिशिष्ट-1

बैगा परिचय

1. बैगा जनजाति मुख्यतः मध्य प्रदेश, छत्तीसगढ़ और झारखण्ड राज्यों में निवास करती है। मध्य प्रदेश में बैगा जनजाति की जनसंख्या कुल 4,14,526 है जो मुख्यतः राज्य के छह ज़िलों (मंडला, डिंडौरी, अनूपपुर, शहडोल, उमरिया और बालाघाट) के 22 मण्डलों में स्थित 1,143 गाँव में निवास कर रहे हैं। इनके विकास के लिए प्रदेश में बैगा विकास प्राधिकरण सभी छह ज़िलों में स्थापित किये गये हैं। बैगा स्वभाव से बहुत ही शर्मीले होते हैं। ये कृष्णवर्णीय और गठीले शरीर वाले होते हैं। बैगा बालों को नहीं कटवाते हैं। बालों को इकट्ठा करके पीछे की ओर चोटी बाँध लेते हैं। यदा–कदा ये कपाल के ऊपर के बाल कुछ मात्रा में अवश्य कटवा लेते हैं। बैगा युवती जिसे ये आपस में बैगीन भी कहते हैं, आकर्षक होती हैं। उनके नाक–नक़्श सुन्दर होते हैं। इन्हें अन्य आदिवासी स्त्रियों से अलग पहचाना जा सकता है। बाज़ार या खेत में जाते समय ये गहना और सफ़ेद साड़ी पहनकर जाती हैं। छोटे बच्चे को ये पीठ पर कपड़े के सहारे बाँध लेती हैं। बैगा जोड़े नंगे पैर कन्धे पर कुल्हाड़ी लिए हुए विश्वविद्यालय के आस–पास के गाँवों में गीत गाते हुए जाते अक्सर दिखाई दे जाते हैं।

2. **घर–गृहस्थी** : बैगा अति सामान्य और सादा जीवन जीने वाली जनजाति है। ये अपने घरों में दैनिक प्रयोग में आने वाली वस्तुएँ भी अपनी आवश्यकता भर कम से कम रखते हैं। अधिकतर ये काँसे या पीतल के बर्तनों का उपयोग करते हैं। मिट्टी के बर्तन अभी भी इनकी रसोई में बहुतायत से मिलते हैं। अनाज तोलने के लिए लकड़ी के उपकरण, घर की साफ़–सफ़ाई के लिए झाड़ू, लिपाई–पोताई के लिए पत्थर आज भी ये उपयोग में लाते हैं।

3. गहना–गुरिया : आभूषण लोक और संस्कृति के सूचक हैं। बैगा समाज में वैयक्तिक रुचि, सांस्कृतिक चेतना तथा इसके लोक–रंग

में आभूषणों का स्थान प्रमुख है। हालाँकि बैगा स्त्रियाँ शारीरिक शृंगार के लिए गोदना का ही प्रयोग करती हैं जो सुलभ और सस्ता भी है। किन्तु इनमें कमर, गले, बाँह, कलाई, उँगलियों के शृंगार के लिए चाँदी/गिलट के आभूषण का उपयोग भी ख़ूब दिखता है। पुरुषों की अपेक्षा महिलाएँ इन आभूषणों का उपयोग अधिक करती हैं। पुरुष शादी के समय पैर में कड़ा, गले में हवाल और सुतिया पहनते हैं। महिलाएँ पैर में चूड़ा, बाँह में बहोंटा, नागमुड़ी, गले में हवाल, सुता आदि पहनती हैं। बैगा समाज में महिला और पुरुष दोनों लगभग एक ही प्रकार के आभूषण पहनते हैं। बैगा महिला नाक में किसी भी प्रकार का आभूषण नहीं धारण करती हैं। पुरुष व महिला शादी–ब्याह, मेले–त्योहार, सामाजिक कार्यक्रम आदि अवसरों पर तो आभूषण धारण करते ही हैं, सामान्य दिनों में भी ये हल्के–फुल्के गहने अवश्य पहने रहते हैं।

4. खेती–बारी : बैगा अपने आप को भूमिपुत्र कहते हैं। पहले ये हल से खेती नहीं करते थे। आज भी ये मानते हैं कि धरती इनकी माँ है और उस पर हल चलाने से उसकी छाती पर घाव होता है। इसलिए पहले ये 'बेवर' खेती के लिए कृषि–पद्धति अपनाते थे। बेवर कृषि किसी भी औज़ार के बिना की जाती है। बेवर खेती के लिए वन की समतल ज़मीन में उगी झाड़ी और छोटे–छोटे पौधों को काट कर सुखा लिया जाता है और इसे खेत भर में फैला कर आग लगा दी जाती है। जलाने के बाद बची•यही राख खेत के लिए खाद का काम करती है। खेत तैयार होने के बाद उसमें कोदो, कुटकी, चावल, ज्वार, बाजरा, सल्हार, काँग, मड़िया आदि लगभग चौदह प्रकार के अनाजों के बीज वर्षा के पूर्व छींट दिये जाते हैं। वर्षा के बाद इनमें अंकुरण होता है फिर फ़सल तैयार हो जाती है। फ़सल तैयार होने पर बैगा कृषक गाहनी भी किसी पशु की सहायता के बिना स्वयं ही करते थे। बेवर खेती पर प्रतिबन्ध के बाद ये सामान्य खेती की ओर मुड़े और कृषि में उपयोग आने वाले औज़ार–हथियारों को भी अपनाया। आज ये हल–बक्खर जैसे उपकरणों की सहायता से खेती करने लगे हैं।

5. घर के हिस्से : बैगा जंगल से घिरे गाँव में रहते हैं। ये जंगल में ही चौरस ज़मीन देख कर अपना घर बनाते हैं। सामान्यतः इनका घर खेतों के बीच में रहता है। ये घर के आस–पास फैलाव पसन्द करते हैं। कुछ गाँवों में इनके घर एक–दूसरे से काफ़ी सटे–सटे भी रहते हैं।

ऐसे गाँव सम्भवतः अंग्रेज़ों के समय बसाये गये होंगे जिन्हें बाद में वन–ग्राम कहा जाने लगा। इनके घर लगभग आठ से तेरह फ़ीट चौड़े और बीस से तीस फ़ीट लम्बे होते हैं। दीवारें बाँस की बनी होती हैं जिनके ऊपर लाल/सफ़ेद मिट्टी की छपाई होती है। छत लकड़ी और घास–फूँस की होती है। अब कई घर खपरैल से छाये हुए या पक्के भी दिखायी देने लगे हैं। खपरैल या घास–फूँस वाले घर में केवल एक छोटा दरवाज़ा होता है। बैगा घरों में खिड़कियाँ नहीं होती हैं। घरों के बाहर साफ़–सुथरा आँगन होता है जिसमें जलावन की लकड़ी, और गाहनी करने के लिए जगह बनाई जाती है। आँगन समेत घर को चारों तरफ़ मोटी लकड़ियों को खड़ा गाड़कर घेर दिया जाता है। रसोई और पूजा–पाठ करने की जगह घरों के अन्दर ही होती है जिसमें ये सोते भी हैं। घरों की अन्दरूनी दीवारों पर सामान रखने की कुछ जगहें भी होती हैं। अनाज भण्डारण के लिए भण्डार कक्ष घर के अन्दर ही होता है। मक्का (जिसे ये लोडा कहते हैं) को ये घर में टाँग कर रखते हैं।

6. खान–पान : बैगा पहले बेवर खेती पर आश्रित थे। ये एक ही खेत से चौदह से अधिक प्रकार की फ़सलें उगा लेते थे। बेवर खेती में बाजरा, कँगनी, ज्वार, मक्का, रागी, कुटकी, कोदो, साँवा, गेहूँ, अरहर, रामतीला आदि मिश्रित रूप से उगाये जाते थे। बैगा आज भी वनोपज पर निर्भर हैं। ये जंगल से विभिन्न प्रकार के कन्द–मूल, मशरूम, विभिन्न प्रकार के शाक, फल, बीज आदि को इकट्ठा करके खाने के काम में लाते हैं। बैगा समाज में महुआ का अपना विशिष्ट महत्त्व है। महुआ के सूखे फूल से बनी शराब का उपयोग लगभग हर अवसर पर किया जाता है। महुआ औषधि का भी कार्य करता है। शादी–विवाह की विभिन्न रस्मों में, मृत्यु संस्कार में तथा जन्म संस्कार में भी इसका अलग–अलग तरीक़े से उपयोग किया जाता है। महुआ के बीज का उपयोग दर्द निवारक तेल और दीपक का तेल बनाने के लिए भी करते हैं। इन बीजों को खाने के लिए भी इस्तेमाल किया जाता है।

7. गोदना : बैगा युवती के मस्तक पर गोदा गया गोदना ही उनकी पहचान है। बैगा जनजाति की महिलाएँ आभूषण पहनने से ज़्यादा गोदना गुदवाना पसन्द करती हैं। इनकी मान्यता है कि मृत्यु के बाद गोदना ही शरीर के साथ जाता है। फ़सल तैयार होने के बाद गोदना गोदने वाले इनके घर आते हैं। गोदना गुदवाते समय महिला के पति के लिए गुदवाने

की प्रक्रिया देखना वर्जित है। ऐसी मान्यता है कि यदि कोई बैगा पुरुष गोदना गुदवाते हुए अपनी पत्नी को देख लेता है तो उसकी शिकार करने की क्षमता लुप्त हो जाती है। महिलाएँ छाती पर गोदना तभी गुदवाती हैं जब उनकी माँ जीवित हो। माँ अपनी पुत्री को गोद में लिटा कर उसकी छाती पर गोदना गुदवाती है। बैगा गोदने में प्रकृति से जुड़े हुए उपादान प्रमुख होते हैं जैसे, जीव–जन्तु, पेड़–पौधे, फूल–पत्ती, कीड़े–साँप, पक्षी आदि के चित्र।

8. गाजा–बाजा : बैगा संस्कृति और समाज की झलक इनके विभिन्न उत्सवों में स्पष्ट झलकती है। गीत और वाद्य–यन्त्रों की धुन पर नृत्य करते बैगा स्त्री–पुरुष थकते नहीं हैं। मादल की थाप से ये कोसों दूर तक खिंचे चले आते हैं। बैगा समाज के हर कार्यक्रम, अवसर और उत्सव पर मादल और टिमकी का वादन अनिवार्य है। महिला और पुरुष मिट्टी और चमड़े के बने मादल और टिमकी को बजाते हैं। लकड़ी की बनी ठिसकी इनमें ख़ास खनक पैदा करती है। गायों को आकर्षित करने के लिए बैगा चरवाहे बाँसुरी भी बजाते हैं। शादी में बारात ले जाते समय करतार और गुदुम्ब बजाये जाते हैं। धीरे–धीरे ये वाद्य–यन्त्र और इनको बजाने वाले लुप्तप्राय होते जा रहे हैं। अलग–अलग अवसरों पर बजाई जाने वाली छह प्रकार की बांसुरी पूर्णतया लुप्त होने की कगार पर है।

9. पहनावा : बैगा समाज में वस्त्र और आभूषण का विशेष महत्त्व है। महिलाएँ साड़ी को घुटनों से ऊपर लपेटते हुए पहनती हैं। साड़ी की लम्बाई और रंग के आधार पर इनके अलग–अलग नाम दिये गये हैं। बैगा–विवाह में भी साड़ी के लेन–देन की संख्या तय की जाती है। पुरुष ऊपर बंडी और नीचे लँगोट पहनते हैं। कालान्तर में इनके पहनावे लुप्तप्राय होते जाने के कारण आधुनिक पहनावे ने घुसपैठ कर ली है। आज पैंट–शर्ट, ब्लाउज और पेटीकोट को इनके पहनावे में देखा जा सकता है।

10. पशुपालन : जैसा कि पहले भी कहा गया कि औपनिवेशिक भारतीय शासन तक बैगा पूर्णतः बेवर खेती और शिकार पर निर्भर थे। आज़ादी के बाद वनों के राष्ट्रीयकरण और शिकार पर प्रतिबन्ध के बाद ये धीरे–धीरे व्यवस्थित खेती और पशुपालन की ओर मुड़े। शुरू–शुरू में खेती–बाड़ी के लिए वे स्वयं ही हल जोतते थे। बाद में बैल का प्रयोग करने लगे। बैलों को पालने और इनकी देखभाल के लिए इन्होंने विभिन्न

प्रकार के उपकरणों का निर्माण और विकास किया। चूँकि मांसाहार इनके भोजन का एक ज़रूरी हिस्सा है इसलिए सूअर और कुक्कुट पालन भी इन्होंने शुरू किया। पशुओं के पालन के लिए भी बैगाओं ने विभिन्न उपकरण बनाये और परम्परागत पद्धतियाँ अपनायीं।

11. **औषधि–निर्माण** : बैगा जाति वैद्यकी के लिए प्रसिद्ध है। इसलिए बैगा जनजाति को समाज ओझा या गुनिया का पर्याय मानता और समझता है। प्रकृति के बीच या नज़दीक रहने के कारण इन्हें प्रकृति पुत्र भी कहा जाता है। बैगा जंगलों के बीच रहना पसन्द करते हैं इसलिए ये औषधियों की बहुत अच्छी जानकारी रखते हैं। इनके इस कौशल के कारण ही जनजातियों में इनकी विशिष्ट पहचान है। इनको लगभग हर बीमारी के उपचार में आने वाली जड़ी–बूटियों की जानकारी होती है जिसे बनाकर वे मरीज़ों को निःशुल्क देते हैं। बैगा समाज में औषधि देने की एक अद्‌भुत प्रक्रिया है। वे औषधि देने के पूर्व उस औषधि को स्वयं ग्रहण करते हैं तत्पश्चात् मरीज़ को देते हैं। बैगाओं की इस प्रतिभा का इतना मान है कि दूसरी जनजाति या अन्य जाति के लोग जब यह कौशल प्राप्त करते हैं तो बड़े शान से कहते हैं कि मैंने बैगाओं के सान्निध्य में औषधि पहचानने और बनाने का प्रशिक्षण प्राप्त किया है। बैगाओं से प्रशिक्षण प्राप्त करना अर्थात् चिकित्सा–कौशल की गारण्टी। इनके खान–पान की सामग्री में भी औषधियों की प्रचुरता है। ये मन्त्र से भूत–प्रेत बाधा दूर करना तथा वशीकरण करना भी जानते हैं। पुराने समय में इस गुण के कारण भी अन्य जनजातियाँ इनके सम्पर्क में नहीं आती थीं। इनसे डरती थीं कि बैगा हम पर जादू–टोना कर सकते हैं। बैगा वैद्य जड़ी–बूटी के संग्रहण के पूर्व पेड़–पौधों की पूजा करके इनकी अनुमति लेते हैं फिर इन पेड़–पौधों को कम–से–कम नुक़सान पहुँचाने का यत्न करते हुए औषधियों का संग्रहण करते हैं।

12. **साज–सज्जा** : बैगाओं के घरों में बहुत साज–सज्जा नहीं होती है। ये घर के अन्दर ही मिट्टी की सहायता से उभरी हुई तरह–तरह की आकृतियाँ बनाते हैं जिसे ये नाह–डोरी कहते हैं। घर में काम आने वाली कई वस्तुएँ जैसे टोकरी, पशुओं की रस्सी आदि महिलाएँ घर में ही बना लेती हैं। महिलाएँ शृंगार के लिए बीरन घास से बीरन माला बनाती हैं। बालों की साज–सज्जा के लिए बैगा महिलाएँ डोरियों से खोपिया और कलगी बनाती हैं।

13. पूजा–स्थल : बैगा लोक देव–देवताओं के पूजा–पाठ में पूर्ण विश्वास रखते हैं। घर में एक कोना देवता (जिसे वे भूत कहते हैं) के लिए रखते हैं। इस देव स्थान पर एक त्रिशूल गड़ा रहता है, एक दीपक जलता रहता है और एक नारियल रखा रहता है। देवता को प्रसन्न करने के लिए महुए की शराब चढ़ाई जाती है तथा नारियल या सूअर/बकरे/मुर्ग़े की बलि दी जाती है।

परिशिष्ट-2

जनजातीय समाज का सच

1. भारत की जनजातियाँ अधिकतर भारत के जंगलों में और पहाड़ों पर निवास करती हैं। इन समुदायों को इसीलिए कई ऐसे नामों से बुलाया जाता है जिनका सम्बन्ध वन और पर्वत से है। हम इन्हें जंगलों और पहाड़ों का मूल निवासी कह सकते हैं। वनों–पर्वतों से अपने सम्बन्धों के कारण ही इन्हें वन्य जाति, वनवासी, पहाड़ी, आदिम जाति, आदिवासी और अनुसूचित जनजाति आदि संज्ञाओं से अभिहित किया जाता है। मध्य भारत में, विशेषकर इन्दिरा गाँधी राष्ट्रीय जनजातीय विश्वविद्यालय के आस–पास बसने वाली जनजातियों में बैगा, गोंड और अगरिया प्रमुख हैं। इनमें भी बैगा और गोंड जनजातियाँ जनसंख्या की दृष्टि से अधिक हैं।

2. सभी जनजातीय समुदायों की लम्बी विरासत भारत में मिलती है। बैगा, गोंड और अगरिया समुदायों की भी अपनी विरासत है। यह विरासत इन समुदायों की संरचना में ही हमें निहित मिलती है। इन सभी की अपनी सांस्कृतिक छवियाँ हैं, अपने–अपने मिथक हैं और सामाजिक संरचना को मज़बूत बनाने वाले अपने नियम–क़ायदे हैं। निर्वचन (Narration) के भी इनके पास कई तरीक़े हैं जो मूलतः अभी तक वाचिक हैं, जैसे लोक गीत, लोक संगीत, नृत्य, लोक कथाएँ और पूजा–पाठ तथा पर्वों का आयोजन आदि। वाचिक होने के कारण ही इनकी प्राचीनता (Indigenousness) अनेक परिवर्तनों के बावजूद अभी तक सुरक्षित है जिसकी सुगन्धि इन समुदायों से सम्पर्क कर के महसूस की जा सकती है। जनजातियों के जीवन–संसार में ये वाचिक परम्पराएँ उनके जीवन यथार्थ को अभिव्यक्त करती हैं।

3. यदि हमें भारत के जनजातीय समुदायों की अविकसित स्थितियों और उनकी समस्याओं को समझना है तो हमें उन्हें अपने से निम्नतर प्राणी मान कर नहीं समझा जा सकता। हमें उनके महत्त्व को बहुविध समझना–समझाना होगा। उदाहरण के लिए भारत के पौराणिक साहित्य

में अर्थात् सभी **ब्राह्मण ग्रन्थों** और **पुराणों** में जनजातीय समूहों के नाम हमें मिलते हैं जिनमें से अधिकतर का सम्बन्ध जंगलों और पहाड़ों से है। इन आद्य ग्रन्थों में इन सभी जनजातियों की मिथक कथाएँ भी हैं जो इनके गुणों, इनकी शक्ति और सामर्थ्य का गान करती हैं, जैसे निषाद, शबर, भील, किरात, दस्यु आदि। रामायण में भी ग्रीधराज, शबर, यक्ष, वानर, गुहा आदि का नाम बार–बार आता है जिन्होंने रामकथा में अपनी बड़ी भूमिका निभायी है।

4. जनजातीय समाज सरल प्रकृति के और सादा जीवन व्यतीत करने वाले लोगों का समुदाय है। ये अधिकतर वनोपजों पर निर्भर रहते हैं और खेती–बाड़ी करके अपना जीवन–यापन करते हैं। प्रकृति पर निर्भरता के कारण पेड़–पौधों, लताओं, वनौषधियों तथा नदी–सरोवरों के साथ इनका आत्मीय सम्बन्ध है। ये लोग इन प्राकृतिक उपादानों की एक–एक बात जानते हैं।

5. इन जनजातियों की सरलता और प्रकृति से इनके लगाव का प्रमाण इनकी कलाप्रियता में भी दृष्टिगोचर होता है। गोंडी चित्रकला, बैगाओं का गृह–निर्माण शिल्प, प्रजापतियों के द्वारा निर्मित मिट्टी के बर्तनों तथा अगरिया समुदाय द्वारा बनाये गये लोहे के सामान में यह कौशल स्पष्ट दिखाई देता है। ये वस्तुएँ आदिवासी जन के सौन्दर्य बोध को भी उजागर करती हैं। यह सौन्दर्य उनके लोकगीतों और नृत्यों में भी दिखाई दे जाता है।

6. आदिवासी समाज लम्बे समय तक उन आधुनिक सुविधाओं से वंचित रहा है जो सामान्य वर्ग के नागरिकों को आसानी से उपलब्ध हो जाती हैं। उदाहरण के लिए शिक्षा से यह वर्ग अनेक दशकों तक वंचित रहा है जिसका प्रभाव इनकी जीवनचर्या पर भी पड़ा है। पिछले कुछ वर्षों से इस स्थिति में परिवर्तन आया है। आँकड़े भी यह बताते हैं कि स्कूली शिक्षा में जनजातीय विद्यार्थियों की संख्या में प्रतिवर्ष वृद्धि हो रही है। इनमें छात्राओं की संख्या अधिक है लेकिन इनके लिए उच्च शिक्षा की व्यवस्था समुचित नहीं है। उच्च शिक्षा के लिए उन्हें अपने गाँव से दूर किसी नगर में जाना होता है। ऐसा कर पाना अधिकांश आदिवासी युवक–युवतियों के लिए सम्भव नहीं है। अतः इनकी पढ़ाई बीच में ही छूट जाती है। स्कूलों में भी 'ड्रॉपआउट्स' की संख्या अधिक है। इसके कई कारण हैं।

मूल कारण सामाजिक और आर्थिक है। युवा वर्ग अपने ही गाँव में रहकर जीवन–यापन करना चाहता है। कन्याएँ विवाह बन्धन में बाँध दी जाती हैं। हमारे क्षेत्र में राष्ट्रीय जनजातीय विश्वविद्यालय की स्थापना के बाद आस–पास के आदिवासी विद्यार्थियों को उच्च शिक्षा का अवसर मिला है। इन्हें शिक्षा शुल्क में छूट देकर, प्रांगण में ही इनके आवास और भोजन की व्यवस्था करके इन्हें आर्थिक दबाव से मुक्त कर दिया गया है। लेकिन यह एक सच्चाई है कि पूरे भारत में अथवा उसके जनजातीय क्षेत्रों में इस प्रकार की सुविधा नगण्य है।

7. इन समुदायों की सर्वव्यापी समस्याएँ ऐसी हैं जिनसे जनजातीय युवा भी प्रभावित हैं–बेरोज़गारी तथा सामाजिक ग़ैर–बराबरी। इन दोनों के कारण आदिवासी युवाओं को मानसिक विकास के अवसर नहीं मिल पाते। मनरेगा तथा अन्य योजनाओं के कारण बेरोज़गारी की समस्या का थोड़ा बहुत समाधान हुआ है। शौचालय निर्माण, प्रधानमन्त्री आवास योजना तथा गाँव–गाँव में सड़क निर्माण से आवाजाही बढ़ी है जिससे आदिवासी युवा समूह स्वरोज़गार की ओर उन्मुख हुआ है। इसे सरकारी प्रोत्साहन मिलना चाहिए। ग़ैर–बराबरी का सर्प तो भारत के सभी समाजों को अपने पाश में लिए हुए है। आदिवासी अभी तक क्योंकि बृहत्तर समाज के सम्पर्क में बहुत अधिक नहीं आये हैं इसलिए उन्हें इसका भान नहीं है लेकिन बढ़ते बाज़ारवाद ने निश्चित ही उनके भीतर हीन ग्रन्थि पैदा की है। वे कई आधुनिक चीज़ों का उपयोग करने के लिए आतुर हो गये हैं। विशेष रूप से युवा वर्ग अपने खान–पान और पहनावे में बदलता जा रहा है। साबुन, टूथपेस्ट, पाउडर, क्रीम का जाल उसे लपेट रहा है। और ऐसे में नकली वस्तुएँ आदिवासी हाटों में छा गयी हैं जिनका विपरीत प्रभाव उनके स्वास्थ्य पर पड़ रहा है। इस षड्यन्त्र को दूर करना अत्यन्त आवश्यक है। जिन उपभोक्तावादी दिकू वर्ग अर्थात् आदिवासी क्षेत्र में बाहर से आये व्यापारियों से आदिवासी स्वतन्त्रता सेनानी लड़ते रहे उनका वर्चस्व आज बढ़ता जा रहा है जिस पर लगाम लगानी होगी।

8. एक बड़ी समस्या शराबख़ोरी की भी है। आदिवासी युवाओं को शराब (दारू) आसानी से उपलब्ध है। इन समुदायों को महुआ से शराब बनाने की छूट भी दे दी गयी है। पारिवारिक और सामाजिक दोनों स्तरों पर इनका अत्यन्त घातक प्रभाव पड़ रहा है। इसे प्रतिबन्धित करने का प्रयत्न निश्चित रूप से करना चाहिए।

9. इन समुदायों ने हमेशा से जल, जंगल और ज़मीन के लिए संघर्ष किया है। इस क्षेत्र की जनजातियों ने इनके साथ एक चौथे घटक जन्तु को भी जोड़ दिया है। यह बड़ा महत्त्वपूर्ण दृष्टिकोण है जिसकी ओर से हमारा तथाकथित सभ्य समाज आँखें मूँदे हुए है। ये चारों प्रश्न पर्यावरण संरक्षण से जुड़े हुए प्रश्न हैं जिनके संरक्षण में प्रत्येक आदिवासी प्राण–पण से जुटा हुआ है। जीव–जन्तुओं के प्रति इनका प्रेम अगाध है क्योंकि ये जानते हैं कि कीड़े–मकोड़ों से लेकर पशु–पक्षियों तक की भूमिका प्रकृति को सन्तुलित बनाये रखने में कितनी महत्त्वपूर्ण होती है। इस सन्दर्भ में हमें इन समुदायों से सीख लेनी चाहिए। ये सम्भावनाओं के ऐसे क्षेत्र हैं जिनमें आदिवासी हमारे शिक्षक हो सकते हैं।

10. कृषि विकास की सम्भावनाएँ जनजाति बहुल क्षेत्रों में सर्वाधिक हैं। इनकी कृषि–पद्धति सामूहिक़ता पर आधारित है जिसमें परम्परागत खेती को महत्त्व दिया जाता है। ऋतु के अनुसार फ़सलों की बुवाई–कटाई की जाती है। इनकी पूजा विधि में बीज बोने के पहले धरती–पूजन, नया अन्न उपजने पर 'छेरता' और 'नवाँखानी' पर्व ये बताते हैं कि ज़मीन और खाद्यान्न के साथ कितनी गहरी आस्था से ये समूह जुड़े हुए हैं। विभिन्न वस्तुओं की खेती के लिए उन्हें प्रशिक्षित करके इनकी आय बढ़ाने की अनन्त सम्भावनाएँ हैं। इस ओर विश्वविद्यालय का 'कृषि विज्ञान केन्द्र' मध्य प्रदेश सरकार के साथ मिलकर अनेक कृषक योजनाओं पर कार्य कर रहा है जिसमें आदिवासी किसानों को बुलाकर उन्हें सूरजमुखी, गेंदा जैसे फूलों और मटर, तीखुर, सफ़ेद हल्दी, काली मूसली, बबूल की गोंद, कत्था आदि की उपज के लिए प्रोत्साहित किया जाता है। उन्हें यह भी बताया जाता है कि इनमें से जो चीज़ें लुप्तप्राय हो रही हैं उनकी खेती और उपज पर विशेष ध्यान दिया जाय। उदाहरण के लिए ऐसी ही एक किसान गोष्ठी में यह बताया गया था कि अमरकण्टक क्षेत्र में ब्राह्मी लुप्तप्राय प्रजाति होती जा रही है। ऐसी प्रजातियों पर विशेष ध्यान देने से आदिवासियों की आर्थिक स्थिति में पर्याप्त सुधार की सम्भावना है।

11. आदिवासी समाज वनौषधियों की उत्तम जानकारी रखने वाला समाज है। इस क्षेत्र में कई वैद्य (गुनिया–ओझा) हैं जो इनकी पर्याप्त जानकारी रखते हैं और इनके माध्यम से आदिवासियों की चिकित्सा भी करते हैं। वृक्ष या लता के पत्तों, वृक्ष की जड़ों, छाल, फूल–फल, बीज आदि से ढेरों दवाइयाँ बनाई जाती हैं। मधुमेह, अस्थमा, पाइल्स, चर्म रोग,

लीवर की बीमारी जैसी गम्भीर व्याधियों के साथ ही पेचिश, खाँसी, ज्वर, शरीर दर्द, पेट सम्बन्धी सामान्य रोगों की अनेक औषधियाँ भी इस क्षेत्र में प्रचलित हैं। विश्वविद्यालय के 'लुप्तप्राय भाषा केन्द्र' ने इस प्रकार की लगभग 250 वनौषधियों और जड़ी–बूटियों की सूची तैयार की है। इस दिशा में काफ़ी काम करने की आवश्यकता है। औषधि निर्माण के लिए अच्छी लैब हो, इन्हें पेटेंट कराने की सुविधा हो तथा इनके लिए समुचित वितरण प्रणाली हो तो सभ्य समाज का भी इनमें विश्वास बढ़ेगा और आदिवासियों के जीवन स्तर पर भी सकारात्मक प्रभाव पड़ेगा।

12. आदिवासी जीवन को उनकी सम्पूर्ण पहचान (Identity) के साथ सामने लाने की अनन्त सम्भावनाएँ हैं। कौन से पशु–पक्षियों को वे पालते हैं, किन जीव–जन्तुओं को वे प्रश्रय देते हैं, किन पेड़–पौधों, लताओं के प्रति उनका अपनत्व भाव है, किस मौसम में वे किन गतिविधियों से जुड़ते हैं, उनके पर्व–त्योहार कौन से हैं, वे किन फ़सलों की खेती करते हैं (कोदो, कुटकी, चना, कनकी, धान, मक्का, रहर आदि), उनका भोजन क्या है (पेज, भाजियाँ, कन्द, महुआ आदि)।

13. इन जनजातियों के पास अनेक शिल्पगत कौशलों का भण्डार है–ये तीर–धनुष बना लेते हैं, मछली पकड़ने के जाल और उपकरण बना लेते हैं, बाँस और लकड़ी की कई चीज़ें निर्मित कर लेते हैं तथा छोटे–छोटे औज़ार–हथियार गढ़ लेते हैं। इनके इस कौशल को प्रसारित करने से स्थानीय वस्तुओं को व्यापक बाज़ार मिल सकता है। भारत का आदिवासी समाज अनेक समस्याओं से घिरे होने के बावजूद जीवन की ऐसी सम्भावनाओं से युक्त है जिनकी समझ सभ्य समाज को प्रकृति और पर्यावरण के साथ सह–अस्तित्व के भाव से रहकर जीना सिखला सकती है।

परिशिष्ट-3

बैगा जनजाति : कुछ तथ्य

1. आदिवासी शब्द के कई अर्थ हैं–प्रमुख अर्थ है मूल निवासी। बैगा समुदाय मध्य प्रदेश का एक प्रमुख आदिवासी समुदाय है। उत्तर प्रदेश, छत्तीसगढ़ और झारखण्ड में भी बैगा विरल संख्या में निवास करते हैं। मध्य भारत में सतपुड़ा पर्वत–शृंखला के पूर्वी भाग, शहडोल, अनूपपुर, डिंडौरी, मण्डला, बालाघाट, बिलासपुर, राजनांद गाँव आदि इलाक़ों में कम या अधिक इनका वास है। इनकी कुल जनसंख्या चार लाख से अधिक है। बैगा समुदाय की सबसे सघन बस्ती बैगाचक है जो इन्दिरा गाँधी राष्ट्रीय जनजातीय विश्वविद्यालय से लगभग 80 किलोमीटर दूर ऊँची पहाड़ी पर 52 बैगा गाँवों का समूह है। ये गाँव तीन खण्डों (Blocks) में बँटे हुए हैं–सामनापुर के अन्तर्गत 18 गाँव हैं, बजाग के अन्तर्गत 09 और करंजिया के अन्तर्गत 25 गाँव हैं।

2. बैगा 'वनपुत्र' कहे जाते हैं। पूरी तरह वनोपज पर निर्भर, बैगा वनों के आचरण को भली–भाँति समझते हैं। वन व्यवहार को इन्होंने अपने सामाजिक आचरण में उतार लिया है। सरल वे इसलिए हैं कि प्रकृति के नियम सरल हैं। सहज वे इसलिए हैं कि सहज उगना, पनपना, फलना–फूलना वनोपजों का मौसम नियन्त्रित नित्यकर्म हैं। सहिष्णु वे इसलिए हैं कि धूप–घाम, बरखा–बूँदी, सीत–पूस में प्रकृति के साथ–साथ बैगा भी इन्हें बड़ी आसानी से सह लेते हैं। प्रकृति के प्रत्येक उपादान को ये पहचानते हैं इसलिए इनकी रोग–निरोधक क्षमता दृढ़ होती है। यह दृढ़ता उनके जीवन–यापन में स्पष्ट दिखाई देती है। बैगा गुनिया या ओझा (वैद्य) के रूप में जाने–माने जाते हैं। जड़ी–बूटियों, छाल–जड़ों, फूलों–फलों, पत्ती–डंठल से चिकित्सा करने के ज्ञान और कौशल से ये सामान्य और जटिल, दोनों प्रकार की शारीरिक व्याधियों को दूर करने की क्षमता रखते हैं।

3. वैसे भी प्रत्येक बैगा परिवार अपने खान–पान और आहार में स्वास्थ्यप्रद वस्तुओं का ही चुनाव करता है और इनके सभी गुणों से परिचित है। उदाहरण के लिए आँवला का उपयोग यह समुदाय तरह–तरह से अपने भोजन में करता है। इसके फल का चूर्ण बालों में लगाया जाता है। हाजमे के लिए इसके फल को चूसा जाता है। इसकी चटनी बना कर या इसे सब्ज़ी में डालकर खाया जाता है। आँवला और साल इत्यादि उपयोगी वृक्षों की बैगा पूजा भी करते हैं। आँवला की **पूजा आँवला चतुर्दशी** को की जाती है। इस दिन आँवले के पेड़ के नीचे ही बैगा परिवार भोजन करते हैं। इसके पत्ते का उपयोग हाथ की साफ़–सफ़ाई (सैनिटाइजर) के लिए किया जाता है। मरणोपरान्त क्रियाकर्म के बाद इसके पत्ते से हाथ पोंछा जाता है। इसी प्रकार भटकोया (मकोय) का खट्टा–मीठा और कोमल फल बैगाओं में लोकप्रिय है। मूत्र होने में अवरोध, शरीर में सूजन, मुँह में छाला होने पर मकोय के पत्ते की सब्ज़ी खिलाते हैं, सामान्य बुख़ार में इसकी जड़ को पीसकर चावल के पानी के साथ दो बार पिलाते हैं।

4. **पुनर्नवा**–शरीर की शुद्धि के लिए बैगा इसकी पत्तियों, छाल, जड़, फूल और फल के मिश्रण से बने रस को नियमित पीते हैं। इससे शरीर की इम्युनिटी बढ़ती है। पथरी होने, घुटने में दर्द होने पर इसकी जड़ का रस या चूर्ण सेवन किया जाता है। लीवर कमज़ोर होने पर इसकी जड़ का गुड़ के साथ काढ़ा बनाकर पीते हैं। पुनर्नवा का सेवन शरीर को आरोग्य रखता है। इसके पत्ते की सब्ज़ी भी खायी जाती है जिसका लाभ बैगाओं को मिलता है। गिलोय/अमृता की बेल को पीसकर उसे गुड़ में मिलाकर अस्थमा के मरीज़ को गोली के रूप में सुबह–शाम दिया जाता है। मधुमेह के रोगी को इसकी बेल का काढ़ा पिलाया जाता है। चेहरे की कान्ति और झुर्रियों से बचने के लिए इसकी पत्तियों को बैगा रोज़ सुबह खाते हैं। इसकी बेल को चबाने से प्रदर रोग दूर हो जाता है।

5. बैगा जिस तरह स्वास्थ्यवर्धक और प्रकृति प्रदत्त चीज़ों का सेवन करते हैं उसी तरह अपने भोजन में भी इसी प्रकार के अन्न, शाकों, फलों और सब्ज़ियों का उपयोग करते हैं। वे गेहूँ, अरहर की दाल (अनपॉलिश्ड), मक्का, कोदो और कुटकी का उपभोग करते हैं और लाल चावल का भी।

बैगा भोजन सादा होता है। भात–दाल और कोई शाक और मौसमी सब्ज़ियाँ। जलपान में बैगा सामान्यतः पेज (एक प्रकार का सीरियल) पीते हैं जिसे मक्का या कुटकी दर कर और उसे उबाल कर तैयार किया जाता है। यह अत्यन्त पौष्टिक होता है। बैगा परिवारों में भोजन पकाने की विधि भी अत्यन्त सरल है। ये अधिकतर मिट्टी के बर्तनों का इस्तेमाल करते हैं जैसे मिट्टी की गागर, हँडिया, कसोरा, परई, दीया, कड़ाही आदि। दाना–भूजा भी बैगा चाव से खाते हैं। बैगा सिर्फ़ वही चीज़ें खाते हैं जिन्हें वे अपने खेत में उगाते हैं या जो प्रकृति उन्हें प्रदान करती है। बैगा अनेक प्रकार के शाक खाते हैं जो अलग–अलग मौसम में पैदा होते हैं और मौसम के हिसाब से उनके अनेक लाभ होते हैं। जैसा कि महाभारत में कहा गया है–*वही वस्तु खानी चाहिए जो खाने योग्य हो, खाने पर पच सके और पच जाने पर हितकारी हो। कच्चे फल कभी ना तोड़ें और वृक्ष के जड़ की रक्षा करें।* लगभग 25 प्रकार के शाकों (भाजी) का हमें पता चला–सरला भाजी, मुगना भाजी, चाटी भाजी, कोसम भाजी, झेरा भाजी, भतुआ भाजी, पकरी भाजी, कच्छर भाजी, कोईलार भाजी, चेच भाजी आदि। बैगा अधिकतर प्राकृतिक चीज़ों का ही मसाले के रूप में प्रयोग करते हैं जैसे हरी धनिया, पुदीना, अदरक, लहसुन आदि। वे किसी भी प्रकार के प्रचलित मसालों का उपयोग नहीं करते। इसी प्रकार तेल भी वे राई या रमतीला का इस्तेमाल करते हैं। सारी भाजियाँ गुणों से भरी होती हैं जिन्हें बैगा जानते हैं। इन्हें पकाने की विधि भी वे जानते हैं। कोई भाजी पेट को साफ़ रखती है, कोई सर्दी–जुकाम से बचाती है, कोई फोड़े–फुंसियाँ नहीं होने देती, कोई शरीर दर्द में आराम देती है तो कोई चुस्ती–फुर्ती लाती है।

6. बैगा ज्ञान बहुमुखी हैं। वे पर्यावरण सन्तुलन को महत्त्व देते हैं। जंगल में किस मौसम में कौन–सी वनस्पति पैदा होती है, उसे कब तोड़ना या खाना चाहिए, ये जानकारियाँ बैगा रखते हैं। मशरूम की कौन–सी क़िस्म कौन–से मौसम में और कहाँ उत्पन्न होती है, वे उसे खोज कर निकालने और पकाने की सभी विधियाँ जानते हैं। ऐसा ही ज्ञान उन्हें क़िस्म–क़िस्म के कन्दों के बारे में भी है। इनमें से किस कन्द, मशरूम या शाक का उपयोग औषधि के रूप में किया जा सकता है, यह भी बैगा समाज के लोग भली–भाँति जानते हैं। वन से इन्हें फल, कन्द–मूल, शहद और औषधियाँ प्राप्त होती हैं।

7. बैगा एक परिश्रमी जनजाति है। पुरुष, स्त्री, बच्चे सभी मेहनत करते हैं। सुबह से ही इनकी दिनचर्या प्रारम्भ हो जाती है। बैगा शिल्प–कुशल भी हैं जैसे रस्सी बटना, बाँस की चीज़ें बनाना, अपना घर निर्मित करना, पशुपालन। पहाड़ों पर चढ़ना–उतरना, तैराकी और शिकार इन्हें स्वस्थ रखते हैं।

8. बैगा गीत, संगीत और नृत्य में भी दक्ष होते हैं। ये इन्हें सामूहिक जीवन और प्रसन्नता देने वाले हैं। बैगाओं का सामाजिक जीवन परस्पर सहयोग से बना है अतः यह सामाजिक एकता उन्हें बल देती है जिसका सभ्य समाज में नितान्त अभाव है। सामाजिकता की सुन्दर व्यवस्था के कारण बैगा मानसिक तनाव से मुक्त रहते हैं और सबसे घुलमिल जाते हैं। विदुर नीति में जल, मूल, फल, दूध, घी और औषध को जीवनाधार कहा गया है। बैगा इन सब को महत्त्व देते हैं।

9. बैगाओं की सामाजिकता उनके रीति–रिवाज़ों में भी दिखाई देती है। सब कुछ सादगीपूर्ण होता है–जन्म, विवाह और मृत्यु की रस्मों में परिवार और समाज की पूरी भागीदारी होती है। बनावटी कर्मकाण्डों से यह समाज मुक्त है। इस समाज में कन्याओं को बराबरी का दर्ज़ा दिया जाता है। वे स्वतन्त्र हैं। दहेज–प्रथा नहीं है। बैगा मूलतः सन्तोषी जीव हैं; तृष्णा, लोभ और लालच से दूर। कम में ख़ुश रहना और अपने आस–पास की प्राकृतिक सम्पदा को प्रश्रय देना और उनका सन्तुलित उपयोग करना, इनकी जीवन पद्धति का हिस्सा बन चुका है। सन्तोष ने उनके जीवन को ही नहीं उनकी पूरी सोच को सादा जीवन और सत्य विचार की भावना से जोड़ दिया है। कपट–भाव, नोच–खसोट, तिकड़म, चालबाज़ी और असत्य भाषण बैगाओं में आपको नहीं मिलेगा, यही कारण है कि वे प्रसन्न रहते हैं, दूसरों की सहायता करते हैं और यह मानते हैं कि गाँव की रक्षा होनी चाहिए। इसके लिए वे लोक देवता बड़ादेव की पूजा करते हैं। वे चाहते हैं कि सभी स्वस्थ रहें अतः बीमारियों से रक्षा के लिए वे दूल्हादेव की पूजा करते हैं। वे मानते हैं कि धरती उनकी माँ है इसलिए वे उस पर हल नहीं चलाते। फ़सल बोने और काटने से पहले धरती माँ की पूजा करते हैं।

10. बैगानी भाषा अत्यन्त सरल है। हमने इसके व्याकरण के साथ–साथ इसकी संबोधन शब्दावली, नाते–रिश्ते की शब्दावली, रंग–शब्दों और

अभिव्यक्तियों का जो अध्ययन किया, उससे भी यह स्पष्ट होता है कि बैगा समाज मिल–जुलकर रहने वाला और प्रकृति को महत्त्व देने वाला समाज है। बैगा समाज किसी भी दिखावे में नहीं पड़ता। दावत हो या संस्कार, सबमें कम–से–कम ख़र्च किया जाता है। बैगा शृंगार–प्रिय भी हैं और गोदना में विश्वास करते हैं।

❑❑